EL CAMINO
DEL
DESPERTAR

Enseñanzas espirituales y prácticas acerca del perdón, las leyes del Universo, la naturaleza de la Conciencia, el des-hacimiento del ego, el Despertar espiritual, la Resurrección y otros asuntos de vital importancia para la salvación del mundo.

Sebastián Mendy

Dedicado a:

Dios, mi propio Ser eterno -y el de todos-, a mis Maestros -*en* y *fuera* del espacio-tiempo-, a toda la Familia humana, a mis padres terrenales -y a mi hermana terrenal-, a mis mejores amigos -ellos saben quiénes son-, a mis amores -ellos también saben quiénes son-, y a *ti* -a quien aprecio con mi corazón como parte de mí mismo. Gracias por escribir este libro conmigo.

INTRODUCCIÓN

Te invito a que leas este libro con una mente y un corazón abiertos. Te sugiero, también, que leas este libro hasta el final, y que lo vivas como una experiencia íntima de comunión contigo mismo -o contigo misma-, independientemente de cuáles sean las reacciones que tengas hacia él. La transformación que este libro tiene como propósito ofrecerte no puede ocurrir a menos que participes en ella; por eso es importante que continúes hasta el final. Si tienes dudas en relación a algunos de los términos asociados con la Enseñanza de este libro, o si deseas una explicación más precisa de los mismos, dispones de un *Glosario* al final de la obra. He creado también una sección con *Referencias* a las distintas obras y los distintos autores que he citado en este texto, en caso de que tú mismo quieras dirigirte a ellos. Utiliza este libro como una guía para los distintos momentos de tu vida y como un recurso o recordatorio en las diferentes circunstancias que puedan presentarse ante ti; ante cualquier aparente "desafío" que pueda surgir en una situación o relación, o simplemente como una "buena compañía" para asistirte en tus momentos de descanso, quietud y relajación.

Éste no es un libro como cualquier otro; es un libro diseñado para acompañarte en tu propia transformación espiritual, psicológica y emocional. Es un libro para asistirte en -y acelerar- tu propio Despertar espiritual. Te invito a que apliques y practiques las Enseñanzas contenidas en este libro, y a que experimentes por ti mismo su Verdad.

El contenido o esencia de esta obra procede en gran medida de mi propia experiencia. Los autores y libros que cito aquí han sido de gran importancia en mi propio viaje, así como mis Maestros -*en* el espacio-tiempo y *fuera* de él- han sido -y son- esenciales en mi propio proceso, pero no sustituyen mi práctica y experiencia personales.

Varios años atrás, experimenté un cambio dramático en mi conciencia que transformó radicalmente mi manera de ver todas las cosas, y, de este modo, transformó mi destino y las circunstancias de mi vida personal. Experimenté lo que se conoce como un "Despertar espiritual", que inevitablemente me inspiró a seguir un camino de Vida en el cual he dedicado toda mi energía, atención y tiempo a la exploración, investigación, descubrimiento y, fundamentalmente, a la aplicación práctica de los principios espirituales y universales que subyacen a mi experiencia, los cuales describo aquí de la manera más clara posible. Te invito a que asocies el contenido de este libro con tu propia experiencia; eso es lo que hará que esta obra tenga sentido y significado para ti.

No he incluido en este libro los detalles y eventos más personales y concretos de mi propia jornada en "*el Camino del Despertar*"; de hecho, no existen casi, en esta obra, descripciones específicas de mi vida personal; quizá lo haga en otro libro cuyo propósito sea ése. Pero si tenemos la "gracia" de encontrarnos personalmente, estaré feliz de contarte mis "aventuras" en el espacio-tiempo -que desde luego son muchas. Mi intención en esta obra ha sido expresar el contenido fundamental de la Enseñanza que ha transformado mi vida y que puede transformar la tuya, si así lo decides. Mi propósito en este libro ha sido resumir, con mis palabras y de la manera más sencilla posible, la Esencia de todas las Tradiciones y religiones espirituales, que es en sí misma la experiencia personal y directa del Despertar espiritual, de reconocerse uno a sí mismo como el único Ser que es el Universo en sí.

Espero que este libro te sea de utilidad, y, sobre todo, que sea una experiencia reveladora y transformadora. Sólo existe una Conciencia, y lo que me ha transformado a mí puede también transformarte a ti. Este libro ha sido escrito con un profundo cariño y con la gratitud de quien ha recibido un regalo de gran valor: la posibilidad de trascender el miedo y la culpa de la separación, de la identificación con el ego, y de conocer íntimamente el Ser espiritual que somos y compartimos; la posibilidad de encontrar un Propósito mayor en el Universo, una función en el mundo que conduzca más allá de él, y la oportunidad de experimentar directamente la Felicidad que sólo puede encontrarse cuando descubrimos quiénes realmente somos.

LA VIDA, EN SÍ MISMA, ES UNA LECCIÓN PERFECTA

Nada en nuestras vidas ocurre por accidente. Todo en nuestra vida tiene perfecto sentido. Existe una Gran Visión que nos permite apreciar la perfección de cada momento de nuestra vida. Esto no significa que dejemos de observar y sentir los aspectos de nuestra vida que son difíciles o dolorosos. Son precisamente esos aspectos los que realmente nos ayudan a crecer y a Despertar.

Es la aparente "dureza" de la vida la que nos permite ir más allá de nosotros mismos y madurar como hombres y mujeres, y conocer el verdadero propósito de nuestra vida, el cual nos es dado por el Espíritu.

Independientemente de cuáles sean las características particulares de nuestra existencia personal –en términos de circunstancias, relaciones, condiciones, estados y cosas–, todos, en esencia, tenemos el mismo propósito, y éste propósito es el *"perdón"*. La *integración* del perdón a nuestra vida puede literalmente transformar todas las cosas, de adentro hacia afuera, si aprendemos a desarrollar la capacidad de cultivar una relación directa con la Totalidad o la Vida en sí, con el Ser –lo que se conoce en la jerga religiosa tradicional como "Dios".

Dios no es un concepto; Dios efectivamente existe –o deberíamos, mejor, decir que Dios es. Dios es tanto una realización como una experiencia.

Dios está accesible para todas y cada una de las personas que caminan por esta Tierra, porque Dios es lo que su Ser más íntimo, profundo y transcendental es.

No solamente está Dios accesible para todos los seres humanos, sino también para todos los seres, ya sean animados o inanimados, porque Dios es la Energía de la que todo está hecho, la Sustancia detrás de todos los elementos, la Moción que anima todos los movimientos, y la perfecta

Quietud que habita en todo aquello que se encuentra en un estado de aparente inmovilidad o reposo.
Dios es todas las cosas –desde el grano más pequeño de arena, hasta la montaña más grande del mundo. Ésta es mi experiencia personal y ésta es también mi Enseñanza, así como ha sido la Enseñanza de todos los Grandes Maestros, Profetas, santos, místicos y personas inspiradas por el Espíritu. Cuando uno goza de esta realización, entonces uno aprende de todos lo seres y de todas las cosas. Y sólo cuando podemos establecer esta conexión con lo que Dios es, como algo natural e íntimo en nuestra vida, podemos conocer nuestro verdadero propósito en la existencia y experimentar de primera mano que la Felicidad es nuestro estado natural, y que tenemos derecho a la paz y al entendimiento perfecto –es decir, a la comprensión no solamente intelectual sino también intuitiva de quiénes somos realmente, y de lo que cada momento de nuestra vida significa como una oportunidad para actualizar esta realización de la Unidad Fundamental de todas las cosas.
Pero antes de seguir adelante, permítaseme aclarar lo que quiero decir con la palabra *"perdón"*, porque dicho término ha estado sujeto a diferentes interpretaciones –la mayoría de ellas altamente limitadas y engañosas. No me refiero aquí a la idea de perdón que ha sido fomentada por la religión organizada, la "Iglesia", o la mentalidad religiosa convencional. Me refiero al perdón como la Encarnación o Demostración en la vida en el mundo físico, en nuestro microcosmos, en nuestro contexto de vida personal –nuestra experiencia de momento a momento, nuestra actividad en el mundo, nuestras relaciones, y, por sobre todo, nuestro conocimiento de la Ley espiritual, la Ley del universo, la Ley de la Mente, o como es llamado en las tradiciones espirituales, el "Dharma"– de nuestra Unidad con el Poder de la Vida en sí, con el Poder espiritual que, si bien opera en el mundo, no es *del* mundo en absoluto. El perdón como la Demostración de quiénes somos en realidad, más allá de la identidad que nos hemos fabricado para poder existir en este mundo de

nombres y formas, en el espacio-tiempo tal como estamos acostumbrados a interpretarlo, entenderlo y experimentarlo. Para decirlo de manera simple, es esta Encarnación de nuestra Plenitud más allá de la sensación de separación, temor y carencia lo que el perdón facilita, haciendo del verdadero perdón "*la llave de la Felicidad*"*1.

El perdón no es un acto ciego, ni de caridad, sino un principio inteligente que, cuando se aplica consistentemente y se pone en práctica, conduce al entendimiento perfecto de uno mismo y produce un insight que nos libera de nuestras limitaciones pasadas basadas en nuestra identificación con el ego, que es la raíz de toda esta gran ilusión en la que creemos estar separados de todo, solos en el Universo.

El perdón es transformador y opera de tal modo –y cumple tal función– que tiene el poder para modificar tanto las estructuras de nuestra propia conciencia, así como las circunstancias concretas y condiciones específicas de nuestra vida. El perdón no es ni una utopía, ni un acto de magia, ni es una ofrenda de uno que es justo y digno hacia otro que no lo es; el principio del perdón es, sencillamente, la aplicación práctica de la Ley espiritual a todos los asuntos de nuestra vida cotidiana, de momento a momento, a todas nuestras actividades y relaciones, a todos nuestros pensamientos, palabras y actos –y la alineación de nuestra persona individual con la Persona Suprema, o la Conciencia en sí.
¿Por qué comienzo hablando del perdón? Porque el perdón es literalmente una ciencia, y es esencial que la comprendamos para que podamos aplicarla a nuestra vida y beneficiarnos con ello, a la vez que inspiramos a otros a que sigan el mismo camino que nosotros. Esto es lo que hizo Jesús, lo que hizo Buda, y lo que tantos otros han hecho con su propio ejemplo. El perdón nos muestra, nos enseña y nos revela que nuestra vida es en sí misma una lección perfecta, sin importar lo que estemos atravesando en cualquier momento particular. *Todo pasa*. Y lo que queda es la Esencia que el perdón hace posible

que realicemos, experimentemos y actualicemos. Esta Esencia es, simplemente, el Ser.

El Ser es lo que somos, no importa lo que hagamos, a dónde vayamos, cual sea nuestro nombre, cuál sea nuestra ocupación en el mundo, cuál sea nuestra religión, nuestro color, nuestra raza, nuestras opiniones, nuestro pasado; compartimos ese Ser, y ese Ser es nuestra Fuente, nuestro Sustento, nuestro Alimento, nuestra Inspiración, nuestra Fuerza, nuestra Vida. Porque ese Ser es lo que Todo es, lo que la Totalidad es. Y no podemos describir con palabras a esa Conciencia que lo trasciende todo pero que *es* a su vez todo, pero sí podemos utilizar nuestra vida como la oportunidad que es y practicar en esta vida, de la mejor manera que podamos, la aplicación de la Ley espiritual que, en este mundo, podemos afirmar se manifiesta a través del perdón.

El perdón siempre es hacia nosotros mismos, porque somos nosotros mismos los que nos hemos juzgado incorrectamente al considerarnos un ser separado y vivir como tal.

Y somos nosotros mismos quiénes hemos proyectado en el mundo, en los demás, en todo lo que percibimos y experimentamos, ese mismo juicio equivocado y limitado.

Por lo tanto, no podemos en realidad perdonar a nadie más que a a nosotros mismos, empezando por nuestros propios pensamientos.

No hay meditación ni cura más efectiva que el perdón, porque el perdón no requiere de técnicas ni de grandes preparaciones, ni de análisis sofisticados, ni de complejas estrategias, ni de planificación, sino simplemente de nuestra devoción o dedicación, de nuestra buena disposición y de nuestra voluntad. El perdón requiere de una simple decisión, y ésta es: *"tiene que haber otra manera"**2.

El perdón es lo que deshace la creencia de que nuestra vida es imperfecta, o de que existe algo en nosotros que lo sea. Desde el punto de vista limitado de la percepción, desde la conciencia egóica de la separación, es imposible reconocer directamente la Perfección del Todo –incluida la nuestra– o conocer íntimamente la Unidad Fundamental que es la característica sobresaliente de la naturaleza de la Conciencia en sí. Nuestra vida sólo podría ser imperfecta si realmente estuviésemos separados del Proceso universal de la Conciencia en sí, que es nuestra verdadera Identidad espiritual. Pero la verdad es que...¡no estamos separados! Parecemos estarlo de acuerdo a nuestras propias creencias, a nuestro propio aprendizaje en el mundo, a la programación de nuestra propia mente humana en el espacio-tiempo -la cual está basada en su totalidad en los juicios del ego.

Lo que se conoce como "iluminación" en las tradiciones espirituales, no es más que el inevitable resultado del verdadero perdón.

El perdón conduce irremediablemente a la iluminación, porque el perdón deshace lo que nunca fue –la ilusión de la separación, que es literalmente obscuridad–, y nos permite realizar y experimentar directamente Lo que Es y siempre ha sido –la Realidad de la Luz y nuestra Perfecta Unidad con Ella.

En realidad, nuestro estado natural es uno de iluminación –aquí y ahora.

Tú y yo, a pesar de ser ignorantes de ello, somos Luz. No es que realmente seamos ignorantes de ello, sino que lo hemos olvidado al depositar nuestra atención en los objetos aparentemente externos, en lugar de permitir que nuestra atención repose en su propia Fuente, que es la Luz en sí. La naturaleza de la Luz es iluminar. En la Luz no hay oscuridad. La oscuridad sólo es posible en la ausencia de la Luz. Nuestro sufrimiento humano radica en nuestra ignorancia de la Luz y de nuestra Unidad con Ella. A menos que nos volvamos conscientes de la Luz en nosotros, permaneceremos en la oscuridad.
¿Por qué es nuestra vida una lección perfecta?

Porque es la oportunidad para Despertar.

En la tradición Budista, el movimiento espiritual y cultural que nace de las Enseñanzas espirituales del Buda y su Demostración de la naturaleza de la iluminación, se considera el nacimiento humano, la vida en forma humana, el cuerpo humano, al ser humano y su vida humana como una oportunidad única para alcanzar y actualizar la Perfección espiritual; es decir, la Encarnación plena de lo que en realidad somos, de la Inteligencia infinita que se expresa a través de nosotros en esta forma humana. Los mayores obstáculos para esta Encarnación son la culpa y el temor.
Somos inherentemente inocentes, puros. Ésta es la naturaleza espiritual de la que el Buda habló, la naturaleza búdica.

Todos somos inherentemente un Buda, un Jesús.

Las religiones se han encargado de enseñar precisamente lo contrario. Se han empeñado, en sus esfuerzos por mantener las jerarquías creadas por la mente humana basadas en la separación del Infinito y la negación de la Unidad eterna y Fundamental de la existencia en sí, en transmitir mensajes de culpa y miedo asociados con la idea del pecado, con que existe algo inherentemente "malo" en nosotros, en el ser humano. Obviamente, toda esta insensatez y falta de sano juicio es una fabricación del ego humano. No existe la maldad. Lo que existe es la ignorancia, la inconciencia, el olvido de lo Divino y de nuestra Unión inherente con el Ser. La maldad no tiene cura porque es un atributo negativo inherente, con el que hemos "nacido" y con el que "moriremos". La maldad es un "pecado" incurable, algo que merece castigo y por lo que uno ha de sufrir "eternamente". Pero la ignorancia, que es simplemente un error de apreciación, una perspectiva limitada, la ausencia de una información fundamental y esencial en el ámbito de la conciencia humana, puede corregirse.

La ignorancia es un error que puede subsanarse con un cambio de mentalidad.

¿Y qué es el perdón? Es, sencillamente, un cambio de mentalidad a un nivel fundamental de nuestro ser que trae consigo un nuevo entendimiento, una nueva perspectiva, una nueva percepción, y con ello la oportunidad de un nuevo pensamiento, una nueva idea, un nuevo comportamiento, una nueva acción, una nueva experiencia.

Todo en la vida es una enseñanza. Como dije al principio, nada es al azar. Cada momento en este mundo es un momento de aprendizaje, una oportunidad para recordar, un instante de reconocimiento, y, si lo así lo permitimos, una instancia de éxtasis y de celebración de lo Real, de lo Eterno.

Todo lo que parece sucedernos es una lección. Así funciona el Universo. Estamos aprendiendo y enseñando continuamente con nuestros pensamientos, palabras y actos. Nuestra vida entera es una demostración de aquello que creemos en nuestro corazón.

Nuevamente, así funciona el Universo. Es una Ley de la Mente. Y el Universo es Mente, el Todo es Mente*[3].

Todo es Energía. Nuestra vida es Energía en movimiento. Afectamos y literalmente movemos la materia con nuestros pensamientos, porque todo es Energía. Lo que llamamos "Mente" es la Energía del Espíritu en movimiento. "Las ideas son fuerzas poderosísimas..."*[4]. Nuestros pensamientos son poderosos porque representan ideas que no tienen límites, al estar todas las mentes unidades en un Poder que es una Unidad, en la que todo está conectado con todo y en la que todo es afectado por todo.

"La mente es muy poderosa y jamás pierde su fuerza creadora. Nunca duerme. Está creando continuamente" *[5].

La conciencia es literalmente todo-poderosa porque, en su naturaleza real, posee las mismas propiedades que el Poder creativo del que toda la creación emana.

Reflexionemos por un momento lo que esto significa y evaluemos el uso que hacemos de nuestras facultades mentales, y estemos dispuestos a asumir la responsabilidad por aquello que nos sucede.

Nuestra vida es una lección perfecta porque es, literalmente, un reflejo de nuestros pensamientos. No puede ser de otra manera porque no existen el "adentro" y el "afuera".

Existe solo una Conciencia manifestándose en diferentes formas. Nuestra forma humana es en verdad la Conciencia en sí manifestándose a través de un cuerpo humano particular, teniendo una experiencia concreta en el mundo físico. Pero como nos enseña *Adi Da Samraj**6, las Tradiciones espirituales en general -e incluso, hoy en día, la ciencia-, el mundo es *"psico-físico"*. Lo físico y lo mental son en esencia lo mismo, manifestándose en distintos niveles vibratorios. Recordemos que todo es Luz. La materia es Luz manifestándose a través de la Energía en una forma concreta. Y esto es lo que es la vibración. El pensamiento se vuelve materia mediante una alteración de la vibración. Pero lo que yace siempre detrás es la Energía. Y lo que yace detrás de la Energía es la Luz. La Luz se modifica según se altera la vibración, pero la naturaleza de la Luz nunca cambia su Esencia.

Nuestra vida es el equivalente de nuestros pensamientos. Pero, por sobre todas las cosas, es el equivalente a las ideas detrás de los pensamientos y a la Energía que sostiene dichas ideas.

Por eso es que creer en algo con todo nuestro corazón, y con toda nuestra fe, hace que ello se manifieste en forma física. Todo está regido por la Ley espiritual, que es la Ley de Dios. Pero dicha Ley no favorece a nadie ni a nada en particular. Es en sí misma neutral. Simplemente garantiza que obtendremos aquello que pidamos y que seremos nosotros mismos responsables por ello. No se trata de una Ley moral, se trata de una Ley de compensación. Es, en realidad, una Ley que representa la justicia; no la justicia humana, del mundo, la cual se basa en la idea del castigo, sino la Justicia Divina, la justicia del Universo, que afirma que "todo poder nos pertenece en el Cielo y en la Tierra"*7. Al ser una con la Fuente espiritual, nuestra vida no puede sino ser una enseñanza perfecta, en el sentido de que es exactamente lo que nosotros queremos que sea, aunque nos veamos tentados de creer que somos víctimas de fenómenos o agentes externos. Por lo tanto, nuestra vida es la lección perfecta para aprender esto y elegir conscientemente, libremente, lo que realmente queremos basados en lo que realmente somos. Lo cierto es que todo radica en el poder de nuestra propia decisión, de nuestra propia voluntad. Somos los creadores de nuestro propio destino, literalmente.

Nuestra vida es una lección perfecta porque nos devuelve todo aquello que hemos cultivado en nuestra propia conciencia; nos enseña, a modo de reflejo o espejo, lo que nosotros mismos consideramos valioso.

Nuestra vida es nuestra propia obra, para nada diferente de cualquier drama que observamos en un teatro o una sala de cine, ya que es el resultado de nuestras propias proyecciones. Nuestras propias proyecciones son el resultado de nuestras propias creencias. Y para cambiar nuestras propias creencias tenemos primero que ser conscientes de ellas. Nuestra vida es la lección perfecta que revela cuáles son las creencias que tenemos acerca de nosotros mismos.

La idea que tengo de mí mismo es la idea que tengo de todas las cosas.

Nuestra conciencia no hace separaciones ni distingue una cosa de otra. El ego, el aspecto racional del pensamiento, la facultad discriminativa de la mente, el factor de comparación que convierte a la mente en un dispositivo enjuiciador, la parte de la mente que cree que las diferencias son sólidas, sustanciales y reales, es lo que distingue una cosa de otra, es la actividad inconsciente de separación que divide a la existencia en intervalos de tiempo que llamamos "pasadopresente-futuro", imponiendo de esta manera un límite a la continuidad y significado perfecto de la Unidad. Pero en realidad todo es una idea, y las ideas pueden modificarse si se altera suficientemente la vibración, si se produce un cambio fundamental al nivel de la Energía, en el reino psíquico y en la dimensión emocional.

Psique y emociones van en simultáneo. Éste es un concepto psicológico importante. Las emociones responden a los impulsos psíquicos, y, a su vez, refuerzan esos mismos impulsos psíquicos. Si se modifica la carga psíquica, si se altera suficientemente la vibración energética, se transforman los impulsos psíquicos y las emociones cambian a su vez. Éste es el milagro de la curación. El cambio es posible...no dije que fuera fácil, sino posible. Definitivamente no es fácil; al menos no hasta que cambiar se vuelve un hábito natural. Es necesario hacer un esfuerzo, es necesaria una práctica, es necesario ejercer la voluntad, pero todo ello de manera inteligente. El esfuerzo sin inteligencia es energía desperdiciada. ¡Pero el esfuerzo guiado y acompañado por la inteligencia puede literalmente obrar milagros!

Para que cambie la obra de nuestra vida debemos modificar la clase de imágenes que proyectamos.

No podemos hacer que el proyector deje de funcionar. La mente es como un proyector y el mundo como una pantalla, y el cuerpo aparentemente "individual" es el vehículo en el cual experimentamos aquello que hemos elegido como nuestra "realidad", mediante el poder de nuestra decisión, utilizando para ello la Energía universal con la que contactamos conscientemente y que infunde al cuerpo físico con vitalidad y a la mente con energía. "Mis pensamientos son imágenes que yo mismo he fabricado"*[8].

En otras palabras, cada pensamiento es una imagen con el poder de traducir la Energía en materia; el pensamiento es una forma de Energía vibrando a una determinada frecuencia.

El cuerpo físico es una forma de Energía vibrando a una determinada frecuencia.

El cuerpo-mente es una totalidad, una unidad, un sistema coherente que opera de acuerdo a las leyes de la Energía, como cualquier otro sistema vivo. En ese sentido, el ser humano no es especial y no es, por lo tanto, "inmortal", al estar sujeto -como cualquier otro organismo vivo- a las "leyes" de la naturaleza -si bien es una especie de "dios" teniendo una experiencia de oscuridad y limitación. La diferencia entre el ser humano y otros organismos vivos es la capacidad única de aquel de realizar y experimentar conscientemente su Esencia espiritual, su naturaleza divina, su Fuente consciente de Vida.

El proceso de pensamiento puede ser revertido, y, por lo tanto, pueden modificarse sus efectos. Los pensamientos están regidos por la Ley de causa y efecto. La Ley de causa y efecto es inmutable, al ser una propiedad del Universo, un principio universal. Pero nuestros pensamientos sí pueden cambiar si los sometemos a un proceso de purificación, o lo que es lo mismo, a un proceso de exposición a la Luz de la Conciencia en sí. Recordemos que la Conciencia en Sí, el Ser, nunca cambia. Lo que cambia son nuestras percepciones, las cuales son inestables, hasta que descubrimos la certeza que se basa en conocer, experimentar, encarnar, demostrar y actualizar nuestra Unidad con esta Conciencia. Cuanto más se purifican nuestros pensamientos egóicos, basados en el aparente desconocimiento y la separación de la Unidad, más accedemos a una clase de experiencia radicalmente distinta en el presente, liberándonos así de nuestras limitaciones pasadas.

Cuánto más se purifica nuestra conciencia egóica más accedemos al pensamiento que es de naturaleza universal, el pensamiento creativo– que si bien no es la salvación, nos ayuda a deshacer el drama que nosotros mismos hemos fabricado–, y conectamos conscientemente con la Inteligencia que es de naturaleza infinita. Y cuanto más renunciamos al ego en nosotros en favor del Espíritu, tanto más nuestras percepciones se elevan, se "espiritualizan", y experimentamos lo que se conoce en la jerga espiritual como la "*transfiguración*" de nuestro propio cuerpo-mente. Esto quiere decir la transformación o pasaje de la materia a la Energía, de la forma a la Luz. Este proceso es lo que ha sido descrito erróneamente como el camino de "retorno" a Casa.

En verdad, no hay necesidad de retornar, sino simplemente de cambiar de mentalidad, de permitir que nuestras percepciones sean transformadas por un Poder Superior, y, finalmente, de reconocer nuestro estado inherente de Unidad con Dios, que es lo que la iluminación es.

Como enseña *Un Curso de Milagros*, la salvación no es sino un cambio de mentalidad. Y al trascender la identificación de nuestra persona como un ser separado aprendemos a vivir en el ahora, en Unidad con y conectados a la Felicidad del estado natural, a la dicha del Ser que somos, que es la Vida infinita sin principio ni final. Y en el ahora experimentamos una Revelación de naturaleza espiritual que las palabras no pueden ni remotamente describir, porque se trata de una experiencia de perfecta comunión con la Totalidad que trasciende los conceptos y que hace del ego algo totalmente inexistente.

La vida en sí misma es una lección perfecta porque si aprendemos a ser receptivos, si nos abrimos a percibir y *ver* más allá del limitado alcance de nuestras creencias, nuestros programas y nuestras experiencias pasadas, podemos aprender de manera ilimitada de todo lo que nos rodea, y establecer una nueva relación y conexión con todo nuestro entorno que esté basada en la Unidad, en el amor, en la compasión, en la empatía, en la Energía en sí -que es lo que realmente somos como el Ser espiritual que es siempre Uno. Una vez más, todo es Energía. Lo que transmitimos a otros es nuestra energía, nuestra disposición fundamental. No son las palabras en sí aquello que transmite, sino la intención detrás de las palabras, es decir, la Energía. En ese sentido, somos los amos del Universo. Pero debemos ser humildes en este entendimiento, y debemos usar nuestro poder para hacer el bien, para enderezar nuestros caminos y demostrar a otros con el ejemplo. Y debemos nosotros mismos seguir el ejemplo de todos los Grandes Maestros y Profetas que nos demostraron que tenemos una razón para estar aquí, un Propósito que es a la vez trascendental y humano, que es inclusivo y que es de gran importancia para la Totalidad. Tenemos que conocer la Ley a través de los efectos que percibimos en nuestra vida, para ser cada vez más conscientes de la mecánica que rige nuestra existencia. *El perdón es la llave.* El perdón es el Camino. El perdón, en su esencia, es lo mismo que la compasión. Ambas están imbuidas de la misma Esencia. Ambas representan un entendimiento trascendental que cura y arroja luz sobre las tinieblas de la ignorancia humana. Ambas significan un entendimiento radical y perfecto, divino y humano a la vez, que pone orden en nuestra vida y en la vida de los demás. Debemos ver nuestra vida como la gran oportunidad que es y vivirla como tal. No debemos desperdiciar esta vida en asuntos superficiales, sin importancia, quedándonos siempre en la periferia de aquello que es realmente importante.

Debemos ser capaces de transformarnos hasta Despertar, hasta demostrar que lo que somos individualmente es lo que Todo es, que lo que somos en esta forma humana es, sencillamente, lo que Dios es.

NO EXISTE UNA REALIDAD "OBJETIVA"

No existe una realidad objetiva, así como el tiempo tampoco es lineal ni corre en una sola dirección. Pero de esto último hablaremos más adelante. Basta con decir que todos los conceptos que hemos aprendido y que han sido transmitidos a nosotros a través de la educación que caracteriza a esta cultura material y egóica en la que vivimos, esta civilización centrada en valores superficiales, en metas de progreso tecnológico y social que en sí mismas (utilizadas por el hombre en su ignorancia de quién es él realmente, sin conciencia ni responsabilidad) no contribuyen a la elevación espiritual, psicológica y emocional del individuo ni a su Despertar espiritual o iluminación, no hacen sino limitar nuestra percepción, conciencia y experiencia de la realidad en la que creemos vivir.

En verdad, vivimos en la realidad que nosotros mismos creamos para nosotros –y para los demás. Lo cierto es que para la Conciencia Suprema la separación es algo completamente desconocido. La Conciencia Suprema sólo conoce la Unidad, porque en realidad sólo hay Uno –aparentemente dividido o desmembrado en muchos. Hay una sola Mente universal. La conciencia de la separación que da lugar a la realidad en la que creemos vivir representa una interpretación o perspectiva limitada de Aquello que es una Inteligencia infinita, de la única Luz que se extiende en todas las direcciones más allá del espacio-tiempo, sin principio ni final.

La educación que hemos recibido se basa en la experiencia humana de separación, y no suele incluir la Transmisión del conocimiento esotérico y la Instrucción de vida práctica que podrían ayudar a un individuo a desarrollar una inteligencia y unas capacidades que le permitirían a él o a ella trascender los límites de la educación que recibimos en el mundo.

Hay una educación más allá del mundo, y ésta tiene que ver con el verdadero Conocimiento, con la Transmisión de quiénes somos más allá de los límites de este cuerpo-mente mortal.

La educación que recibimos en el mundo no está exenta de los límites impuestos por este reino de nacimiento y muerte, el cual, en nuestra inconciencia, solemos considerar como la única "realidad". Dicha educación, la cual llega a nuestros sentidos desde todos lados –desde la sociedad, la familia, la escuela, las instituciones religiosas y el mundo humano en general– como un estímulo que es casi imposible de evitar, se basa en la dualidad, en las polaridades, en los opuestos, en las comparaciones; pero por sobre todas las cosas, se basa en el juicio meramente humano –que termina por considerarse como la "verdad absoluta", la cual todo el mundo acepta como el sistema de creencias que rige su propia realidad.

En verdad, no somos educados en absoluto sino tan solo forzados a creer en la experiencia que otros han tenido como humanos, con sus limitaciones, falsas creencias y percepción limitada del Universo, y a aceptar esa experiencia como propia.

Lo cierto es que al aceptar la experiencia de otros como propia, reproducimos la misma clase de realidad y de experiencia que ellos han tenido en el pasado.

A menos que cambiemos nuestra mente a un nivel fundamental –las creencias inconscientes que suelen regir nuestro destino– seguiremos, lamentablemente, repitiendo una y otra vez la misma experiencia, el mismo drama.
La enseñanza fundamental de esta sociedad moderna y superficial, basada en la carencia y, por lo tanto, en la lucha, la competencia y el ataque, es que existe una realidad objetiva que está afuera y separada de nosotros, que es diferente de nosotros, la cual debemos juzgar para poder entender y para la cual debemos diseñar una estrategia personal en aras de prosperar en esta competencia mortal por sobrevivir como el más "evolucionado" de la especie.

El ser humano ha inventado todo tipo de teorías y paradigmas para sostener esta idea errónea de la supervivencia del más fuerte, de la competencia, de la lucha y de la guerra. Para esto, es fundamental fomentar la creencia en una realidad separada de nosotros, con una voluntad diferente de la nuestra, de la cual somos una víctima y ante la cual somos "impotentes". La educación que recibimos en el mundo se basa estrictamente en esa mentalidad.
Es necesario creer que el mundo es un lugar hecho solamente de materia, sólido e inamovible, que domina nuestros impulsos e impone su destino sobre nosotros.

Lo que Jesús, Buda y tantos otros Maestros Despiertos quisieron enseñar, y definitivamente demostraron, es precisamente que el mundo es una proyección de la conciencia, y que es la propia conciencia la que determina la clase de experiencia que tenemos del mundo.

Esto la ciencia lo está probando hoy con experimentos. Ya no se trata solamente de un conocimiento místico al que únicamente unos pocos elegidos tienen acceso; se trata de una verdad irrefutable con evidencias empíricas. Sin embargo, desafortunadamente, son pocos los que aplican esta verdad a su propia vida y experiencia en el mundo fenoménico...para su propio infortunio.

El inconsciente –la parte de nosotros a la cual no creemos tener acceso conscientemente– suele gobernar nuestra vida, nuestros pensamientos, nuestras emociones y nuestros actos, nuestra existencia en su totalidad, hasta que comenzamos a volvernos simplemente conscientes, hasta que comenzamos a observar, hasta que comenzamos a practicar otra manera de ver, de sentir y de actuar, otra manera de concebir lo que nos ocurre, hasta que comenzamos a cuestionar los viejos paradigmas que nos causan depresión, desgano, desesperanza, ansiedad, preocupación, y, por encima de todo, una sensación de falta de dirección y de propósito en la vida.

Cada momento de nuestra vida es gobernado por el inconsciente hasta que comenzamos a participar conscientemente en la vida, a contemplar las cosas que nos ocurren y a las personas a nuestro alrededor, en lugar de juzgarlas y etiquetarlas con nuestros propios conceptos.

Nuestra vida comienza a volverse un acto de creación consciente en el momento en que nos damos cuenta de que, en lugar de pensar obsesivamente y de creer en e identificarnos constantemente con los contenidos de nuestra mente pensante, podemos meditar, podemos considerar las cosas en profundidad, podemos razonar con claridad; podemos, verdaderamente, pensar en grande, o lo que es lo mismo, pensar con el Corazón. Pero para esto es necesario des-programarnos y tener un encuentro con nuestro Ser más íntimo y espiritual, con el Corazón, con el ámbito de nuestros sentimientos humanos y con la dimensión en donde la Realidad espiritual e invisible se vuelve una experiencia tangible para nosotros. En otras palabras, es necesario darnos cuenta de que el Despertar espiritual es, no solamente necesario y posible, sino inevitable.

Nuestro sufrimiento humano es, sencillamente, la resistencia a Despertar; son las defensas de nuestro programa inconsciente en su agotadora lucha por mantener la ilusión del control, la ilusión de la separación, y por conservar al viejo paradigma en pie.
Para mantener la ignorancia y la ilusión de separación que mantienen al viejo paradigma en pie es necesario creer que existe una realidad externa, sobre la cual luego proyectamos nuestros contenidos inconscientes y de la cual nos disociamos mediante la convicción de que somos víctimas de esa realidad, de la cual, de hecho, solamente nosotros somos enteramente responsables.

Es importante para el "establishment" cultivar y alimentar esta sensación de peligro y amenaza constantes, no sea cosa que cada individuo Despierte y recupere su propio poder personal, el cual él o ella niega al reprimir y luego proyectar sobre el mundo sus propios contenidos inconscientes. Se trata de psicología pura, y también de ciencia, de física. Como dije anteriormente, el mundo es un asunto psico-físico. Y todos debemos tener una experiencia que verifique esto. Todos debemos comprobar la existencia de la Ley espiritual invisible, de la cual nos podemos valer para hacer el bien, para compartir de la abundancia de nuestro verdadero Ser, para sanarnos y sanar a otros, para servir la verdadera evolución de otros, del mundo y de la humanidad en general, y, por sobre todas las cosas, para Despertar de este sueño de separación y recordar al Dios Viviente, *Ése que tú eres y Ése que Yo Soy.*

Debemos entender que, por las leyes mismas de la física, no puede existir una realidad objetiva. Si todo es Luz manifestándose a través de la Energía en diferentes niveles de frecuencia vibratoria que dan lugar a todas las expresiones y formas visibles y físicas del Universo, entonces no pueden haber cosas separadas. Puede existir la impresión de que cada individuo o cosa aparentemente separada del Universo tiene una identidad individual y específica, pero ésa es justamente la ilusión de la percepción limitada del Universo de la que padecemos. Sólo existe una Inteligencia infinita y universal, y, por lo tanto, sólo puede existir una Realidad en la que todos los individuos y todas las cosas comparten una misma Identidad. Ésta es, de hecho, mi experiencia. Por ello escribo al respecto.

Y escribo al respecto porque la Energía que Yo Soy se expresa a través de mí por medio de esta actividad, esta escritura. Es una escritura inspirada porque viene del Espíritu, porque mi mente está en comunicación con el Espíritu, al igual que la tuya. Quizá este libro sea la experiencia que necesitas para corroborar que esto es así en tu caso. Independientemente de cuál sea tu caso, existen motivos para alegrarse y regocijarse, porque todo lo que dije anteriormente no hace sino afirmar la Verdad expresada por Jesús, que resume el conocimiento eterno de nuestra Realidad o Unidad con Dios, con el Ser, el cual está siempre presente más allá del paso del tiempo o del desplazamiento en el espacio: "*El Reino de Dios está aquí y ahora*".

No existe una realidad objetiva precisamente porque el Reino de Dios está aquí y ahora, y tú eres el Reino de Dios.

El Reino de Dios es la Conciencia en sí. El Reino de Dios es el Reino de la Conciencia. No tiene límites. Vivimos en ese Reino a pesar de todos nuestros intentos por disociarnos de él. Utilizamos todo nuestro poder espiritual, psíquico, emocional y físico para negar el Reino de Dios y para convencernos a nosotros mismos, y convencer a los demás, de que somos un ser separado, fragmentado y disociado de la Totalidad, gobernado por fuerzas y agentes externos con mayor poder que nuestra propia mente. Una vez más, no hay poder fuera de nuestra mente. El problema es no reconocer este poder, y habiéndolo negado, se vuelve inconsciente e inevitablemente se proyecta en personas, situaciones y eventos a los que les conferimos independencia de nuestra voluntad. Pero literalmente todo el poder se encuentra en nuestra voluntad, en nuestra creencia, en nuestro deseo, en nuestra fe y en nuestros actos.

Es así que construimos el universo en el que vivimos y el ambiente que nos rodea, con todos sus objetos, con todas sus relaciones y con todos sus eventos. Nuestra conciencia crea todo. Y es nuestro pensamiento el que le da significado a los fenómenos externos.

Es muy importante estar atentos a lo que pensamos, a lo que sentimos y a lo que hacemos. Como lo que pensamos es la semilla de la que crecen los sentimientos y luego los actos, debemos tener vigilancia, fundamentalmente, en relación a lo que pensamos, a las ideas que cultivamos, a cuáles son las creencias a las que damos nuestra fe, a los valores y conceptos que abrigamos. Ante todo, debemos aceptar que no entendemos el verdadero significado de lo que percibimos. Realmente no lo entendemos. No es necesario más que un mínimo grado de honestidad para darse cuenta de esto. Sócrates expresó, en lo que quizá sea la epítome fundamental de su Enseñanza, "sólo sé que no se nada". Y si no me equivoco esto fue sobre el final de su vida, ante la pregunta de sus seguidores en relación a cuál era su conocimiento, cuál era su Enseñanza.

Si bien creemos saber un montón de cosas, en realidad no sabemos nada.

Ésa es nuestra Liberación. Esto no nos hace ignorantes; por el contrario, nos coloca en una excelente posición para aprender de verdad, para recibir un nuevo conocimiento, una nueva

percepción, una nueva idea. Las nuevas ideas, las ideas que revolucionan la conciencia de una persona –incluso de toda una generación–, vienen generalmente – sino siempre– de súbito, repentinamente, siendo el fruto de lo que muchos han llamado un momento de "inspiración", de "revelación"; un momento "divino", como un *deja vú* de escala mayor. Cuando liberamos a nuestra mente de viejas ideas y nos volvemos verdaderamente receptivos, entonces nuestro potencial para aprender se vuelve ilimitado, y nuestra experiencia cambia radicalmente. No dejamos de ser humanos. Al contrario, nos volvemos seres humanos plenos, maduros y auténticos con una capacidad única de sentir todas las cosas y de experimentar un Despertar espiritual en cualquier circunstancia y en cualquier lugar.
Es así que entendemos que toda realidad es subjetiva. La única Realidad, la Realidad del Uno, es estrictamente subjetiva. Y cada uno de nosotros es, individualmente, una expresión de esa Realidad Subjetiva. La creencia en y experiencia de una realidad objetiva no es más que el resultado de la transmisión de un falso aprendizaje basado en la errónea y superficial suposición de que la separación es necesaria e inevitable; la reacción ante una experiencia aprendida que se repite una y otra vez en la forma de un drama humano cuya víctima central somos nosotros en este traje mortal que llamamos el cuerpo, en un mundo externo constituido por una voluntad independiente de la nuestra con el poder de afectarnos y de determinar nuestro destino, y del cual aceptamos todo tipo de límites y puntos de vista los cuales no tienen absolutamente nada que ver con nuestra auténtica Realidad, con quiénes somos realmente.

> *No existe una realidad objetiva, y, por lo tanto, tampoco existe el espacio-tiempo tal como suponemos que existe, de apariencia sólida e inamovible, como una condición fija y estática.*

Esta falsa y limitada suposición es la que mantiene viva al ego, y a nosotros dormidos en este sueño de separación y miedo. La naturaleza del espacio-tiempo es fluida y flexible;

participamos en el proceso de determinar qué clase de fenómenos y eventos, fuerzas y energías, mociones y reacciones tendrán lugar en él.

Nosotros somos el espacio-tiempo, más que estar en el espacio-tiempo.

Una manera fácil de entender esta idea la podemos encontrar en la respuesta que solía dar el Sabio hindú Ramana Maharshi*1, ante la pregunta de sus devotos en cuánto a qué ocurre con el mundo cuando uno está dormido...¿continúa el mundo allí, fuera de nosotros, fijo e inamovible, esperando nuestro retorno a él? ¿Existe el mundo cuando dormimos, o desaparece junto con nosotros en el estado de sueño? ¿Qué sucede con el mundo cuando cerramos las puertas de nuestra percepción consciente? ¿Es el mundo independiente de nuestro pensamiento, de nuestra mente? Según Ramana Maharshi, el mundo no existe sin nuestra mente. El mundo es efectivamente una proyección de nuestra mente, y como tal, no puede ser objetivo a nosotros. El mundo aparece, se muestra allí ante nosotros cuando lo observamos, se vuelve concreto en el instante de nuestra observación. Se vuelve real, sólido cuando miramos allí. Y esto ocurre en una millonésima de segundo.

La percepción nos engaña porque nos conduce a creer que primero surge lo que estamos viendo y luego lo que pensamos de lo que vemos. En realidad es un proceso simultáneo. El pensamiento y lo que vemos son la misma Energía manifestada en diferentes frecuencias vibratorias. El espacio-tiempo es el espejismo de que existe diferencia o separación entre la causa y el efecto, entre el pensamiento y sus resultados.

Debido a la naturaleza del pensamiento, el pensamiento y sus resultados son simultáneos. La manifestación del pensamiento es instantánea, pero por los velos que cubren nuestra percepción y que nublan nuestro entendimiento consciente, tendemos a creer que la causa –que es el pensamiento– y el efecto –que es su manifestación física en la forma de experiencia en el mundo– están separados, que existe distancia entre ellos. Ésa es la brecha de ilusión en la que el ego se oculta y desde la cual se proyecta el espacio-tiempo tal como lo experimentamos de manera limitada y aparentemente concreta.

> *¡No hay una realidad objetiva porque no hay mundo...no tal como pensamos que es!*

Por eso es que no sabemos nada, y por eso tampoco entendemos lo que vemos*2. Es un alivio dejar ir nuestras ideas preconcebidas, nuestros juicios y prejuicios, nuestras interpretaciones y nuestras limitadas opiniones acerca de todas las cosas. Y es una experiencia ciertamente gratificante y satisfactoria el dejar un espacio vacante en la propia mente para, como decíamos antes, recibir una nueva idea, una nueva visión, un nuevo entendimiento. Es una experiencia extática el reconocimiento de que uno no sabe, y de que uno no tiene por qué saber.

> *¡Está bien no saber!*

Es literalmente una dicha indescriptible el soltar la pesada mochila de los conceptos, las opiniones, el punto de vista y las suposiciones, y vivir libres de ideas preconcebidas y de conceptos limitados basados en nuestra experiencia pasada. Existe una experiencia del ahora que hace innecesario el que uno siga creyendo que el pasado determina nuestro presente. Lo que determina cómo nos sentimos y el destino que creamos para nosotros es nuestra disposición en el presente. Si permitimos que el pasado sea el punto de referencia para percibir el presente, entonces estamos condenados a pasar por alto el ahora y a encadenarnos a una prisión de tiempo en la cual el futuro será exactamente una repetición del pasado. Si nos liberamos del pasado en el presente, renaciendo a cada instante, nuestro futuro será sin ningún lugar a dudas diferente del pasado, porque será sencillamente una extensión del presente. El mundo es, por así decirlo, una extensión del Ser. Y el Ser es siempre subjetivo. Nuestro convencimiento de que existe una realidad objetiva a nuestra conciencia es un engaño en el que todos incurrimos, y es el resultado inevitable de haber recibido una educación en el mundo. Pero es perfectamente posible funcionar en el mundo estando uno Despierto, es decir, consciente de que el mundo es una experiencia subjetiva, aunque se diga lo contrario.

Tú eres el Ser.
Por lo tanto, no puede haber nada que sea objetivo a ti,
porque todo es también el Ser.
El Ser es una sola Conciencia, Todo es Conciencia, la Realidad es Conciencia.
La Conciencia es subjetiva. Tú eres Conciencia.
Por lo tanto, tu Realidad es algo completamente subjetivo.
Lo que aparenta ser objetivo no es sino
la proyección de aquello que es subjetivo en nosotros.

ESTAMOS EN LA TIERRA PARA CURAR Y SER CURADOS

¡Sí! Estamos en la Tierra para curar y ser curados. Curar y Despertar son sinónimos. Cuando hablamos de cura no nos referimos a un remedio para una dolencia particular, ni tampoco nos referimos a la solución para un problema específico, o a la obtención de un estado o condición concreta que nosotros asociamos con el éxito en una determinada situación de nuestra vida.

Cuando hablamos de cura nos referimos, esencialmente, a un cambio de conciencia, a un renacimiento que tiene lugar a cada momento de nuestra vida, en el presente.

Nos referimos a la experiencia de una conexión directa con el Espíritu, con la Conciencia en sí. Nos referimos a la integración a nuestra vida de cada momento –en sus diversos aspectos– del Conocimiento de nuestro Ser más íntimo y profundo que es, no solamente de naturaleza personal, sino también de naturaleza universal.

"La curación es una liberación del pasado"*1.

En otras palabras, curarse es recuperar la capacidad de vivir en el estado natural, es decir, de uno ser realmente consciente del momento presente, del ahora en su totalidad. El restablecimiento de esta capacidad en nosotros mejora sin dudas nuestra calidad de vida, a la vez que transforma radicalmente nuestra experiencia, nuestro modo de percibir todas las cosas, y nuestra manera de ser, sentir y actuar; modifica nuestra personalidad exterior también.

La curación es un cambio interno, a nivel psíquico y emocional, que procede de un Despertar espiritual al nivel fundamental de la Conciencia en sí.

Curarse es, simplemente, recuperar la capacidad de ser felices *ahora*, capacidad la cual nunca perdimos realmente pero que ha sido relegada al olvido, producto de nuestra identificación con el drama de la proyección de nuestro temor inconsciente a todos los aspectos y ámbitos del mundo externo, de la proyección de nuestra culpa inconsciente, la cual sentimos a raíz de considerarnos un frágil ser humano separado que está a merced de innumerables fuerzas externas que tienen poder sobre uno mismo, todo lo cual es el resultado de la creencia y experiencia de estar separado del Todo, de la Fuente infinita de Vida, Luz y Energía.

¿Por qué estamos en la Tierra para curar y ser curados? Porque aunque parezca difícil de creer, la Tierra es el resultado de una *"enfermedad imaginaria"**2 de la cual cada uno de nosotros es totalmente responsable.

A pesar de creer lo contrario, cada uno de nosotros está aquí enteramente por su propia voluntad. Ni nuestro nacimiento ni nuestra muerte ocurren al azar, así como tampoco nada de lo que experimentamos en la Tierra es un accidente.

La manera de Despertar de este auto-engaño –la creencia de que somos víctimas de esta experiencia terrenal y material, de que hemos sido arrojados a este mundo en contra de nuestro propio deseo– es aceptando el verdadero remedio, que es la curación. La curación comienza con el paso de asumir que uno sufre de un desequilibrio mental y emocional, que uno padece una constante sensación de estrés, preocupación y ansiedad, que uno se ha pasado toda la vida buscando pero sin encontrar, que a pesar de los esfuerzos de uno por alcanzar la paz y la felicidad –por lograr metas que parecían ser la salvación– el resultado termina siendo siempre la frustración y el vacío espiritual. Por esto mismo, hemos de agradecer la presencia del sufrimiento en nuestra vida, aunque ello no sea cómodo. Y la razón es que el sufrimiento es una oportunidad para cambiar, para aceptar que la curación es necesaria.

El sufrimiento es una bendición encubierta.

Y si sabemos aprovechar las circunstancias negativas y desfavorables de nuestra vida, tarde o temprano descubriremos que todo sufrimiento trae consigo una oportunidad para cambiar, para curarse y para Despertar. El sufrimiento es la oportunidad de restablecer la conexión con Dios, es decir, con la Fuente de la existencia. Es la oportunidad de establecer otro tipo de relación con uno mismo, los demás y el Universo. Es la oportunidad para uno comenzar a comunicarse, en el presente, con quién uno es realmente. Es la posibilidad de establecer comunicación directa con la Inteligencia universal y, a su vez, con todas las formas que son una expresión de esta misma Inteligencia. Esta comunicación directa se basa en la Unidad, en el reconocimiento de que, más allá de las diferencias en lo relativo a la forma, todos compartimos el mismo Ser.

El Propósito inherente de estar en la Tierra es la iluminación.

Esto es así porque cada uno de nosotros *ya* es Luz, aquí y ahora, y por toda la Eternidad. Sin embargo, para actualizar conscientemente y demostrar aquí en la Tierra la Luz que somos, nuestro estado inherente de iluminación, hemos de curarnos primero. Hemos de sanar nuestra mente, purificar nuestros pensamientos; hemos de sanar nuestras emociones desarrollando la capacidad de usar la energía de nuestros sentimientos constructiva y creativamente; hemos de vivir una vida de acción que sea plena y con perfecto propósito; hemos de vivir cada momento como una totalidad, como todo el tiempo que existe –hablaremos de esto más adelante. Curarnos es restablecer en nosotros la capacidad para funcionar de manera plena y feliz en todos los momentos de nuestra vida, en todas las áreas y relaciones de nuestra vida, lo cual inevitablemente conlleva tomar contacto con el sufrimiento en todas sus formas –no para victimizarnos culpando a otros o al mundo por ello, sino para hacernos responsables y tomar la decisión de trascenderlo. Curarse es empezar a ver. Es empezar a percibir *a través de*, en lugar de simplemente percibir. Cuando miramos *a través de*, empezamos a ver. Cuando simplemente miramos, condicionados por el pasado, percibimos de manera limitada basados en nuestros propios juicios, los cuales son siempre erróneos.

Cuando empezamos a ver, es decir, a percibir *totalmente*, entonces nuestra vida se convierte en una continua transformación; nuevas ideas vienen a nosotros de manera permanente y adquirimos una nueva clase de Inteligencia, a la cual denominamos "insight". Insight significa ver con el Corazón, significa entender más allá de la lógica, el análisis o el intelecto. Significa verdadero entendimiento, en el ahora. El ahora, este momento, es todo lo que hay. Curarse es empezar a vivir en el presente conectado conscientemente con la Vida, en lugar de vivir en el ego proyectándonos constantemente al futuro tomando como referencia nuestras experiencias pasadas.

Curarse es, en otras palabras, renacer.

Curarnos es empoderarnos en el Espíritu. Cuando nos curamos empezamos a ver la plenitud –a sentir el poder– en nosotros. Comenzamos a sentir que toda la riqueza, el verdadero Tesoro, está en nosotros –y no fuera de nosotros. Comenzamos a tomar contacto con todos los recursos y con todas las capacidades que viven en nosotros, las cuales son parte inherente de nuestra naturaleza espiritual. Como enseña *Un Curso de Milagros*, "estar sin un cuerpo es estar en nuestro estado natural"*3. Este cuerpo físico con el que nos identificamos es una percepción limitada de nuestro Ser. No es de extrañar que éste sea un mundo que se caracteriza por el sufrimiento, y no ha de sorprendernos que muchos de nosotros vivamos con una constante sensación de no pertenecer, de no sentirnos en casa; no es de extrañar que muchos de nosotros en lugar de vivir padezcamos la vida, yendo de aquí para allá sin jamás encontrar sentido en nada. La curación es necesaria para remover estos sentimientos de enajenación, inseguridad y desorientación. Curarnos es encontrar Propósito. Y mientras no encontremos nuestro verdadero Propósito, percibiremos el mundo como una gran masa, una imponente fuerza contra la cual es necesario luchar para sobrevivir y la cual hay que conquistar para poder sentirnos en paz.

Curarnos es conocernos a nosotros mismos tal como somos y entender la Ley que rige nuestro destino. Junto con la cura despierta la Inteligencia que nos guía de modo que dejemos de cometer los mismos errores una y otra vez y comencemos a vivir de otra manera, a tener otra clase de experiencia, otra clase de pensamientos y sentimientos. En otras palabras, la curación despierta la Inteligencia gracias a la cual comenzamos a usar la Ley para nuestro beneficio, y el de los demás, en lugar de utilizarla para generar desdicha y mayor confusión en nuestra conciencia y experiencia.

Como dije anteriormente, todos nosotros somos un Buda, un Jesús; ésta es mi experiencia directa. Por lo tanto, si cada uno de nosotros es un Jesús, un Buda, podemos obrar milagros, podemos curarnos y curar a otros si reconocemos que vivimos en una Unidad, que la separación es simplemente una apariencia; que el mundo es un Juego de la Conciencia que no fue diseñado para maldecirnos sino para que aprendamos y Despertemos, para que demostremos, precisamente, que somos como un Buda, como un Jesús; que la misma Conciencia, Inteligencia, el mismo Espíritu y el mismo Amor que vivían en Jesús; que la misma Mente, Luz, la misma Compasión y Sabiduría que vivían en Buda es lo que cada uno de nosotros es. Eso no significa que debamos comportarnos de la misma manera en que Jesús o Buda lo hicieran; significa que el potencial que vive en ellos es el mismo que vive en nosotros. Curarnos es el Camino para Despertar a esta Verdad.

La cura conduce a la Felicidad porque restablece la armonía interior, la comunicación con uno mismo más allá de la confusión y la duda, la culpa, la vergüenza y el temor, y favorece el contacto íntimo, transparente –basado en la inteligencia y la confianza– con los demás, con el mundo exterior, con el Universo en sí.

La cura propicia el bienestar porque restablece la paz, y la paz es el don más preciado de todos, "el tesoro escondido en el campo"*4. Desde un estado de paz y plenitud, no hay nada que no podamos lograr. La paz no excluye la acción. Uno puede encontrar la paz en medio de cualquier actividad, en cualquier lugar o tiempo, en cualquier circunstancia, evento o relación. La paz nos equipa para disfrutar plenamente de cada momento, ya sea en la quietud o en la actividad. La paz nos da visión espiritual, y junto con la visión espiritual vienen el disfrute máximo y la dicha, además de la posibilidad de desarrollar todas nuestras capacidades y facultades inherentes en su mayor potencial posible.

Curarnos es, simplemente, volvernos conscientes; volvernos conscientes de nosotros mismos en nuestra totalidad.

Con la cura viene el conocimiento de uno mismo. Cuando uno se vuelve consciente de uno mismo uno se conoce a sí mismo, porque uno no se percibe a sí mismo ya más a través de la limitada percepción del ego. Volverse consciente de uno mismo es verse uno a sí mismo a través de la mirada contemplativa del Espíritu. Si nos percibimos a través del ego, nuestro entendimiento está limitado a los paradigmas de esta civilización material, sujeto a toda la educación que hemos recibido que se basa en la ignorancia de quiénes somos realmente –y dicha educación bloquea un nuevo entendimiento y una nueva experiencia de nosotros mismos, limitando nuestro destino a lo que el pensamiento del mundo desea.

El mundo desea que cada uno de nosotros continúe dormido creyendo las mentiras de esta sociedad basada en el temor y la separación de Dios. El mundo no desea que nos volvamos personas iluminadas. Ésa es la razón de que Jesús fuera crucificado.

Y ésa es la misma razón por la que todos los hombres que han demostrado una nueva posibilidad para el ser humano –una nueva visión, una idea nueva que se encuentra más allá del establishment– han sido, en muchos casos, ignorados, negados, humillados, torturados e incluso asesinados. Como el poder se encuentra en nosotros –más precisamente en nuestra mente–, aquello en lo que creemos determina nuestro destino. Si creemos en la educación del mundo, si creemos lo que el establishment enseña, entonces nuestro destino será como el de cualquier otro mortal que haya pisado la Tierra, y no conoceremos más que lo que cualquier ser humano conoce en su educación limitada, y nuestra experiencia será meramente una de repetición, la misma que han tenido miles de millones de personas a lo largo de la historia humana en su sufrimiento e ignorancia. Pero si cambiamos de mentalidad, si transformamos nuestro entendimiento y comprendemos la naturaleza del Poder que vive en nosotros; si nos damos cuenta de que cada uno de nosotros, individualmente, determina su destino y de que gozamos de la capacidad para elegir conscientemente qué es lo que realmente queremos, cómo queremos vivir, entonces habremos cambiado nuestro destino para bien, y nuestra experiencia personal será bien diferente de aquella que el mundo nos impulsa inconscientemente a tener. Para esto, debemos conocer nuestra propia conciencia, empezando por tener una relación real, íntima y profunda con uno mismo. Uno mismo es la persona más importante, porque de uno mismo pende todo lo demás. Esto es lo que el mundo ignora, pero es la Verdad. Eso es lo que han enseñado todos los Grandes Maestros.

¿Y cómo vamos a curarnos mientras neguemos la importancia de la relación que uno tiene consigo mismo? ¿Cómo vamos a ver el mundo de otra manera mientras lo sigamos percibiendo basados en la programación egóica que hemos recibido a través de la educación del mundo? Despertar de esta programación egóica, de este paradigma de separación, es la manera en que uno se cura. El momento presente es fundamental para nuestra des-programación, para que nos curemos.

Sólo si vivimos con nuestra atención en el pasado o en el futuro puede el programa del mundo engañarnos y mantenernos inconscientes.

El ego se encuentra siempre en el pasado y en el futuro, pero nunca en el presente. En el presente podemos tener una experiencia real de comunión con nuestro Ser y de esta manera empezar a aceptar el remedio de la cura a nivel espiritual, psíquico, emocional y físico.

Cuando nos damos un momento para estar realmente presentes con nosotros mismos, ese momento se convierte en una oración de cura, en una plegaria de ayuda al Universo; ¡y el Universo responde!

Como nuestra mente es poderosa, nuestros pensamientos son como una oración. También lo son nuestras emociones. Todo es oración porque todo es Energía, porque el Universo es puro Poder. Y nosotros somos Uno con el Universo. Éste es el Poder que el establishment preferiría que no reconociéramos. Sin embargo, es el Poder que puede iluminarnos y hacernos libres, y es el Poder que podemos utilizar constructivamente para curarnos y curar a otros.
Como enseña *Un Curso de Milagros*,

> *"¡El mundo no existe! Éste es el pensamiento básico que este curso se propone enseñar".* *5

Este entendimiento es fundamental para la cura, porque es el reconocimiento de la No-dualidad, de la Unidad de nuestro Ser, de que realmente somos parte de una Conciencia infinita que es pura Energía, puro Misterio y pura dicha. Al curarnos comenzamos a volvernos extáticos, porque descubrimos la Libertad; la Libertad del Espíritu y la Libertad de la mente, la Libertad que es nuestra herencia espiritual y la cual no puede ser amenazada.

¡Cada uno de nosotros es libre para vivir como se le dé la gana!

Siempre y cuando respetemos la libertad de los demás, no hagamos daño a otros seres –o a nosotros mismos– y seamos responsables, podemos literalmente hacer lo que se nos dé la gana. De hecho, tendremos que hacerlo para poder curarnos y curar a los demás. Entre otras cosas, podemos elegir nuestro destino tal como queramos que sea, en esta Tierra y más allá. Ésa debería ser la premisa por la cual se rigen todas las relaciones humanas.

Todo encuentro entre seres humanos debería ser un evento de comunión en el que se celebren tanto la individualidad de cada ser, la Unidad Fundamental que nos une –la Identidad que compartimos como un solo Ser–, así como el reconocimiento de la Libertad que vive en cada uno de nosotros para que seamos lo que queremos ser y para que elijamos el destino que más nos plazca, sin que ninguna entidad o autoridad de ningún tipo condicione nuestras decisiones.

Para poder aprender de verdad es fundamental que cada uno tome sus propias decisiones y aprenda por sí mismo, y descubra las verdades más fundamentales de la existencia a través de su propia experiencia, en lugar de tomar como cierto lo que otro u otros han experimentado o comunicado. Sin este paso, no podremos curarnos ni encontrar la Libertad.

Tenemos que tomar las riendas de nuestro destino –junto a Dios, el Poder del Universo– y trascender el temor a no ser reconocidos, apreciados o amados por los demás. No hay amor más grande que el de uno mismo, que el de aquel que es honesto consigo mismo y sigue su propio Corazón, su propia intuición, su propia voz interior.

Porque cuando escuchamos y seguimos a nuestro propio Corazón, a nuestra intuición y a nuestra propia voz interior estamos comunicándonos con Dios, estamos recibiendo los mensajes del Dios que somos. *Y debemos escucharlo.* Si no escuchamos a Dios, tarde o temprano enfermamos o enloquecemos. La humanidad se encuentra en el estado en el que está debido a que sus así-llamados miembros hablan de Dios, predican a Dios, alaban a Dios, creen comprender conceptualmente a Dios, pero no viven en Dios, no demuestran a Dios, no se entregan a Dios, no comulgan con Dios, no escuchan a Dios y no siguen a Dios. Si la humanidad realmente tuviera en cuenta a Dios como dice hacerlo, entonces este mundo sería muy diferente, y la experiencia de los seres humanos distaría mucho de ser lo que es en este momento. Pero no hay una verdadera comprensión y experiencia de Dios entre los seres humanos. Ésa es la cruda verdad. Cualquiera con ojos para ver podría darse cuenta.

Los seres humanos predican más de lo que hacen, es decir, no demuestran con el ejemplo.

Y ése es su problema. Por eso siempre hemos necesitado a los Grandes Maestros, de modo que podamos recibir de primera mano en qué consiste realmente la Vida Divina, la Comunión con Dios, la Realización de Dios, y de manera que podamos también entender, mediante la crítica realista, qué es lo que estamos haciendo que no conduce a la elevación espiritual de la humanidad.

A medida que nos curamos, podemos curar. Esto es así porque compartimos la misma Conciencia, la misma Mente, el mismo Ser, y somos parte de un campo de Energía unificado que es perfectamente inteligente y en el que todo es afectado por todo.

Lo que experimentamos individualmente lo experimenta todo el Universo.

Esto puede ser difícil de comprender al principio, pero con la experiencia uno se va dando cuenta de que efectivamente es así. Para poder tener esta experiencia tenemos que trascender la ilusión –o "hechizo"– de la separación en nosotros mismos y Despertar, en el momento presente, a la Unidad del Todo.

En ningún momento estamos separados de nadie ni de nada, excepto a juicio del ego, que se vale de la mente pensante para mantener vivo el engaño. La mente pensante tiene que ser disciplinada para que podamos renunciar a la percepción del ego y comenzar a utilizar la visión espiritual, que mira *a través*, que penetra las densas capas del espacio-tiempo y contempla directamente la Unidad, que reconoce la Energía y realiza el Ser Eterno del que cada uno de nosotros es una emanación. La mente pensante se vale del pasado para juzgar el presente y determinar la clase de futuro que experimentaremos. Al identificarnos con la mente pensante permanecemos inconscientes y el ego rige nuestro destino por nosotros. ¡Qué locura más grande es ésta! Pero al renunciar a la mente pensante, primero observándola continuamente y luego dándonos cuenta de que es tan solo la fabricación de un aprendizaje heredado que no es real en absoluto, que es tan sólo una creencia individual y colectiva que no tenemos porqué apoyar ni fomentar, y finalmente entendiendo que todo el poder se encuentra en nosotros –y no fuera en el mundo, en nadie ni en nada–, podemos comenzar a estar presentes en este momento, ahora, y dar literalmente un salto cuántico a una experiencia complemente nueva de nosotros mismos y del Universo. Esto es la curación. La curación debe volverse un hábito, y esto sucede cuando finalmente nos damos cuenta de que estamos en el mundo para sanar, que el único propósito de estar en la Tierra es curar y ser curados.

EL TIEMPO NO ES LINEAL NI CONTINUO, SINO VERTICAL Y RELATIVO

El tiempo tal como lo percibimos de manera habitual en este mundo parece ir en una sola dirección: de atrás hacia adelante, estando dividido en pasado, presente y futuro; el pasado siendo la causa del presente, y el presente –el efecto del pasado– siendo meramente un "mal necesario e inevitable" para llegar a un futuro que, con suerte, nos es incierto, y, en el peor de los casos, es una consecuencia inevitable de lo que ha sido nuestro pasado. Esta idea del tiempo determina la manera en que percibimos todas las cosas y es sostenida mediante nuestro pensamiento mecánico.

El pensamiento mecánico es aquel que se basa en el diálogo interno que utiliza imágenes de la experiencia tal como la hemos interpretado desde el punto de vista de nuestro "yo", el ser separado con el que nos identificamos, y de este modo elabora una historia o drama que tiene perfecto sentido, para ese "yo", desde la perspectiva desde la cual se observa y se juzga.

Lo cierto es que, en ese drama, el "yo" es siempre la víctima de lo que otras personas hacen o piensan, o de lo que suele ocurrir en el mundo externo. El "yo" nunca se considera a sí mismo enteramente responsable de lo que él mismo experimenta en su propia conciencia, y ni hablemos de la idea de que ese "yo" es la causa del mundo que él mismo ha construido...¡junto con todos sus personajes e historias sinfín! En este mismo momento, ese "yo" está construyendo deliberadamente toda una serie de historias ilusorias que no tienen ninguna realidad en absoluto. Ello no es más que el producto de la imaginación, de un delirio personal y colectivo que se acepta como "normal" e incluso necesario. Ése es el mundo de sueños en el que solemos vivir y en el que permanecemos dormidos, resistiendo continuamente el Despertar.

Pero sin irnos más lejos en este asunto, el pensamiento mecánico es lo opuesto al pensamiento creativo. El pensamiento mecánico se ancla en el pasado, mientras que el pensamiento creativo surge de uno vivir naturalmente en el presente. Por lo tanto, tiempo lineal y pensamiento mecánico ocurren simultáneamente. Pensar de manera mecánica es lo que perpetúa la ilusión e idea limitada del tiempo como un fenómeno lineal u horizontal; y nuestra experiencia del tiempo como un fenómeno objetivo que ocurre por sí mismo, a su vez, refuerza la actividad del pensamiento mecánico como una fuerza inevitable e imposible de trascender.

Lo cierto es que el tiempo es determinado por las vibraciones mismas de nuestro propio pensamiento.

El tiempo es subjetivo. No existen dos personas que vivan en un mismo tiempo. Todos nosotros vivimos en tiempos diferentes, del mismo modo en que vivimos en universos aparentemente diferentes. El tiempo y el pensamiento están íntimamente ligados.

En verdad, el único tiempo que existe es el ahora, y este aspecto del tiempo es común a todos nosotros. En él podemos encontrar la Unidad que hemos perdido de vista al estar cada uno viviendo en su propio tiempo.

de cada uno de nosotros-, es el medio para trascender esta terrible y a la vez increíble ilusión, la cual es generada precisamente por nuestra propia mente en nuestra inconciencia e ignorancia.

El tiempo es en realidad un sólo instante, y es nuestra percepción la que le da continuidad. Son nuestros pensamientos los que dividen el único tiempo que existe –el ahora– en tres dimensiones de pasado, presente y futuro. Podríamos decir, en realidad, que el tiempo no pasa, sino que "salta"de un instante a otro en intervalos discontinuos. Esto puede dar la impresión de ser difícil de captar. Sin embargo, con un poco de práctica es fácil acostumbrarse a esta nueva percepción del tiempo, que tiene grandes aplicaciones prácticas en nuestra vida de todos los días, en nuestra experiencia de momento a momento. Nuestra mente debe liberarse de los falsos y limitados conceptos de la educación mundana, la ciencia rígida y materialista, y las teologías y religiones basadas en el temor y la culpa, el pecado y la muerte.

Tenemos que Despertar a la Presencia del Dios Viviente en nosotros y en Todo y todos, y para eso es ciertamente necesario dejar de identificarnos con el pequeño ser que esta sociedad nos ha enseñado a creer que somos.

Cuando digo sociedad, me refiero a todos los sistemas e instituciones responsables por instruir a los hombres y a las mujeres, a niños y niñas, en su venida a este mundo. Entre ellas se encuentra la familia que, aunque teóricamente debería ser el mayor sostén psíquico y emocional para una criatura tan vulnerable como lo es un niño, la fundación para aprender el amor incondicional y para nutrir todas las cualidades y capacidades brillantes con las que venimos a esta Tierra, y muchas veces con las mejores intenciones de ayudarnos, protegernos y guiarnos, termina por contribuir – junto con todas las demás instituciones responsables por la educación de los niños– en la transmisión de un falso conocimiento, una idea errónea del mundo y de la existencia, y, fundamentalmente, de quién uno es. Lo mismo se aplica a los centros educativos, responsables por impartir un modelo que sirva de marco o referencia para asistir el crecimiento del ser humano en su desarrollo mental –y también emocional–, en lo relativo a la ciencia y el arte y a las demás áreas de la vida. Y lo mismo se aplica a los responsables por la educación religiosa, que en su mayor parte son gente no-iluminada que transmite ideas de separación, culpa, temor, pecado y muerte a las frágiles mentes de los niños.

Pero no es mi intención extender esta consideración más allá de lo mencionado anteriormente. Existen otros autores cuyas obras tratan ampliamente estos temas. Baste decir que toda la organización social, toda la estructura institucional del mundo, todos los centros educativos –y el modo general en que este mundo se comporta en todas sus fases de aparente "desarrollo" y todas sus "jerarquías"– no hacen sino reflejar, literalmente, la demencia que caracteriza a la premisa mediante la cual nuestras mentes conciben, perciben e interpretan la realidad.

Lo que nos concierne aquí es la naturaleza del tiempo y revelar lo que el tiempo realmente es, y cómo puede utilizarse el tiempo de modo que éste, en lugar de aprisionarnos, sea el mismísimo medio a través del cual encontramos nuestra Liberación y descubrimos el verdadero Propósito que tenemos en la Tierra.

Estamos aquí para curar y crear, no para padecer y morir. Estamos aquí para restaurar la Plenitud en nosotros y Despertar a otros a medida que nosotros Despertamos. No podemos Despertar a otros, pero sí podemos Despertar nosotros, y al nosotros Despertar otros Despiertan con nosotros. Así funciona la Ley. Y la Ley funciona por Demostración. La Ley se cumple cuando la encarnamos, es decir, cuando la vivimos a nivel celular, con todo el ser, al demostrarla en todos los pensamientos, las palabras y los actos. Esto no quiere decir que debamos ser humanamente perfectos, pero sí que nuestra intención sea la Perfección, el cumplimiento mismo de la Ley. Éste es el Llamado que sentimos todos aquellos que estamos Despertando en esta Nueva Era, al darnos cuenta de que el Conocimiento sagrado, la verdadera religión, el auténtico Dharma se encuentra aquí y ahora, disponible para todos como un Camino más allá de la religión o Tradición particular, más allá de cual sea nuestra ocupación en la vida, y más allá de las características más superficiales que nos diferencian a cada uno como un individuo único e irrepetible.

Voy a tratar de explicar lo que voy a expresar a continuación de la manera más simple que pueda: si bien tenemos la impresión de que el tiempo se mueve hacia adelante –hacia el futuro–, comenzando antes –en el pasado– y pasando por el ahora –como un mero escalón hacia el futuro–, en realidad todo tiempo pasado, presente y futuro ocurren de manera simultánea en lo que viene a ser, no un eje lineal –que es la interpretación tradicional y limitada del tiempo– sino uno vertical. El tiempo, desde esta perspectiva, no iría de atrás hacia adelante sino más bien de abajo hacia arriba, pero sin perder ninguno de sus aspectos. En la concepción tradicional del tiempo del eje lineal, el tiempo pasado estaría perdido y el tiempo futuro aún no habría llegado. Sin embargo, en el eje vertical, tanto el tiempo pasado como el tiempo futuro estarían presentes en el ahora, rompiendo así la separación entre las tres dimensiones del tiempo. En el eje vertical, el ahora es la dimensión central del tiempo, pero tanto pasado como futuro estarían también presentes en el ahora como posibilidades tan reales como lo es el momento presente. Pasado y futuro se intercambian, en lugar de ser dimensiones fijas separadas del ahora. Si has persistido conmigo hasta aquí, entonces te habrás dado cuenta ya de que esta nueva idea del tiempo sólo es posible si cambiamos nuestros pensamientos con respecto a él. Como vimos antes, tenemos que cambiar las viejas ideas que tenemos acerca del tiempo para tener una nueva experiencia de él.

En cuanto a la curación, de la cual hablamos en la sección anterior, con esta nueva idea del tiempo se hace accesible y sencilla la posibilidad de curarnos y de curar. Si el pasado ya pasó, entonces los errores que cometimos en el pasado permanecerán para siempre como una fuente de reproche hacia nosotros mismos, y, sobre todo, como una fuente de culpa que nos impedirá cambiar de verdad y crear un nuevo destino. El futuro será semejante al pasado porque no cambiaremos nuestros pensamientos, y son nuestros pensamientos los que producen nuestra experiencia. Así como también son nuestros pensamientos los que determinan la clase de tiempo en el que vivimos, la clase de experiencia que tenemos *del* tiempo y *en* el tiempo.

Los pensamientos literalmente crean el tiempo, porque los pensamientos son Energía proyectada en el espacio, y el tiempo no es posible sin espacio.

Por eso es que espacio y tiempo están intrínsecamente ligados como una unidad; el uno depende del otro para sobrevivir. En la aparente "dualidad" de cuerpo y mente, que son en verdad una unidad, la mente viene a representar el tiempo, y el cuerpo representa el espacio.
Tenemos que darnos cuenta del poder de nuestros pensamientos, volvernos tan conscientes que ya no podamos negar que somos nosotros mismos los responsables de la creación de nuestro destino a través de la clase de pensamientos que abrigamos en nuestra conciencia. Para esto tenemos que entender el poder de la *proyección*, y de esto hablaremos en la siguiente sección.
No hay separación entre la conciencia y el espacio-tiempo. Lo que ocurre en nuestra conciencia se convierte en el espacio-tiempo en el que vivimos. Digamos que a este hecho ya no podemos catalogarlo como del ámbito de lo místico o profético, sino que se trata de un asunto que está siendo en este mismo momento comprobado por la ciencia, utilizando instrumentos de medición que permiten descifrar los elementos y las propiedades de fuerzas que antes eran desconocidas para el hombre común. En tiempos pasados, los Maestros, sabios, místicos, yoguis, profetas y demás accedían a este conocimiento a través de la meditación, la contemplación, la intuición y el insight, mientras que hoy en

día se trata de un conocimiento al que cualquiera pueda acceder con un poco de información. Sin embargo, es únicamente la experiencia de este fenómeno lo que nos trae la certeza de que es así.

No hay nada como la experiencia personal para corroborar, comprobar y afirmar una verdad que era previamente sentida intuitivamente, o supuestamente pensada o creída. La experiencia personal y directa pone fin a la duda y brinda la certeza de aquello que anteriormente era solo una suposición.

No existe nada tan gozoso y extático como ese momento en el que nos damos cuenta, y experimentamos directamente, lo que siempre intuimos que era verdad.
Si la conciencia y el espacio-tiempo no están separados, entonces no puede existir un tiempo lineal y absoluto, sino que los atributos del tiempo tienen que ser asignados y determinados por la conciencia misma. La conciencia misma elige la clase de tiempo en el que vive, por lo tanto, el tiempo no es rígido sino flexible, maleable; no va de atrás hacia adelante sino que ocurre y converge siempre en el ahora, siendo sus fases pasadas y futuras una ocurrencia simultánea. *¡Este descubrimiento es un milagro!* La continuidad del tiempo es otorgada por la mente y no es una propiedad del tiempo en sí. Lo mismo ocurre con cualquier fenómeno del mundo exterior: éste no posee cualidades inherentes, atributos en sí mismo, sino que es más bien un espejo o reflejo de lo que se encuentra contenido en la propia mente. Éste es el descubrimiento que lo cambia todo, y sobre la base del cual podemos practicar cambiar nuestras ideas acerca del tiempo. La meditación es una excelente herramienta para practicar este cambio de mentalidad. Meditar es, de cierta manera, aislar un sólo instante y hacer de él todo el tiempo que existe. Cuando estamos presentes en ese instante, el cual se convierte en todo el tiempo que existe, podemos encontrar espacio para transformarnos; podemos encontrar espacio en nosotros al vaciarnos de nuestras viejas ideas, observando nuestra conciencia y el pensamiento mecánico que suele

gobernarla –innecesariamente. La observación es fundamental, y es una gran amiga de la meditación. No obstante, quiero aclarar aquí que la meditación puede practicarse no solamente en la quietud, estando uno sentado, sino también durante la actividad, en la ejecución de cualquier acción. Mi experiencia personal me dice que uno puede tener momentos de pura revelación, de gran transformación, de perfecta Liberación, tanto en la meditación sentada como en la meditación activa. Lo más importante es nuestra disposición y el uso que hacemos de nuestra atención. Pero de esto conversaremos más adelante.

Lo que parece imposible de lograr se vuelve posible si adoptamos esta nueva idea del tiempo. Cualquier cura o transformación que necesitemos se vuelve posible si aprendemos a percibir el tiempo bajo esta nueva Luz. Cualquier dolor o aflicción con la que carguemos puede aliviarse y ser eliminada si practicamos el estar presentes en el ahora, conectando con el instante en el que todo tiempo tiene lugar: este momento. Y la Realización de quiénes somos realmente se vuelve accesible, más bien perfectamente natural e inevitable, si permitimos que la experiencia de esta nueva concepción del tiempo purifique nuestros temores, inseguridades y dudas y nos revele un nuevo Propósito y una nueva función en todo lo que parece ocurrirnos.

La perfecta Unidad de todos los seres, todas las cosas y todos los eventos se revela espontáneamente cuando comenzamos a vivir en el instante eterno en el que todo tiempo converge, del cual emana y al cual regresa.

Este proceso de ascenso y descenso en espiral es característico del tiempo relativo. Cuando nuestra conciencia se libera, podemos experimentar claramente este eje vertical en el que este proceso de ascenso-descenso temporal ocurre. Es posible incluso –según cada persona– que fenómenos que habitualmente llamamos "extraordinarios" comiencen a ocurrir: visiones, premoniciones, intuiciones, percepciones trascendentales, ocurrencias "paranormales" y demás. Esto es natural cuando nuestra percepción del tiempo cambia. Voy a dar un par de ejemplos de esto, los cuales encontramos en *Un Curso de Milagros*:

"El milagro es un recurso de aprendizaje que reduce la necesidad del tiempo. Establece un intervalo temporal fuera de lo normal que no está sujeto a las leyes usuales del tiempo. En ese sentido es intemporal";
*"El milagro es el único recurso que tienes a tu inmediata disposición para controlar el tiempo. Sólo la revelación lo transciende al no tener absolutamente nada que ver con el tiempo"*3.

En otras palabras, un milagro es, sencillamente, un cambio de mentalidad que nos permite percibir el tiempo tal como realmente es, lo cual pone a nuestra disposición la capacidad de controlar el tiempo en lugar de dejar que el tiempo nos controle a nosotros. Para esto, claro está, se requiere una gran fortaleza psíquica, pues demanda que nos deshagamos del paradigma personal y colectivo que se basa en la separación –que es la idea que rige este mundo–, en el cual el tiempo se concibe e interpreta como absoluto, rígido y fijo. Se requiere la voluntad de trascender el aprendizaje limitado del mundo que aprisiona nuestra voluntad y la arroja al gobierno del inconsciente. Lo cierto es que tenemos que extraer nuestra voluntad –el poder más grande que existe en el Universo– del inconsciente y ponerla al servicio del Ser en nosotros, es decir, de la Conciencia en sí. Tenemos que alinear nuestra voluntad con la Voluntad Universal para poder comprender cómo opera realmente el tiempo, y para luego utilizar la capacidad de controlar el tiempo.

O bien controlamos el tiempo, o bien el tiempo nos controla a nosotros.

Éstas son las dos opciones. Y a cada momento elegimos lo uno o lo otro, dependiendo del grado en que nuestra conciencia esté Despierta y en la medida en que nuestra inteligencia se una a la Inteligencia Infinita de Dios. Aceptamos todo tipo de limitaciones simplemente porque estamos inconscientes de nuestra Unidad con Dios y de que somos como Él, de que podemos pensar como Él, a lo Grande, con humildad pero con certeza de quiénes somos.

Para terminar esta sección, quisiera afirmar que la nueva idea del tiempo –del tiempo como realmente es y no como el mundo lo entiende y enseña– trae consigo la posibilidad del renacimiento o Resurrección.

Cuando nuestra conciencia se expande y extiende para abarcar todo tiempo pasado y futuro en el ahora, experimentamos inevitablemente un continuo renacimiento.

Debido a que se ha roto en nosotros la creencia en un tiempo lineal y continuo, experimentamos el tiempo como intervalos singulares los cuales controlamos con el poder de nuestra voluntad, y en el espacio que la vieja creencia ha dejado vacante decidimos la clase de experiencia que queremos tener en cada uno de esos instantes. Renacemos en el Espíritu en cada uno de esos instantes, y no digo esto como un concepto filosófico sino como una experiencia visceral, física, de todo el ser y todo el cuerpo, con efectos concretos literales en todas las relaciones y acciones, circunstancias y eventos de nuestra vida práctica. Nuestro entendimiento se transforma, y también nuestra visión. Nuestro cuerpo se transfigura, convirtiéndonos en una nueva persona –excepto que nuestra forma física, nuestro cuerpo humano permanece más o menos el mismo a la apariencia exterior. *Pero todo en nosotros es diferente.* Quizá quienes nos ven no se dan cuenta de lo que estamos experimentando, seguramente porque ellos mismos no lo han experimentado. Quizá otros perciban algo de lo que estamos viviendo e incluso se beneficien de nuestra experiencia. Nada de esto importa.

Lo importante es persistir en la voluntad de no aceptar límites, es decir creencias, hasta que hayamos hecho nuestro propio descubrimiento y hayamos tenido nuestra propia experiencia personal y directa del asunto.

EL ESPACIO-TIEMPO ES UNA PROYECCIÓN DE LA CONCIENCIA

Esta idea resume todas las anteriores y es la consecuencia inevitable de aquellas. Hace falta detenerse un instante para considerar la importancia de esta idea y probar su veracidad en nuestra vida. Para ello, tal como hemos manejado anteriormente, hemos de primero permitir que nuestra conciencia sea transformada en la mayor medida que nos sea posible, ejerciendo para ello el poder de nuestra voluntad y perfeccionando nuestra práctica de todos los días, de momento a momento, en todas las circunstancias. Hemos de tener *atención plena*, tanto como nuestra capacidad presente nos lo permita, a cada uno de nuestros pensamientos, a cada una de nuestras ideas, así como a cada una de nuestras emociones y acciones. Esto es lo que se conoce tradicionalmente como "*mindfulness*"; es la capacidad de traer nuestra atención en el presente, a nivel no solo mental sino también corporal, a cada una de nuestras acciones. Para ello, podemos utilizar la respiración consciente como una ayuda, lo cual también nos permite observar más detenidamente nuestra propia actividad mental.

Nuestra actividad mental está programada por nuestras creencias inconscientes, las cuales se encuentran todo el tiempo en operación.

Mediante la simple observación de nuestra actividad mental interna podemos, etapa por etapa, llegar a la raíz de toda esta bulliciosa actividad. Éste es un descubrimiento personal, pero a grandes rasgos, podemos afirmar con certeza que la raíz de la cual esta actividad mental mecánica surge son el miedo y la culpa. Y justo detrás del miedo y la culpa se encuentra una sensación de separación, una emoción de carencia.

Esta actividad mental habitual nos conduce a actuar la mayor parte de las veces por reacción. Repetimos una y otra vez los mismos patrones de conducta debido a que no hemos inspeccionado con minuciosidad, mediante un *proceso consciente,**1 el ciclo a través del cual esta actividad mecánica se manifiesta. Es esta misma inconciencia la que nos conduce a creer que somos víctimas del mundo en lugar de ver que en realidad somos los causantes de nuestra experiencia en él. Reaccionamos continuamente ante el mundo como si éste nos estuviese atacando, como si el mundo gozara de un poder tal que es capaz de hacernos daño, de lastimarnos y de quitarnos aquello que más "deseamos" o "amamos".

Luchamos con el mundo y competimos con él, y gastamos todas nuestras fuerzas y toda nuestra energía vital, en un intento devastador por ganar una batalla que nosotros mismos hemos originado.

Es así que literalmente pasamos por alto el hecho de que es nuestra propia conciencia la que ha proyectado el espacio-tiempo tal como lo experimentamos. Como vimos al principio, el perdón es la llave maestra que deshace este gran hechizo, este lamentable auto-engaño.

Conocernos a nosotros mismos más allá del velo de la ilusión, de las "capas de la cebolla" que la percepción egóica le impone a nuestro entendimiento, es fundamental para darnos cuenta de que el mecanismo proyector del espacio-tiempo es nuestra propia conciencia. Cada uno de nuestros pensamientos es un conductor de Energía cósmica, por decirlo de alguna manera, que "*...produce forma en algún nivel*"*2. El espacio-tiempo es en sí mismo una idea y se compone de pensamientos. Todo lo que vemos como externo y separado fue alguna vez un pensamiento, nació de una idea.

Si un pensamiento se sostiene con suficiente fuerza durante el tiempo necesario, dicho pensamiento se volverá forma, se materializará debido al poder mismo contenido en el pensamiento.

Nuestra conciencia es una extensión del Poder creativo del Universo. Dicho Poder es nuestro para crear. Sin embargo, podemos utilizarlo erróneamente si pensamos de manera destructiva. Ésta es la literal situación del mundo. Si todos los seres humanos modificasen su conciencia, si todos los seres humanos reconocieran y se volvieran conscientes de su propio poder, entonces elegirían de buena gana y con agradecimiento cambiar su manera de pensar. De hecho, la humanidad entera se dedicaría de lleno a explorar el potencial espiritual y psíquico que yace contenido en el ser humano. La humanidad avanza en esa dirección, pero de manera especialmente lenta.

He aquí que sean necesarios los Maestros, los estudiantes de espiritualidad, los devotos, *y las personas "ordinarias" que se han dado cuenta de que algo en este mundo no funciona bien.* Los Héroes espirituales son necesarios porque la masa humana tiende a perderse en los caminos ordinarios y superficiales, mediocres e insignificantes que el mundo propone como camino para alcanzar el "éxito" en la vida.

Lo cierto es que el verdadero "éxito" es en sí mismo la Realización espiritual, el Despertar, la capacidad de vivir creativamente en alineación con el verdadero Propósito de la existencia, el cual es individual y universal a la vez.

La naturaleza del espacio-tiempo tal como lo experimentamos depende enteramente del estado de nuestra propia conciencia. Si permitimos que nuestra conciencia se purifique, podremos apreciar el espacio-tiempo –el mundo tal como estamos acostumbrados a interpretarlo y experimentarlo– de manera más directa, clara y nítida, y, tal como vimos antes, seremos capaces de simplemente ver, de apreciar y de conocer más allá de los juicios y análisis erróneos que imponemos sobre lo que percibimos.

Debemos adentrarnos en la mecánica de nuestra propia conciencia, y mediante una observación atenta, comprender sus hábitos y tendencias. Debemos observar momento a momento toda la actividad mental, emocional y física que tiene lugar en nuestro cuerpo-mente sin juzgarla, sin etiquetarla y sin precipitarnos al pánico. Debemos ser pacientes en esta indagación porque estamos lidiando con una mecánica cuya fuerza es imponente y cuyos hábitos han sido implantados en nuestra conciencia desde tiempos inmemoriales.

Despertar de esta ilusión egóica de separación no es tan fácil como algunos libros espirituales o textos de auto-ayuda parecen sugerir. Se trata de un proceso que requiere gran determinación, gran inteligencia, gran voluntad, gran humildad y grandeza a la vez, y, por sobre todas las cosas, un gran deseo de trascender los límites de esta existencia condicional, en aras de realizar y experimentar Aquello que trasciende el velo de esta gran proyección.

La conciencia es anterior a la materia. El espacio-tiempo no es objetivo. La materia es una forma de Energía. La conciencia pertenece al Espíritu. El Espíritu es la Fuente de la conciencia porque el Espíritu es Conciencia en sí. El espacio-tiempo es la manifestación de la Conciencia, y cada uno de nosotros es un aspecto de esa Conciencia. Como un aspecto de esa Conciencia, podemos decir que cada uno de nosotros proyecta el espacio-tiempo según la clase de ideas que abriga en el dominio de su conciencia personal. La clave reside en darse cuenta de que, como un aspecto de la Conciencia universal, no estamos separados de Ella y podemos tener la misma clase de visión espiritual que dicha Conciencia tiene. En otras palabras, no tenemos por qué considerarnos un cuerpo físico que deambula por un mundo de objetos y seres separados, sino que podemos literalmente experimentarnos a nosotros mismos como la Conciencia que es la Fuente de este dominio de aparente separación. Podemos pararnos en la posición de esa Conciencia.

No podemos realmente definir con palabras a esa Conciencia pero sí podemos saber que existe, porque esa Conciencia es lo que realmente somos. Podemos experimentar esa Conciencia hasta sentirnos en éxtasis, debido a que somos Uno con dicha

Conciencia. Y podemos vivir nuestra vida en el mundo libres del engaño de la ilusión de la materia y de la sensación de carencia que caracteriza a la creencia de que todo lo que somos es este cuerpo mortal y esta mente inestable y constantemente insatisfecha. En otras palabras, tal como afirmara Jesús de Nazaret en su Enseñanza impecable:

> *"Vivan en el mundo sin ser del mundo".*

Podemos vivir en el mundo, estar en el mundo, funcionar en el mundo, pero tener una experiencia radicalmente distinta que ciertamente no es del mundo.
Esta experiencia radicalmente distinta procede de la aplicación práctica diaria de la capacidad para transformarnos espiritualmente momento a momento, a través de un proceso de auto-conocimiento que requiere dedicación, energía, esfuerzo y concentración. A medida que nos conocemos penetramos las capas de ignorancia e ilusión que nos mantenían ciegos y dormidos a la Verdad de la existencia, y nos adentramos en una dimensión trascendental que no excluye al mundo en absoluto sino que simplemente se revela como la Fuente de Todo lo que Es. Es así que nuestra relación con el mundo también cambia, y volviéndonos conscientes del Único Ser que se manifiesta a través de todas las formas de Vida, disfrutamos de una conexión única, amorosa, plena, dichosa, extática, e incluso apasionada, con todo lo que nos rodea, con el Universo en su Totalidad.
Cuando comenzamos a darnos cuenta de que el mundo de espacio-tiempo es una proyección de nuestra propia conciencia, empezamos naturalmente a vivir de otra manera cada día de nuestra vida y comenzamos a asumir responsabilidad por cómo nos sentimos, por nuestras reacciones y por nuestras creencias inconscientes.
Empezamos a tomar las riendas de nuestra vida y a elegir conscientemente, a cada momento, nuestro destino; no a controlar sino a decidir con el poder nuestra voluntad qué clase de experiencia deseamos tener. Como el espacio-tiempo es el resultado de nuestra intención, tenemos que entender –y

quizá éste sea el paso más difícil para muchos– que solamente dando podremos recibir, que únicamente extendiendo desde la verdadera abundancia de nuestro Ser seremos capaces de experimentar la plenitud y el bienestar de nuestro estado natural. Lo que es más, todo lo que deseamos experimentar debemos darlo primero, debemos extenderlo desde nuestro Ser fundamental para que el espacio-tiempo, a su vez, responda a nuestras intenciones.

El acto de creación o extensión comienza en nuestra propia conciencia, con una idea, y luego se traduce a actos concretos en el mundo manifiesto.

El proceso creativo está regido por la Ley misma de la Conciencia. Si dicha Ley no existiese, nosotros no existiríamos. Existimos gracias a la Ley y venimos a la existencia gracias a la Ley. Y hemos de vivir teniendo presente la Ley, de modo que podamos crear y extender desde nuestro verdadero Ser. Identificarse con el ego, con el "yo", es literalmente ignorar la Ley. Y eso es lo que la mayoría de los seres humanos está haciendo al momento. Por eso es que son muy pocas las personas a las que vemos realmente Felices.

Si acatásemos la Ley y viviésemos basados en Ella, viviríamos continuamente en la dicha, abundancia y Felicidad del estado natural de Unidad y de comunión con Dios.

Es increíble observar cómo las personas viven sin siquiera ser conscientes de Dios como su Ser más fundamental. Es increíble apreciar cómo los seres humanos aceptan las limitaciones y mediocridades de la mentalidad egóica, del mundo social, por el simple hecho de no reconocer la Presencia espiritual de Dios en sus vidas. Con todo, se trata de un error y no de un pecado. Es una cuestión de ignorancia o de falta de verdadera instrucción espiritual, y, por sobre todas las cosas, se trata de la ausencia de una experiencia personal y directa de la Unidad y de la naturaleza espiritual del Universo en sí y de quién es uno realmente.

Ante cualquier evento o circunstancia, situación o relación, es siempre mejor mirar en nuestra propia conciencia que en el mundo.

Siempre es más recomendable y efectivo enfocarse en la propia actividad interna que en los fenómenos ocurrentes en el mundo manifiesto. Mirando en nuestra propia conciencia de seguro podremos ser capaces de modificar las circunstancias de nuestra vida que nos disgustan o desagradan. Podremos modificar los mecanismos que dan lugar a nuestras limitaciones. Pero tratando de cambiar lo que percibimos y experimentamos como externo a nosotros lograremos una y otra vez el mismo resultado, el mismo fracaso, la misma sensación de ira e impotencia. Como nos enseña *Un Curso de Milagros*,

"No trates, por lo tanto, de cambiar el mundo, sino elige más bien cambiar de mentalidad acerca de él"*3.

Tratar de lidiar con el mundo tal como lo percibimos y experimentamos es abordar los efectos de nuestra propia mentalidad, en lugar de abordar nuestra mentalidad en sí. Éste cambio de mentalidad con respecto al mundo no es algo sencillo de lograr, pues se trata de la inversión total de nuestro sistema de pensamiento, cuya raíz se esconde tras innumerables velos de falsas percepciones y creencias. Se trata de la inversión de la creencia de que es el mundo de espacio-tiempo el que tiene poder sobre nosotros, para darnos cuenta de que en realidad es al revés. Esto, por cierto, es lo que Jesús de Nazaret demostró en su paso por la Tierra. Jesús enseñó que los hombres no pueden alterar el estado natural del Ser, que es lo que realmente somos, incluso si nuestro cuerpo físico es aniquilado. Nuestro estado natural es uno de paz, y la paz es el patrimonio o herencia natural del Espíritu. Nosotros somos Espíritu. La identificación con el cuerpo físico como nuestra realidad es un error que conduce a la angustia, a la ansiedad, a la enfermedad, a la vejez, y, finalmente, a la muerte. Pero Jesús enseñó y demostró que es posible romper con esta falsa identificación e identidad y realizar nuestra perfecta Unidad e Identidad con el Espíritu aquí, incluso en esta misma vida.

Para invertir nuestro sistema de pensamiento tendremos que lidiar con la raíz misma del error: el ego, o tal como la llama el *Avatar Adi Da Samraj*, con la "auto-contracción" (que es la actividad misma del ego, lo que el ego es en su totalidad). Todo lo que nos perturba o disgusta en nuestra experiencia del mundo fenoménico, del mundo externo, del universo físico, o del espacio-tiempo, es en realidad el resultado de una actividad por la cual nosotros mismos –y solamente nosotros mismos– somos responsables. Nosotros hemos elegido percibir este universo de la manera en que lo hacemos; he aquí el hecho de que el espacio-tiempo sea una proyección de la conciencia y no al revés. Como decía, para poder llegar a esta conclusión lógica, a este entendimiento, es necesario un proceso consciente que nos conduzca a la raíz del error que esta falsa percepción de separación entre nuestra propia conciencia –que es en realidad una manifestación de la Conciencia en sí– y el espacio-tiempo supone.

Sólo llegando a la raíz del error podremos librarnos de él, aquí y ahora.

El proceso de Liberación de esta actividad egóica de ilusión de separación siempre tiene lugar ahora. Es un proceso en el que participamos siempre en el presente y que se actualiza cada vez que elegimos mirar en nuestra propia conciencia, en lugar de señalar los factores que consideramos como fuerzas procedentes del universo manifiesto. He aquí la importancia de renunciar a la actividad del juicio. Por eso Jesús dijo: *"No juzguéis, de modo que no seáis juzgados..."*[*4]. Y luego la Enseñanza continúa diciendo que tal como juzguemos, de esa misma forma seremos juzgados. Esto no es una amenaza para fomentar nuestra sensación de culpa, sino una simple descripción de la Ley de la Conciencia o Mente.

Los juicios que emitimos tienen un efecto, ante todo, sobre nosotros mismos –y no realmente sobre otros.

Si otras personas son afectadas por nuestros juicios, eso quiere decir que ellos también abrigan el mismo juicio dentro de su propia conciencia. Al liberar los juicios que solemos emitir sobre los fenómenos, situaciones o personas que percibimos y experimentamos como parte de nuestra experiencia en el mundo físico, estamos en realidad liberando a nuestra propia conciencia de sus límites pasados y Despertando en el presente a una nueva visión.
El juicio es una actividad sutil, que en su mayoría se disfraza siempre de argumentos convincentes pero falsos, que nos llevan a justificar nuestros juicios como un arma necesaria de supervivencia –y de poder– en aras de afirmar y reforzar nuestro punto de vista local y separado.

Para ser sinceros, el juicio es siempre un arma del ego para convencerse a sí mismo de que él tiene razón, y para reafirmar su propia existencia y su propia creencia en la separación, en la realidad del sufrimiento.

Soltar el juicio, aprendiendo a observar atentamente esta actividad en el presente, es una gran práctica. Estamos aferrados a los juicios que nuestro ego emite porque literalmente creemos que sin ellos perderíamos nuestra identidad, que de alguna manera moriríamos; y en cierto sentido así es. Si realmente soltásemos nuestros juicios y permitiésemos que se efectuase en nosotros una inversión total de nuestro sistema de pensamiento, entonces dejaríamos de ser los que somos. No moriríamos realmente, porque la Vida no puede morir, pero sí dejaríamos de identificarnos con la persona que creemos y experimentamos ser.
Soltar los juicios no es un proceso fácil porque la totalidad de nuestro cuerpo-mente, de nuestra persona aparentemente separada, se basa en ellos. Todo nuestro sistema psíquico y emocional se basa en las defensas que han sido fabricadas por los juicios emitidos desde nuestro propio inconsciente. Los

juicios no son solamente personales, es decir, nuestros individualmente; algunos lo son, pero muchos son también parte de la conciencia colectiva de la humanidad, y se guardan en el inconsciente de modo que no salgan a la Luz de la Conciencia y allí se vea que tan sólo nos limitan y nos causan sufrimiento.

Este mundo de espacio-tiempo se rige en base a juicios que sostienen y mantienen la idea o creencia de la separación vigente.

Cuando elegimos individualmente indagar dentro de nuestra propia conciencia y llegar hasta el inconsciente para mirar esta actividad enjuiciadora del ego personal y colectivo, estamos optando literalmente por el proceso de nuestra propia Liberación –y la del mundo entero. Al observar detalladamente esta actividad enjuiciadora y elegir renunciar a ella, dándonos cuenta de que es absolutamente innecesaria –y destructiva e irreal–, estamos eligiendo dejar de creer en las diferencias a las que la percepción de este mundo de formas le da el poder de separarnos del Ser de Unidad que todos nosotros somos y compartimos. Estamos literalmente desvaneciendo esta creencia por el mundo entero. Éste es el proceso que Jesús, en *Un Curso de Milagros,* describe como *"Aceptar la Expiación para uno mismo"*[5].

La Expiación no es un proceso mediante el cual somos castigados por nuestros pecados y así redimidos del "mal". La Expiación es un proceso a través del cual nuestros errores de percepción son corregidos. Y cuando nuestros errores de percepción son corregidos, estos errores desaparecen de la Conciencia del único Ser que existe –y que compartimos. El proceso de la Expiación es el medio, o literalmente re-medio, gracias al cual lo irreal desaparece de nuestra conciencia y lo Real ocupa su lugar. La Expiación es un principio universal de corrección que opera en el nivel en donde es necesaria su aplicación, es decir, a nivel individual. Por eso es que el proceso de Liberación de los juicios que conforman nuestra percepción limitada del Universo, nuestro punto de vista, nuestro sistema de pensamiento basado en la separación, es simplemente nuestra decisión consciente de permitir que el principio de la Expiación –el principio Corrector por excelencia que ha estado vigente desde el principio de los tiempos– corrija nuestros errores de pensamiento. Nada más, y nada menos.

Los juicios son simplemente ideas. Pero no son ideas verdaderas, sino ideas falsas. Por lo tanto, limitan nuestro acceso a la percepción y experiencia de la Realidad. Nuestra Realidad no es del mundo. Nuestra Realidad es del Reino del Espíritu. Este mundo es una de las tantas manifestaciones del Reino del Espíritu, pero creer que este mundo es toda la realidad que existe es ciertamente un error, una percepción extremadamente limitada, tal como creer que nuestro cuerpo físico es la totalidad de nuestra vida, nuestra verdadera identidad.

El cuerpo físico es un vehículo o canal del Espíritu. En sí mismo no tiene ningún propósito, ni significa nada, ni tiene ninguna utilidad o función. Es el Espíritu el que mantiene vivo al cuerpo físico mientras éste tiene utilidad para los Propósitos de la Conciencia. El cuerpo físico es uno con la Conciencia Trascendental. El cuerpo físico es pura Energía. En la educación que hemos recibido, tan limitada como la concepción que tenemos del mundo que afirma que la materia es simplemente materia, que la vida nace para morir y que el universo es de naturaleza meramente física, se nos enseña que el cuerpo es un ente material separado que no tiene propósito excepto el de sobrevivir, luchar, competir, acumular "objetos", "bienes" o "posesiones" para sí mismo, padecer una existencia solitaria e infeliz, envejecer, enfermar y morir. ¡Cuán ridícula es esta enseñanza en realidad, y, sin embargo, es la creencia que rige este absurdo mundo de separación! Cuestionar esta enseñanza es el comienzo del Despertar.

Es necesario seguir el proceso del Despertar en todas sus etapas, de comienzo a fin. Es necesario observar la actividad del ego, de la "auto-contracción", en todas sus fases y momentos. En otras palabras, es necesario conocernos y entendernos a nosotros mismos de manera detallada. En términos del Programa espiritual de los Doce Pasos*6, decimos que es necesario llevar a cabo un "*minucioso y detallado inventario moral de nosotros mismos*", es decir, examinarnos a nivel mental, emocional y físico para descubrir, mediante un análisis intuitivo –y no meramente racional–, el origen y la naturaleza de esta actividad de auto-engaño permanente, la cual condiciona la capacidad inherente en nosotros para experimentar un constante y continuo Despertar espiritual o renacimiento.

Despertar a la verdadera naturaleza del momento presente es en sí mismo el evento continuo de nuestro renacimiento, de nuestra Liberación del pasado, del abandono voluntario de los juicios que configuran nuestra percepción en fragmentos de experiencia limitada y en un entendimiento parcial de la realidad.

Debemos vigilar continuamente la actividad de nuestra propia conciencia, pues aquí yace el foco de la proyección.

La proyección es el mecanismo psíquico inconsciente que da lugar a la percepción del espacio-tiempo tal como lo experimentamos en el presente. Pero lo que experimentamos es tan solo una ilusión del presente, porque lo que realmente estamos percibiendo es el pasado, "disfrazado" del presente.

Nuestra experiencia del espacio-tiempo nunca es en tiempo presente, sino en tiempo pasado. Nuestra percepción de algo, cualquier cosa, lo que sea, es siempre pasada aunque la experimentemos como presente. Cuando "tenemos" un pensamiento, siempre se trata de una percepción pasada. Nunca experimentamos las cosas tal como realmente son en "tiempo" real. Nuestra percepción de algo, cualquier cosa, está condicionada por el pasado. Nuestras ideas acerca de las cosas nunca son verdaderas porque están condicionadas por nuestra experiencia pasada. Y percibimos el mundo que nos rodea, literalmente, desde la óptica de nuestra experiencia pasada. No percibimos el mundo tal como es. Si lo hiciéramos, sabríamos que no existe tal mundo separado, aparte y diferente de nuestra conciencia.

Si fuésemos verdaderamente conscientes de que no existe separación entre lo que somos y lo que experimentamos como la realidad del espacio-tiempo, entonces se acabaría el sufrimiento para siempre, y Despertaríamos de esta terrible ilusión de separación.

Debemos entender la actividad de la proyección al observarla continuamente en nuestra propia conciencia. Debemos entender la mecánica del pensamiento y sus resultados, de la causa y del efecto, de la Energía y la materia. Debemos entender la relación que existe entre el individuo y la Totalidad, entre la conciencia y el espacio-tiempo. Y es en nuestra propia vida en donde debe llevarse a cabo este experimento y este Gran Descubrimiento.

Nuestra propia vida es la Gran Oportunidad para practicar y realizar la Verdad de la existencia. Para eso estamos aquí.

Ésta es nuestra única responsabilidad como seres humanos. *"¿De qué le sirve a un hombre ganar el mundo entero si con ello pierde su propia alma?"*[7]. ¿Cuál es la utilidad de ir en pos de toda clase de metas, y en el mejor de los casos alcanzarlas, si no nos conocemos a nosotros mismos primero? ¿De qué nos sirve conquistar cualquier clase de victoria en el mundo material si no conocemos el gozo, el disfrute y la Felicidad de Ser que no pueden encontrarse en ninguna experiencia limitada asociada con objetos y personas?
La clave del Despertar yace siempre en el momento presente. Es aquí y ahora donde podemos observar la actividad inconsciente de la proyección y elegir voluntariamente renunciar a ella, para que de este modo podamos ingresar en el dominio del Ser eterno, y desde nuestra comunión presente con el Ser eterno, extender la Verdad de lo que somos. La Verdad es que somos Conciencia, Luz y Energía; somos el Ser eterno en una aparente experiencia de dualidad y separación.

Somos el Espíritu inmutable identificado con un cuerpo-mente que es simplemente un vehículo de experiencia y un medio para el aprendizaje. El cuerpo-mente no es el fin de la experiencia, sino un *medio* para ella. Lo importante es el aprendizaje, porque es mediante el verdadero aprendizaje que trascendemos el ego, que entendemos y trascendemos la actividad de la separación y experimentamos el verdadero Logro del Despertar.

> *El único y verdadero Logro en la vida de un ser humano es su iluminación. Y éste no es un Logro que pueda alcanzarse mediante el ego, sino que ocurre, precisamente, a través del proceso del des-hacimiento del ego.*

Lo que Es siempre ha sido y será. No es necesario añadirle ni restarle nada. Pero lo que hemos superpuesto sobre Lo que Es –la actividad egóica de separación– puede desaparecer si así lo permitimos. Podemos transformarnos al punto de comenzar a adentrarnos en la dimensión de la Luz, la cual no está separada del mundo de espacio-tiempo. Cuando comenzamos a ingresar en la dimensión de la Luz, viviendo cada momento presente de nuestra vida como una auténtica meditación, como el Gran Misterio que es, como un instante que es en sí mismo iluminación, entonces nuestra manera de ver cambia radicalmente y nuestro entendimiento de todas las cosas se transforma dramáticamente –para bien.
No es necesario esperar a la muerte física para conocer a Dios. Éste es el concepto de la religión organizada, y un medio empleado por el ego personal y colectivo para mantener a la humanidad dormida y obedeciendo las ilusorias leyes de la "moralidad" y del "temor" a Dios. A Dios se le conoce aquí y ahora o no se le conoce en absoluto. Por eso Jesús afirmó, "*El Reino de Dios se encuentra aquí y ahora*"*8.

> *Es necesario morir, pero no físicamente, sino psíquicamente.*

A Dios se le conoce en Vida. La muerte no es sino una continuación de la Vida, por lo tanto, no puede cambiar nada en absoluto ni conferir ninguna capacidad especial para conocer a la Divinidad.

La Divinidad se encuentra a todo nuestro alrededor, y esto es lo que vemos y experimentamos cuando finalmente dejamos de utilizar al mundo como una pantalla sobre la cual proyectamos nuestra propia sensación de carencia y separación.

Es necesario encontrar la certeza en nosotros de que somos Uno con la Conciencia en sí, uno con el Ser, uno con Dios, uno con Todo lo que es. Es necesario conocernos y experimentarnos bajo la Luz de la Unidad, como Energía pura. Es necesario comprender y realizar que nuestro propio cuerpo-mente es Energía, una expresión de la Conciencia en sí, una extensión de la Luz e Inteligencia del Ser unificado y omnipresente. Y, por último, es necesario vivir en el instante de éxtasis en el cual la Reconciliación entre nuestra conciencia y su proyección –el espacio-tiempo– ocurre. En otras palabras, es necesario vivir cada momento presente como un instante de perdón –porque eso es lo que en verdad es– para poder vivir en la Libertad del Reino de Dios. Es necesario "perdonar" nuestras falsas proyecciones sobre el mundo para poder comenzar a vivir en el instante bendito de Liberación e iluminación. Que esto sucederá en el caso de todos los seres humanos es un hecho; lo que nos es incierto es el tiempo que ello pueda tomar. Sin embargo, cada uno de nosotros, individualmente, puede hacer mucho para acortar este tiempo. He aquí el propósito de este libro.

EL VERDADERO PROPÓSITO DEL MUNDO ES DESPERTAR. EL MUNDO ES UN ESCENARIO PARA DESPERTAR.

Si bien existen muchos caminos, y todos ellos de seguro útiles para quienes los siguen; si bien existen innumerables Tradiciones espirituales que apuntan todas a la misma meta, independientemente de cuáles sean los métodos empleados para llegar a ella; sin bien existen tantos caminos y métodos como existen individuos...es simplemente cierto que más allá de las formas en las que cada persona alcance la meta espiritual, existe una sola Experiencia Universal que pone fin a todas nuestras dudas, que son en realidad las dudas del ego.

> *Es importante aclarar, y que entendamos cabalmente, que el único que duda es el ego. El Ser no duda. Si dudamos, es claramente porque nos hemos identificado con el ego. Si tenemos certeza, es porque hemos reconocido nuestro verdadero Origen, que es el Ser de Dios.*

El *Libro de Ejercicios* de *Un Curso de Milagros* es un excelente manual, en el caso de quién aquí escribe claramente exitoso, para trascender nuestras dudas egóicas y alcanzar la certeza de Ser. Es un medio regio para observar y entender los mecanismos que configuran nuestra percepción, para tener insight hacia estos mecanismos, y para finalmente trascenderlos. El *Libro de Ejercicios* de *Un Curso de Milagros* es un excelente modelo de práctica para ayudarnos y asistirnos a la hora de modificar nuestra percepción de nuestra realidad tal como la experimentamos, y de cambiar de mentalidad con respecto a cuál es el verdadero propósito del mundo. Como mencioné al principio, existen diversos métodos y caminos, todos ellos validos y necesarios, importantes e incluso indispensables, para satisfacer las necesidades de todos los seres humanos en su indagación espiritual, en su proceso de auto-conocimiento y en su anhelo por restablecer la armonía individual y personal y el equilibrio entre el individuo y la Totalidad, pero debido a su contenido espiritual y psicológico altamente sofisticado y preciso, debido a su descripción literal de la mecánica de la conciencia en todos sus aspectos y fases, y debido a su enfoque particularmente práctico y a su capacidad para adaptarse a la mentalidad occidental que rige a esta actual civilización, considero a la obra *Un Curso de Milagros*, en mi propia experiencia, un manual extremadamente útil a la hora de evaluar la posibilidad de Despertar de la ilusión de la separación, y de elegir activamente trascender el propio auto-engaño en el enredo con la proyección del espacio-tiempo por parte de nuestra propia conciencia.

Y ustedes se preguntarán, "¿qué es el Despertar?". Lo cierto es que no lo sabemos hasta que tenemos la experiencia, porque el Despertar *es* una experiencia. Es una experiencia que se traduce en una nueva percepción, un nuevo entendimiento y una nueva conciencia. Es una experiencia con efectos prácticos en la vida cotidiana. Es una nueva manera de sentir. Es una nueva manera de percibir el tiempo y una nueva manera de concebir el espacio. Es, simplemente, la natural capacidad de percibir un nuevo Propósito en todo y a cada momento. Es una experiencia continua de renacimiento. Lo cierto es que es difícil –sino imposible– describir lo que el Despertar es con palabras. Pero lo que sí podemos afirmar es que el Despertar –como todo lo demás– es una decisión. Uno debe desearlo por encima de todo lo demás. Cuando uno desea Despertar por encima de todo lo demás, entonces los medios para Despertar se revelan ante nosotros. Y como el mundo responde siempre a nuestra intención, cuando nuestra decisión y nuestro deseo es Despertar, entonces podemos ver en el mundo el Propósito de Despertar.

Podemos literalmente utilizar todo lo que nos sucede en el mundo como un medio para volvernos más íntimos con la frecuencia del Despertar.

El Despertar es una frecuencia, una vibración de comunión con la Totalidad. Es la simple y natural capacidad de ver a Dios en Todo y todos. Cuando retiramos nuestros juicios del mundo, el mundo se revela tal como es. Y el mundo tal como es, sin la superposición de nuestros juicios, no es otra cosa que Dios, la Luz de Dios, la Conciencia del Ser. La práctica del entrenamiento mental, si así lo permitimos, remueve los juicios de nuestra percepción, en el momento presente, y nos permite contemplar –en lugar de analizar y condenar– lo que vemos. En esta contemplación de lo que vemos podemos notar una nueva Presencia en aquello que percibimos a nuestro alrededor. Podemos permitir que se nos informe un nuevo significado en lo que vemos, en lugar de ser nosotros quienes, mediante nuestra percepción y experiencia pasada, imponemos un viejo significado basado en un entendimiento limitado del Universo.

Lo cierto es que no entendemos lo que vemos, y, por lo tanto, nunca podemos juzgar nada acertadamente. Darse cuenta de esto es la clave.

Esto hace que fácilmente soltemos el mecanismo del juicio, que es el hábito condicionado de la mente perceptual. Más allá de la mente perceptual existe otra Inteligencia que está relacionada directamente con el sentir. Conectar con el sentir nos da visión, y a través de la visión es que podemos contemplar en lugar de analizar. El sentir nos permite relajarnos corporalmente. Respirar conscientemente es también de gran ayuda a la hora de relajar el cuerpo físico y todas sus partes. Aprender a darse tiempo y espacio para sentir las partes del cuerpo físico, es de vital importancia para lograr justamente el cambio interno, el cambio de conciencia. En otras palabras, todo ello nos conduce verdaderamente a encontrarnos con nosotros mismos, con nuestro Ser más íntimo.

Dijimos antes que el mundo es de naturaleza pisco-física, Energía y materia a la vez; mejor dicho, Energía en forma de materia. La materia es Energía vibrando en diferentes frecuencias. Todo es Luz. La Luz es la Fuente de todo lo que vemos. De igual manera, el cuerpo está hecho de Luz. La Luz anima al cuerpo y le da la capacidad de funcionar de acuerdo con sus propósitos específicos, y de acuerdo a su Propósito mayor o Propósito universal. En realidad, los propósitos específicos que nuestro cuerpo físico tiene como vehículo de expresión en esta Tierra, son uno con el Propósito universal; ésta es la clave. *El cuerpo es un vehículo para el Despertar o iluminación.* Por lo tanto, debemos incluirlo plenamente como un aspecto esencial en el proceso y la práctica de nuestro Despertar. El cuerpo es también psico-físico; es pensamiento –psique, mente– y materia –cuerpo, forma. Debemos ser íntimos con nuestro cuerpo y conocerlo bien. Si pasamos por alto el cuerpo, también pasaremos por alto la psique, y viceversa.

Nuestro cuerpo-mente es el Universo en su naturaleza microcósmica.

La actividad de nuestro propio cuerpo-mente es la Actividad universal. Darnos cuenta de esto es clave para nuestro Despertar y para entender que el Propósito del mundo, de nuestra estancia en la Tierra, no es otro que Despertar.

No somos sino Conciencia universal manifestándose microcósmicamente y Despertando a su condición Trascendental.

Es fundamental que nos ejercitemos, en la medida en que nuestra mayor capacidad nos lo permita, en ver todas las cosas de una nueva manera a cada momento presente. Para eso es justamente el momento presente. Ésa es su función. Cada nuevo momento presente es una excelente oportunidad para modificar nuestra óptica y perspectiva, si así lo permitimos. Podemos utilizar el cuerpo como un vehículo para acceder a la conciencia, y allí cambiar de mentalidad. Podemos percibir el cuerpo como una herramienta para sentir la Presencia espiritual del Universo. *En otras palabras, ¡podemos utilizar el cuerpo como un medio para Despertar!* Ésta es la Demostración física de Jesús de Nazaret. Jesús demostró que la Resurrección es física y que ocurre a nivel atómico, molecular, celular, enseñando que la Energía y la materia son una perfecta Unidad, que el cuerpo y la mente son uno, y que si bien el cuerpo puede ser destruido, la Conciencia que anima al cuerpo es indestructible y eterna.
El Despertar es un proceso extático. Como seres humanos, tenemos miedo del éxtasis, de la dicha, de la Unidad, de la Felicidad. *Tenemos miedo de la Totalidad.* Por eso es que debemos ir etapa por etapa y madurar en el proceso. Debemos aprender nuestras lecciones, y, paso a paso,

liberarnos del miedo y falso aprisionamiento que nos hemos impuesto como una carga sobre nuestros propios hombros. Y debemos también aprender que no es necesario tener miedo del mundo porque es nuestra proyección, enteramente. A cada momento en que cambiamos nuestra óptica del mundo, el mundo cambia a su vez. Para cambiar de óptica debemos detener el tiempo, y eso sólo lo podemos hacer dándonos cuenta de que el tiempo es subjetivo, al igual que la realidad que percibimos. En el momento en que detenemos el tiempo, el miedo desaparece. Y en ese mismo momento, podemos al menos tener un atisbo de una Realidad mucho mayor que la que nuestras pequeñas mentes retorcidas suelen percibir. Recordemos que el tiempo y el pensamiento van de la mano.

El tiempo es creado por el pensamiento. Si cambia el pensamiento, se modifica la cualidad de nuestro tiempo subjetivo.

Éste es un proceso sutil y profundo, pero una vez que nos acostumbramos a esta práctica, podemos notarlo con facilidad. El cambio interno, el cambio de conciencia, depende enteramente de nosotros. Nada externo debe cambiar. *Nada externo puede cambiar, porque no hay nada externo.* Todo es Uno. Todo es parte de la misma Realidad, de la misma Conciencia, de la misma Mente. Todo está hecho de la misma Sustancia, y todo es Luz.

Existe una experiencia que nos demuestra, físicamente, a nivel celular, a nivel químico, a nivel fisiológico, a nivel psíquico, a nivel emocional, que Todo es Uno y que Nosotros somos Eso.

Ésta es una experiencia, en palabras del *Avatar Adi Da Samraj*, "del cuerpo entero".
Nuestra conciencia de separación es el principal obstáculo para la experiencia de Unidad. Por eso el mundo, que es la proyección de nuestra conciencia de separación, es la oportunidad perfecta para Despertar. Notando, observando, viendo y entendiendo que no existe una separación que sea

real entre nuestra conciencia y el mundo manifiesto, nos damos cuenta de que el mundo no puede sino ser el escenario perfecto para nuestro Despertar, si tan solo aprendemos a aceptar que todo lo que nos sucede no es sino una lección perfecta para trascender la óptica limitada y la percepción escueta que tenemos del universo "físico". El poder es siempre de nuestra conciencia y nunca de nada que parezca estar separado o "fuera" de ella.

Aquello a lo que nuestra conciencia, mediante el vehículo de la atención, da poder parece tener poder sobre nosotros.

No lo tiene realmente, excepto que al poner nuestra atención en ello hemos decidido proyectar sobre un cierto objeto, persona, lugar, evento o circunstancia el poder mismo de nuestro propio pensamiento.

Es nuestra atención hacia un determinado objeto, una cierta persona, un lugar o evento la que le confiere todo el poder que parece tener.

Si retiramos nuestra atención de ello, podemos fácilmente observar cómo todo el poder retorna a nuestra propia conciencia –porque es allí en efecto donde siempre ha estado. He aquí la importancia de la meditación para liberar nuestra atención.

La meditación permite que el foco de nuestra atención se expanda hasta liberarse de sus usos y hábitos limitados, habiendo proyectado el poder de nuestra propia conciencia sobre ciertos objetos concretos. La meditación permite que la contracción de la atención al moverse hacia ciertos objetos se relaje, y experimente así una liberación de sus usos y hábitos limitados.

La meditación es un vehículo, una práctica, que nos permite literalmente comulgar con la Presencia espiritual del Universo, con el Ser omnipresente que es todos los seres y todas las cosas, y que vive en y a través de todos los seres y todas las cosas, y que es el Corazón de todos los seres y todas las cosas.

La meditación nos conduce, si practicamos con ahínco, fe, devoción y persistencia, a una experiencia completamente distinta del mundo en general. La meditación nos ayuda a dejar de ver el mundo como un lugar hecho solamente de materia, y nos enseña –y revela– que el mundo es parte de Algo mucho mayor, de una Energía que no podemos comprender enfocándonos solamente en una parte concreta del mundo físico; solamente cuando contemplamos la Totalidad del mundo, podemos darnos cuenta de que somos parte de Algo mucho mayor que solamente lo que consideramos como el espacio-tiempo en su expresión fenoménica. Somos parte inherente de una Conciencia –tal como lo es el mundo– que es eterna y todo-abarcadora, infinita y completamente libre de limitaciones. La meditación, en resumen, nos otorga la capacidad –y la fortaleza– para encontrar, sentir y declarar nuestra propia Libertad, la Libertad inherente de nuestro Ser íntimo y espiritual.

Es fundamental que nuestra atención se libere de sus hábitos de pensamiento limitados y de sus usos condicionados y estructuras convencionales, para que podamos tener una experiencia de la Conciencia que verdaderamente somos, en el momento presente.

Es fundamental porque, de otro modo, no podremos darnos cuenta de cuál es el verdadero propósito del mundo, y simplemente viviremos en base a programas de vida, pensamiento y acción limitados, que fueron diseñados por el mundo mismo para que no podamos darnos cuenta de que el mundo puede en realidad trascenderse; *no escapando de él, sino percibiéndolo correctamente en el ahora.* Esto es lo que *Un Curso de Milagros* enseña: que el mundo se trasciende mediante el perfecto perdón –que no es otra cosa que un entendimiento correcto del mundo tal como éste verdaderamente es–, mediante un cambio de mentalidad con respecto al propósito del mundo –cuando percibimos que el mundo es, en realidad, un escenario diseñado a medida para Despertar del sueño de muerte y separación que hemos construido al disociarnos de nuestra Fuente de Vida, o mejor dicho, al identificarnos con la ilusión de que ello es posible.

"Puedo abandonar este mundo completamente si así lo decido. No mediante la muerte, sino mediante un cambio de parecer con respecto a su propósito..."*1.

Como dije anteriormente, es realmente importante entender que es la conciencia la que proyecta y da poder al mundo y no al revés.

La creencia de que el mundo puede afectarnos de maneras que se oponen a nuestra voluntad, a nuestra intención, es una de las mayores ilusiones de la mentalidad egóica.

Es la base sobre la que descansa todo nuestro sufrimiento y sobre la que –de manera bastante patética y triste– construimos toda nuestra vida –y toda nuestra civilización y la estructura entera de esta sociedad superficial y necia. Debemos encontrar el tiempo y el espacio en nuestras circunstancias de vida para dedicar de nuestra energía vital al Gran Descubrimiento, al Gran Despertar. Debemos volvernos profundos, porque la Conciencia en sí es profunda. Las dimensiones de la existencia trascienden lo que la percepción del cuerpo puede llegar a observar, y es por esta razón que debemos desarrollar la capacidad de utilizar otra clase de visión, de percibir en todo lo que vemos un nuevo significado; un significado intuitivo más que uno conceptual.
El verdadero significado de cualquier cosa siempre se encuentra en el presente. Es éste un significado intuitivo y no intelectual, mientras que el significado conceptual de algo siempre depende de nuestra experiencia pasada, que de por sí ya es limitada y, por cierto, engañosa. El verdadero aprendizaje es un proceso que está totalmente conectado con el momento presente y toda su profundad y todo su Misterio.

Cuando aprendemos basados en lo que percibimos y experimentamos en tiempo pasado, no estamos en realidad aprendiendo nada, sino simplemente arrojando nuestras interpretaciones y juicios sobre algo que en realidad no sabemos lo que es.

> *El verdadero aprendizaje es aquel que nos enseña que el verdadero propósito del mundo es Despertar, y es en efecto aquel que nos Despierta.*

El verdadero aprendizaje, cuando todas sus etapas han sido una a una transitadas y cuando su fruto está maduro, se traduce en una experiencia que es literalmente indescriptible en términos del mundo –en palabras–, porque se trata de una experiencia que no es de este mundo. Si bien puede que dicha experiencia se asocie con las cosas de este mundo, el Origen de dicha experiencia es la Vida en sí, la Conciencia en sí, la cual no está limitada a los nombres y a las formas de este mundo, a los objetos específicos que conforman el mundo de la "materia".
Se trata de una experiencia de Libertad, de verdadera espiritualidad; es la Libertad del Espíritu, la Libertad de descubrir, súbitamente, que uno no está circunscrito a los confines y a las leyes del espacio-tiempo tal como lo experimentamos a través del lente de nuestro condicionamiento humano y mortal. Como vimos, el espacio y el tiempo son atributos relativos, no absolutos; fabricaciones de la mente condicionada, de la mente del mundo -de la mente-de-mono-, de la mente que no ha sido aún des-programada de sus percepciones limitadas habituales insertadas en ella desde tiempos inmemoriales.

> *Lo que hoy percibimos a través de las facultades de nuestro cuerpo-mente individual –que es una forma de Energía universal y de Conciencia cósmica– es el producto de la acumulación de memorias a lo largo de eones.*

Como no podemos recordar el pasado totalmente, tenemos la ilusión de que lo que percibimos es en tiempo presente. Sin embargo, el presente, tal como lo percibimos, no es sino una memoria del pasado.

Todos nuestros pensamientos son la acumulación de memorias del pasado. No tenemos pensamientos en el presente.

Cada vez que tenemos un pensamiento, en el sentido convencional del término, estamos viviendo en el pasado. Esto es así literalmente.
Como el mundo es nuestra propia fabricación, o mejor dicho, la fabricación de la parte de nuestra conciencia inconsciente, entonces vivimos en el continuo de espacio-tiempo que cada uno de nosotros elige para sí mismo. En otras palabras, vivimos en nuestro propio espacio-tiempo subjetivo, y la manera en que percibimos el tiempo es diferente para cada persona, del mismo modo en que la manera en que nos desplazamos a través del espacio es relativa según cada individuo. *Notar esto es importante.* Es importante observar cómo cada persona, según su propia conciencia individual, concibe el espacio-tiempo de un modo particular.

No vivimos en el mismo universo. Cada persona vive en su propio universo, en el universo que él o ella ha construido para sí mismo o sí misma.

Esta observación nos permite comenzar a comunicarnos con otras personas de acuerdo a las coordenadas particulares a través de las cuales ellas perciben y experimentan el espacio-tiempo. Esto nos ayuda a dejar de imponer nuestras propias coordenadas y a dejar de tratar de "forzar" inútilmente al Universo –y a todo y todos en él– para que se adapte a nuestras absurdas, infantiles y caprichosas demandas. Si dejamos al Universo –y a todo y todos en él– ser, el Universo nos regalará una Libertad que no hemos experimentado antes. El Universo es Ser, y se rige por la Ley del Ser. Si damos Libertad, recibiremos Libertad.

Lo que sea que demos, eso es lo que recibiremos. Y lo que damos es lo que Somos, la vibración real en la que residimos de momento a momento.

Lo que transmitimos al Universo entero es nuestro estado de ser, nuestra vibración, la frecuencia de Energía particular en la que vibramos.

Claro está, nuestros pensamientos, nuestras palabras y nuestras acciones son el medio que empleamos para determinar, expresar y manifestar nuestra frecuencia de Energía particular. Todo ello, junto con las creencias más profundas que determinan nuestra orientación y disposición en la vida –es decir, la clase de mentalidad que rige nuestra atención, nuestra existencia y nuestro destino–, es lo que proyectamos sobre el Universo viviente y lo que éste a su vez nos refleja tal como si de un espejo se tratase. Por esta misma razón es que podemos afirmar con total confianza que no somos víctimas del Universo en ningún momento. Si nosotros mismos hemos proyectado sobre el Universo lo que deseamos experimentar...¿cómo es posible que seamos víctimas en lugar de responsables?

Despertar no es sino hacerse responsable de esta Gran Proyección de la cual creemos ser víctimas desde tiempo inmemorial, pero que, sin embargo, nosotros mismos hemos sostenido mediante nuestro propio deseo y nuestra propia inconciencia.

El Despertar es la Encarnación de la Gracia y del Amor de Dios en un mundo de aparente separación y miedo. Y cada uno de Nosotros es el vehículo o canal –si así lo permitimos– mediante el cual esta Gracia y este Amor descienden a la Tierra y transforman la física misma de la existencia. Ésa es, al menos, mi propia experiencia personal y directa. Y hago énfasis una y otra vez en este punto, pues es desde esta experiencia personal y directa que transmito mis ideas al mundo. No es solamente desde la filosofía o la especulación teórica, desde un análisis racional o un esquema conceptual, desde un deseo o anhelo de que las cosas sean así, que transmito mis ideas al mundo, sino desde mi experiencia literal, física, personal, íntima y directa.

Pero mi experiencia es similar a la que otros han tenido en el pasado. Es la misma experiencia que han tenido los Grandes Maestros de la Humanidad. Es la experiencia de los grandes hombres y las mentes más brillantes que jamás hayan pisado esta Tierra. Es la experiencia de los hombres y las mujeres de Inspiración, de los grandes artistas y de los seres extraordinarios. Pero es también la experiencia del hombre más vulgar y corriente, de aquel que el mundo considera un "pecador" y de aquel que nunca ha conocido el verdadero significado del amor ni la dicha de Ser. Es la experiencia de un mosquito, de una rana, de una piedra, de una pared; es la experiencia de la Totalidad que Somos, y nada está excluido de esa Totalidad. Ésa es la Enseñanza de Buda, y es el Voto Sagrado del Bodhisattva*2; el Bodhisattva no ingresará en Nirvana*3 hasta que todos los seres se hayan Realizado en Dios, hasta que todos los seres (humanos y no-humanos) hayan alcanzado la condición perfecta de la iluminación – "*Sean perfectos tal como su Padre celestial es perfecto*"*4 ¿A qué voy con todo esto? A que el mundo es un escenario perfecto para Despertar, para terminar de una vez por todas con el condicionamiento inconsciente ancestral del mundo basado en el miedo y la separación, en la contracción o disociación de la Totalidad.

El cuerpo es algo así como una manifestación electrónica de esa idea de contracción. Y el mundo es el escenario en el que soñamos que somos este cuerpo, esta identidad separada de todo lo demás; es la pantalla sobre la cual el ego –el inconsciente– proyecta su aparente "maldad" y "oscuridad", su sensación de "pecaminosidad", su supuesta culpa producto de considerarse separado de la Unidad o el Todo.

Ésta es la demencia sobre la cual construimos nuestro mundo, nuestra vida, nuestras relaciones, nuestra sociedad, nuestra cultura, nuestras familias y todas las actividades en las que nos vemos envueltos en el tiempo y en el espacio. Ésta es la ilusión en la cual depositamos toda nuestra fe, sin poder darnos cuenta de que, en todo momento, no hemos realmente abandonado nuestra Fuente, nuestro Hogar natal espiritual, que es la Conciencia en sí. Somos esa Conciencia en sí y somos Uno con esa Fuente. No hemos abandonado nuestra Condición eterna, pero en nuestra inconciencia sí creemos habernos disociado de Ella, y todas nuestras experiencias en este mundo reflejan esa creencia fundamental de abandono, aparente traición, desamor, desconfianza y todas las demás emociones que tienen su fundamento en el miedo y la culpa. Como dije antes, somos como un Buda o un Jesús. Ésa es mi certeza, o mejor dicho, la Certeza que Dios me dio. Pero tal como lo describe la Parábola del Hijo Pródigo, creemos haber abandonado la Casa y Riqueza de nuestro Padre, pensamos en nuestra imaginación que hemos renunciado a nuestra Herencia Original –que es la Unidad natural y eterna con Dios, la Conciencia en sí– para ir en pos de una serie de experiencias, objetos, estados o condiciones que creemos que llenarán nuestro vacío existencial y que sustituirán nuestra culpa inconsciente con una sensación permanente y duradera de satisfacción y realización.

Tal como enseña el Programa de Doce Pasos, lo único que puede realmente llenar nuestro vacío existencial es un Despertar espiritual –el contacto consciente, en todo momento, con un Poder Superior.

Ese Poder Superior es el Ser, Lo que Es, Todo lo que Hay. Y Nosotros somos Eso. Somos como el Hijo Pródigo teniendo una experiencia de separación, pero en realidad no hemos abandonado nuestra Morada eterna; todo lo que contemplamos como formas externas y separadas, aquello que interpretamos como una realidad objetiva a nuestra conciencia, no es sino una proyección, un escenario superpuesto sobre la Conciencia en sí, un velo que aparenta cubrir u ocultar el Ser o la Unidad de la existencia.

Tenemos que trabajar con nuestra conciencia, y con nuestro cuerpo –con la conciencia que nuestro cuerpo representa. El cuerpo-mente es una unidad, tal como el pensamiento y la emoción están intrínsecamente ligados. De la misma manera, la Energía es indistinguible de la materia, porque la materia es una forma particular de Energía. Tenemos que trabajar con nuestros pensamientos y nuestras emociones; tenemos que observar la frecuencia particular de Energía en la que vibramos y hacer una conexión con el entorno en el que vivimos. Debemos explorar nuestro mundo interno tanto como solemos investigar y analizar nuestro mundo exterior. Ésta es la Enseñanza fundamental de *Un Curso de Milagros* y de toda Tradición espiritual genuina:

> ...que el mundo interno y el externo son uno y lo mismo, que microcosmos y macrocosmos son una Unidad intrínseca, que no existe separación o distancia entre la causa y el efecto, entre el pensamiento y sus resultados.

El espacio-tiempo, tal como lo entendemos de manera habitual y convencional, no es sino la proyección de la ilusión de que la causa y el efecto están separados, de que podemos tener un determinado pensamiento y evitar de alguna manera sus resultados. Éste es el sueño egóico en el que *creemos* vivir. El pensamiento es por naturaleza creativo, su función es la extensión. Por lo tanto, el hecho mismo de que concibamos un pensamiento hace que inevitablemente estemos destinados a experimentar sus resultados, sus efectos. Pero lo cierto es que la mayoría de nosotros somos "*demasiado tolerantes con las divagaciones de nuestra mente*"*5, y nos engañamos alevosamente pensando que somos víctimas de los efectos de nuestros pensamientos, en lugar de ver y reconocer que somos responsables por los pensamientos en sí que producen dichos efectos. La verdad es que somos enteramente responsables de nuestros pensamientos debido a que somos nosotros mismos quienes los fabricamos:

"Tal vez creas que eres responsable de lo que haces, pero no de lo que piensas. La verdad es que eres responsable de lo que piensas porque es solamente en ese nivel donde puedes ejercer tu poder de decidir. Tus acciones son el resultado de tus pensamientos"[*6].

Por todo esto que hemos expresado aquí es precisamente que el mundo es el escenario perfecto para nuestro Despertar, para nuestra iluminación. El mundo no es sino un efecto de nuestros pensamientos.

Experimentamos el mundo tal como pensamos. Éste es el Gran Descubrimiento, y ésta es la Ley.

Podemos, en el momento presente, darnos cuenta de que somos los fabricantes del mundo tal como lo experimentamos y cambiar de mentalidad, transformar nuestra conciencia radicalmente y modificar nuestra experiencia subjetiva del mundo. ¡*Éste es el milagro!* Éste cambio sí que está a nuestro alcance porque depende de nuestra propia decisión. Basta abrir los ojos y darse cuenta de que el mundo tal como lo percibimos, interpretamos, analizamos y experimentamos no es más que el resultado de nuestras propias ideas, nuestros propios juicios, nuestros propios pensamientos -y nuestro estado emocional más predominante.
Si concebimos una nueva idea, un nuevo pensamiento, un nuevo propósito en nuestra propia conciencia, entonces el propósito del mundo también cambiará, y esto se verá reflejado en nuestra experiencia en todos los aspectos de nuestra vida; tanto en los detalles como en los asuntos más grandes. Este cambio de propósito se logra mediante el perdón, que nos concede una nueva visión y un nuevo entendimiento tanto de uno mismo como de todas las cosas. Existe una sola Conciencia, por lo tanto, cuando cambia mi conciencia cambia toda Conciencia. Ésa es la Ley. El perdón no es un acto de caridad; el perdón es Luz, entendimiento. El perdón es, literalmente, iluminación. Es el entendimiento de que toda esta creación no es sino la manifestación de una sola

Mente con la cual somos inherentemente Uno, más allá de nuestro nombre y nuestra forma. El perdón *es* comunión con la Conciencia de Unidad, que es eterna y omnipresente. El perdón es, simplemente, el entendimiento de la Totalidad. Es un entendimiento intuitivo, no analítico ni filosófico.

El perdón conduce inevitablemente a Despertar. Al Despertar percibimos el mundo como una expresión de Luz y a nuestro propio cuerpo-mente como una manifestación de la Inteligencia del Universo. Este entendimiento es lo que tradicionalmente se conoce como Sabiduría. El Sabio es aquel que ve las cosas correctamente, aquel que logra ver más allá de los juicios de su propia mentalidad egóica y personalidad aparentemente separada. Esta visión, que es según *Un Curso de Milagros,* el resultado de una percepción verdadera –es decir, de percibir todas las cosas, los objetos, las formas tal como son de acuerdo a su verdadera naturaleza presente, aquí y ahora, sin pasado ni futuro–, capacita al Sabio para conocer el éxtasis a través del reconocimiento de la Unión de su propia conciencia con la Mentalidad-Uno. Este reconocimiento de Unidad llega hasta el así-llamado cuerpo físico –el cual no es sino la manifestación particular de una cierta frecuencia vibratoria de Luz– capacitando así al Sabio para experimentar la Gracia de este Despertar en el vehículo de su propia forma humana. Por eso hemos dicho, y seguiremos diciendo, que el Despertar es físico, una experiencia física. El Despertar es física pura. Pero sobre esto, continuaremos desarrollando más adelante.

TODO ES ENERGÍA

Ésta parece ser una afirmación un poco abstracta, pero cuando nos volvemos íntimos con la física de la Energía, entonces podemos apreciar los aspectos prácticos de este principio. Tal como contemplamos el mundo desde la perspectiva materialista con la que hemos sido educados, todo aparenta ser sólido y estar separado de otras cosas. Todo lo que vemos a nuestro alrededor se muestra como un objeto sólido, material, denso, aislado y aparte de todo lo demás. Desde esta perspectiva, no podemos afirmar que todo sea Energía. De hecho, es absurdo afirmar que todo es Energía cuando ésa no es nuestra experiencia actual.

Lo que tiene que cambiar para que podamos darnos cuenta de este principio universal es nuestra concepción fundamental del espacio-tiempo.

Lo que realmente importa es nuestra creencia-raíz con respecto al Universo que percibimos. Esta creencia-raíz es lo que determina la clase de experiencia que tenemos de momento a momento y el modo en que concebimos, interpretamos y experimentamos nuestra propia realidad. Hemos afirmado antes que el Despertar es físico.

En la ausencia de una experiencia física tácita, concreta y presente de la naturaleza de la Energía, seguiremos contemplando el mundo, el Universo, la existencia entera desde la óptica materialista y egóica que rige nuestro destino a modo de una programación inconsciente, basada en la creencia de que estamos separados de la Fuente universal de la que todo emana y con la cual todo es inherentemente una Unidad. Sin la visión espiritual y la consecuente experiencia física literal del Universo como Energía, no podremos captar el Propósito del Universo en toda su magnificencia, ni nuestro papel en este Gran Propósito, en la Gran Obra de la Conciencia infinita de la cual este mundo es tan sólo un Juego, un momento de aparente separación desplegado en segmentos aparentemente coherentes y continuos de espacio-tiempo.

Lo cierto es que sólo existe un tiempo, y éste es *ahora*. Y siempre será *ahora*. Pero con nuestra mente finita y condicionada no podemos contemplar la vasta y multidimensional naturaleza del momento presente, del ahora, ni podemos realmente entender cómo funciona el espacio ni qué es realmente éste. El miedo es la emoción que nos impide acceder a una visión de la Totalidad. La culpa y la vergüenza que sentimos por creer que somos un ser separado y aislado de todo lo demás, nos impide reconocer nuestra Unidad presente con el Ser que es la Totalidad. Y, sobre todo, nos impide el acceso a la experiencia de nuestro propio cuerpo físico como el templo o altar en que dicho reconocimiento de la Unidad debe tener lugar. Nuestro propio cuerpo físico, aquí y ahora, *es* el "templo del Dios Viviente". El entendimiento de que el Universo no es otra cosa que Energía manifestándose en distintas formas de acuerdo a su vibración particular, sólo puede ocurrir en la presencia de la experiencia consciente de nuestra propia forma corporal, nuestro cuerpo físico, como un vehículo que es uno con la Energía del Universo. Pero nuestro cuerpo, como hemos afirmado antes, no es un ente aislado; es uno con la Conciencia que lo anima. Y es debido a esta Conciencia que el cuerpo puede acceder al dominio de la Energía y al reconocimiento o entendimiento de que su Origen no es otro que la mismísima Energía del Universo. Este entendimiento, que es en sí una experiencia plena de transformación y comunión, ha sido descrito por varios Maestros con el término "transfiguración".

Cuando súbitamente comprendemos la naturaleza total de nuestra forma corporal –es decir, que nuestro cuerpo es uno con la Energía de todas las cosas, del Universo en sí–, nuestro propio cuerpo experimenta una transformación radical que lo "transfigura"; nuestra forma física atraviesa un proceso de conversión –una alquimia, una mutación– celular, a nivel micro, atómico que revoluciona los cimientos de nuestro sistema psico-físico entero, modificando así nuestra percepción de todas las cosas.

Ésta es la manera en que nuestra concepción del espacio-tiempo se modifica. Y es con este fin que se llevan a cabo todas las técnicas, métodos y prácticas espirituales. Su propósito es ejercer una modificación en el nivel fundamental de nuestro ser, nuestra psique, nuestra conciencia –que incluye al cuerpo. Su meta es ejercer un cambio allí donde opera la creencia-raíz que determina y dicta nuestro destino humano en este mundo –y más allá.

Sin embargo, las técnicas, los métodos y las prácticas espirituales son inútiles e inefectivas a menos que tenga lugar un verdadero cambio de mentalidad, una auténtica transformación de la conciencia allí en donde el ego ejerce su dominio;

...a menos que dichas técnicas, dichos métodos y dichas prácticas sean el complemento de un proceso de auto-conocimiento, de auto-observación, de auto-entendimiento y de auto-trascendencia de momento a momento que incluye y abarca todas las áreas de nuestra vida, y a través del cual hacemos un constante y detallado examen de todos nuestros pensamientos, nuestras emociones y nuestras acciones. En otras palabras, para que se lleve a cabo un cambio fundamental, una transformación en el nivel-raíz en el cual determinamos –ya sea consciente o inconscientemente– nuestro destino y la totalidad de nuestra experiencia humana, debemos ser consistentes con nuestra práctica espiritual, y ciertamente debemos desarrollar nuevas facultades – ordinarias y extraordinarias– en la dimensión psíquica, emocional y física de nuestro ser, que nos capaciten para acceder conscientemente cada vez con mayor facilidad y naturalidad, a esta dimensión de transfiguración y transformación.

Debemos entrenar nuestro cuerpo-mente para que éste se sienta cada vez más cómodo y relajado al contactar con la dimensión de la pura Energía. Si queremos vivir en el dominio de la Luz, debemos volvernos íntimos con la Energía. Si alguno de nuestros centros vitales*1 está bloqueado, experimenta resistencia al libre fluir, a la libre circulación de la Energía universal, entonces no podremos experimentar la plenitud, la abundancia, la dicha, el éxtasis y la Gracia del estado natural de comunión con la Energía del Universo. Debemos practicar constante comunión con la Totalidad de Ser, con la Energía del Universo, con la Fuente misma que anima nuestra existencia individual. Debemos comulgar con la Presencia espiritual del Universo, porque Eso es lo que en verdad somos. Y solo Eso puede devolvernos el sano juicio y la capacidad de funcionar exitosamente en todas las áreas de nuestra vida en el mundo.

Si aceptamos que el propósito de nuestra vida es Despertar, y seguimos el Camino del Despertar, todas las áreas de nuestra vida –tarde o temprano– se alinearán con ese propósito y experimentaremos Felicidad, bienestar, plenitud, confianza, abundancia y perfección en ellas. Cuanto más nos alineamos con nuestro verdadero propósito en este mundo, más fluimos con la Energía del Universo, más aprendemos a pensar con –y a meditar en– la Inteligencia infinita de la Vida. *Nosotros somos la Vida*. Padecemos el hechizo de creer, pensar, sentir y experimentar que estamos de alguna manera separados de la Vida, y por eso sufrimos y construimos una vida, un entorno, un destino que nos produce infelicidad. Eso es porque la creencia-raíz que motiva nuestros pensamientos y acciones es falsa, limitada e ilusoria. Y es ésa creencia-raíz la que debe ser modificada si así lo deseamos y permitimos, y si hacemos lo que ello realmente requiere.

Padecemos y sufrimos una constante sensación de carecer de "algo", de estar básicamente separados de la Energía del Universo.

Es debido a que concebimos y entendemos todo en nuestra vida en términos de materia sólida en lugar de Energía en vibración, que experimentamos limitaciones y sufrimiento. El Despertar es el medio para escapar de esta desafortunada percepción del Universo. Es el medio y el fin para conectarnos directa y conscientemente con Dios, nuestra Fuente; no de manera abstracta, mediante el discurso filosófico o el ejercicio ingenioso del pensamiento analítico, sino a través de la experiencia directa, mediante una Revelación de naturaleza espiritual que modifica la física literal de nuestra experiencia de momento a momento, y que transforma radicalmente nuestro entendimiento acerca del Universo y de nuestra participación en él.

El Despertar no es sino un salto cuántico de la vieja manera de pensar a la nueva; un pasaje de la manera de concebir el Universo y la Vida de manera pasiva, sintiéndonos víctimas impotentes de leyes, fuerzas y mociones externas con una voluntad opuesta a la nuestra, al entendimiento de que somos, literalmente, la causa del Universo –que son nuestros pensamientos los que dan lugar a cómo nos sentimos y a cómo experimentamos la vida en general, debido a que todo es Energía.

No hay nada estático, todo se encuentra en constante movimiento, nada permanece igual de un momento a otro. Éste entendimiento es la llave para desarrollar la flexibilidad necesaria en nuestra estructura psíquica, emocional y física que nos permite vivir constantemente fluyendo con las energías y fuerzas que integran el momento presente y el despliegue de la Conciencia en este mundo de formas, el cual no es sino un Juego misterioso de la Conciencia en sí.
Todo es Energía porque todo se encuentra en constante movimiento, en un ciclo perpetuo de cambio y transformación. En el universo físico, en el mundo de la manifestación, todo ocurre de acuerdo a un ciclo constante de acción y reacción, de movimiento y reposo, de creación y destrucción. El ciclo de nacimiento y muerte no es sino una expresión de esta cadena de acción y reacción, del movimiento perpetuo de la Energía del Universo. El reposo es Energía potencial, mientras que el movimiento es Energía en manifestación. Si encontramos el balance y el equilibrio en este ciclo de perpetuo movimiento, entonces estamos capacitados para fluir con la Energía y para vivir de manera armoniosa en lo que sea que pensemos, sintamos y hagamos.

En lugar de reaccionar ante los eventos de acuerdo con el paradigma de la separación, sintiéndonos víctimas impotentes en medio de un universo externo a nosotros, podemos responder creativamente ante las circunstancias y los desafíos que la vida nos presenta, volviéndonos responsables por ello y cambiando en nosotros los aspectos internos que no están alineados con la Ley del Universo, que es la Ley de la Unidad, la Ley de la Energía.

No somos seres materiales sino espirituales. Tenemos que concebir nuestra vida en estos términos para alterar el curso de nuestro destino y realizar nuestra Unidad con el Ser eterno y Luminoso en esta misma existencia. Y tenemos que Demostrar, en nuestra propia vida individual y colectiva, que esto es así.

Somos Luz manifestándose mediante la Energía en forma de materia.

Pero creer que la materia es todo lo que somos es ciertamente un error básico de apreciación o entendimiento. Lo mismo sucede con el Universo que contemplamos a nuestro alrededor. Todo es una idea. Todas las imágenes que percibimos, ya sea internamente en nuestra psique personal, o exteriormente en lo que consideramos como la realidad objetiva, no son sino la manifestación de una idea;

"Todas las cosas que creo ver son reflejos de ideas"[*2].

El reconocimiento de que todo es en realidad una idea nos conduce al éxtasis a través de una transformación en el núcleo de nuestra propia conciencia, que modifica nuestra percepción del espacio-tiempo en su totalidad en el momento presente. Es a través de este proceso profundo de observación de nuestra propia conciencia y su consecuente transformación que adquirimos la visión espiritual, la cual ve a través de la aparente solidez de los objetos materiales y formas concretas que aparecen ante nuestro campo de percepción, y capta, mediante el insight intuitivo, la naturaleza de la Energía que anima las formas vivientes a nuestro alrededor.

Esto nos conecta de una manera nueva y revolucionaria con nuestro entorno, con nuestro ambiente más próximo –y también con escenarios aparentemente lejanos y distantes– mediante la facultad del sentimiento, mediante una capacidad psíquica expandida que está libre de los confines de las estructuras egóicas y separatistas de la mentalidad del mundo, del sistema de pensamiento basado en el miedo y la culpa.

Las religiones de este mundo, por cierto, en su gran mayoría, se han ocupado de impedir que los seres humanos accedan a este tipo de visión, a este tipo de entendimiento y a este tipo de experiencia, y contrario al verdadero propósito que una religión debería tener, se han encargado de reforzar una y otra vez un paradigma centrado en la separación de Dios, el miedo y la culpa. Por lo tanto, la verdadera espiritualidad no tiene nada que ver con la religión, y no es en el ámbito de la religión organizada –que no es sino otro movimiento político más, dominado por la ambición y el poder que el ego desea y busca siempre para sí mismo– a dónde uno debe acudir para instruirse en *el Camino del Despertar*.

Para instruirse en el Camino del Despertar uno debe acudir a un verdadero Maestro, que es la manifestación viviente de la verdadera espiritualidad, una Demostración viva y presente, inteligente y radiante, de lo que una vida en Unión con Dios realmente es y significa.

No solamente eso, sino que uno debe también practicar todos los días y concebir su vida como la mejor oportunidad, el escenario regio, para vivir y Demostrar *el Camino del Despertar*.

La vida cotidiana es, sin duda, el mejor escenario para practicar y vivir la espiritualidad, la verdadera religión.

La vida, tal como es, es un asunto sagrado –si uno se permite considerar seria y profundamente esta idea. Dios no exige, de ninguna manera, que vayamos a la Iglesia para conocerle. Eso no quiere decir que uno no asista a la Iglesia si eso resulta inspirador en el proceso de conocer íntimamente a Dios como su Ser más próximo y fundamental. *Pero lo cierto es que Dios está en todas partes, y en todo momento.* Nuestra conciencia está dormida, soñando con la separación, y por eso percibimos nuestra realidad como una serie de fragmentos que no tienen una conexión significativa entre sí. Y de esta percepción fragmentada surgen una concepción y una experiencia del espacio-tiempo como un fenómeno meramente material, sin un propósito o un significado consistente –o trascendente– que está inherentemente ligado con la Energía.

Cuando comenzamos a pensar, sentir y experimentar la vida en términos de Energía, también empezamos a participar activamente con intención y sentimiento en todas nuestras acciones, relaciones y circunstancias. En otras palabras, comenzamos a sentir la Energía de la Vida manifestándose a través de nosotros, y a considerar seriamente que quizá tengamos mayor responsabilidad e incidencia sobre los fenómenos que se manifiestan en nuestra vida de la que imaginamos. Si vamos a la raíz de todo lo que experimentamos, allí encontraremos a la Energía. Si logramos conectarnos con la Energía en la raíz de nuestro ser, tendrá lugar un cambio fundamental en nuestra manera de ver todas las cosas. En el momento presente siempre gozamos de la Libertad para conectarnos con la Energía al nivel fundamental de nuestro ser, porque la Energía está siempre allí y la Energía es lo que en realidad somos.

Esta posibilidad de conectarse con la Energía es la única capacidad en este mundo que está siempre disponible para todos. Nadie, en ningún momento, carece de la capacidad para conectarse con la Energía, porque la Energía es lo que su Ser más íntimo y fundamental es. La Energía está siempre allí en su estado potencial en cada uno de los momentos del espacio-tiempo. Por eso es que es necesario "saltar" por encima del tiempo y trascender el espacio, para comenzar a vivir en la dimensión de la Energía y establecer una conexión consciente, sentida y de todo el cuerpo con la Energía.

No hay nada que no podamos modificar en nuestra vida cotidiana si logramos modificar el patrón de relación con la Energía vital y fundamental de nuestro Ser. Debemos aprender el arte de abrirnos a la Energía y de permitir que ésta fluya y circule a través nuestro. Somos un canal de la Energía universal.

Nuestras creencias limitadas bloquean el libre fluir y la libre circulación de la Energía por todos los centros vitales de nuestro vehículo físico. Nuestro vehículo físico está inherentemente diseñado para conducir la Energía vital del Universo. Toda ausencia de bienestar en nuestra vida está ligada a la incapacidad para permitir que la Energía circule libremente a través de nosotros en las dimensiones psíquica, emocional y física. Tenemos que mantener a nuestro vehículo físico –el medio de expresión mediante el cual manifestamos nuestro Propósito espiritual aquí en la Tierra– siempre libre de obstrucciones, en la mayor medida de lo posible. Ésta es la meta de la práctica.

Debemos lograr un equilibrio mental y físico que nos permita estar en todos los momentos de nuestra vida cotidiana en el mundo alineados con la Energía del Universo. Si la Energía del Universo circula libremente a través nuestro, entonces nuestras circunstancias serán de naturaleza satisfactoria y contendrán simplicidad, belleza, amor, prosperidad y armonía. Si tenemos una buena relación con la Energía del Universo, tendremos una relación armoniosa con nosotros mismos, y, por lo tanto, con nuestro entorno. Vivir conectados con la Energía al nivel fundamental de nuestro ser nos permite clarificar nuestras intenciones, nuestras ideas y nuestras acciones, y proceder de manera creativa e inspirada en los desafíos que se presentan de día en día, de momento a momento. Debido a que todo está conectado a la misma Energía, el universo físico en sí responde al nivel de vibración en que resonamos personalmente a nivel básico.

El universo físico no responde a los conceptos que manejamos en nuestra mente racional, sino a la Energía que encarnamos al nivel fundamental de nuestro ser. El universo físico no es en realidad físico, sino psíquico, energético, espiritual. El universo físico no es otra cosa que un mundo de ideas.

Vivimos en un mundo de ideas. Nos comunicamos a través de ideas y respondemos ante la Energía que las ideas contienen. Por eso, si modificamos las ideas más fundamentales que rigen nuestro sistema de creencias, cambiaremos también nuestra experiencia. Ésta es la Ley y es inescapable, puesto que se encuentra en vigor en todo momento. Si conocemos la Ley, será más fácil para nosotros vivir con serenidad, claridad, creatividad, intuición, flexibilidad, fortaleza, amor y compasión, debido a que viviremos con entendimiento, verdadero entendimiento.

Dejaremos de pensar y hacer todas las cosas que no queremos ver manifestadas en nuestra vida.

Se trata de una ecuación muy simple, si uno capta la naturaleza de la Ley. Pero mientras vivimos inconscientes de la Ley, y de cómo ésta opera, perdemos el tiempo y desperdiciamos nuestra energía poniendo nuestra atención en pensamientos cuyos resultados no deseamos –al menos no en nuestro sano juicio. Por eso es tan importante cambiar de mentalidad y desaprender los conceptos que más arraigados se encuentran en nuestro sistema de creencias; porque estas creencias gobiernan nuestro inconsciente y determinan nuestra experiencia consciente.
¿Cómo cambiar estas creencias? Bueno, esto es algo que cada persona debe descubrir por sí misma. No acostumbro dar "recetas" para ello, ni jamás lo haré. No existe una fórmula igual para dos individuos distintos. La práctica de desaprender las creencias limitantes y los pensamientos erróneos, los conceptos basados en la separación, la culpa y el miedo es altamente personal. Lo importante es la intención de

querer cambiar y proceder de acuerdo a nuevos caminos de pensamiento y acción. Y quizá más importante aún sean la fe y la confianza en un Poder Superior. Podemos intentar todas las cosas en el mundo para hacer que algo suceda, pero si no tenemos *"la fe del tamaño de un grano de mostaza"*[*3], nada cambiará.

Debemos tener fe en el Poder del Universo y rendirnos a Él. Eso bastará para que se obre el milagro en nuestra vida.

Aprender a sentir la Energía en el momento presente es fundamental para establecer otro tipo de asociación con cada circunstancia y relación en nuestra vida. Pasar "de la cabeza al Corazón" es una frase de gran Sabiduría. La "cabeza" –es decir, el ego– está repleta de ilusiones y de mentiras. Cada pensamiento que cruza nuestra cabeza está teñido de pasado y pasa por alto completamente el presente. El Corazón, sin embargo, siempre conserva la pureza original de nuestro Ser, de nuestra verdadera relación con el Todo, con Dios. El Corazón no se ha perdido en los laberintos de la mente, en los enredos inherentes a los procesos de acción y reacción que caracterizan al dominio del espacio-tiempo. El Corazón es la Naturaleza de Buda que conserva nuestra inocencia y santidad; es la "Luminosidad"[*4], que es nuestra herencia más allá del mundo.

Hemos olvidado la Energía para adentrarnos en lo que aparentemente es un mundo material y sólido, en el cual se enseña que es necesario luchar y competir para sobrevivir y en el cual la Felicidad es aparentemente una utopía; un mundo en el que supuestamente el "yo" debe acumular tanto como se pueda de objetos y posesiones personales, conocimientos y experiencias, para encontrar así satisfacción y realización.

La Verdad es que la única satisfacción y realización proceden precisamente de darnos cuenta de que en realidad vivimos en un mundo que es una manifestación de Luz, y de que es perfectamente posible –y necesario– acceder al Reino de la Luz, aquí y ahora.

Esta conexión con el Reino de la Luz es, literalmente, "el pan de cada día". Sin este alimento Divino, vagamos por el mundo como zombis sin propósito ni destino último. Deambulamos por el espacio-tiempo a merced de nuestro propio ego y del de los demás. Necesitamos adquirir una gran fortaleza para romper con toda esta programación y trascender el condicionamiento social y cultural que niega la existencia de la Energía, de la Ley espiritual. Por esta razón es que debemos acudir a los verdaderos Maestros.

No podemos aprender acerca del Reino de la Luz de aquellos que no lo han conocido ni experimentado. Sólo los que viven en la Luz pueden enseñarnos acerca de la Luz. Éstos son los Grandes Maestros, Quienes están siempre disponibles para asistir a todos los seres en el Camino del Despertar.
El Camino del Despertar no es como ninguno de los caminos del mundo, pero, sin embargo, no excluye al mundo. El Camino del Despertar nos conduce por una senda que nos permite ver el mundo bajo una Luz completamente diferente. Es bajo esta Luz que podemos contemplar el verdadero Propósito que tenemos en esta Tierra, y es gracias a esta Luz que podemos practicar el don de conectarnos con la Energía fundamental de nuestro ser, en donde no carecemos realmente de nada, nunca.

En realidad, no carecemos de nada en ningún momento. Únicamente si nos identificamos con las percepciones egóicas que constituyen el programa de la mentalidad de separación, del mundo, de la dualidad, podemos creer que carecemos de algo.

Debido a que Dios está siempre con nosotros, es imposible que algo nos falte. Lo único que puede realmente faltarnos es la Conciencia de Dios.

Pero si aprendemos a conectar con la Energía fundamental de nuestro Ser, podemos restablecer esta Conciencia fácilmente en todos los momentos de nuestra vida. Somos esa Conciencia. Pero como todo en este mundo está al revés, Aquello que realmente somos, Aquello que realmente es nuestra herencia, Aquello que realmente nos pertenece parece estar ausente de nuestra conciencia, vida y experiencia. Por eso es que debemos trascender el mundo para Despertar y conocer la verdadera Felicidad.

Amigos y amigas, la verdadera Felicidad puede encontrarse únicamente estableciendo un contacto consciente con la Conciencia de Dios, y Encarnando plenamente, en nuestro pasaje por este universo físico, a través del vehículo de nuestro propio cuerpo-mente, la Presencia de la Luz y de la Energía que son nuestro Ser más fundamental.

NO EXISTE LA MORAL. EL BIEN Y EL MAL SON UNA CONSTRUCCIÓN HUMANA BASADA EN JUICIOS, LOS CUALES SON PERCEPCIONES LIMITADAS DE LA REALIDAD.

En otras palabras, si somos responsables ¡podemos hacer lo que nos dé la gana! Hemos sido creados libres, y así deberíamos vivir. Ésta es la verdadera moral. Siempre que respetemos a todos los seres y seamos cuidadosos de no hacer daño a otros, somos libres para crear la vida que consideremos que está en alineación con nuestro Propósito y destino divino. Lo ideal es no hacernos daño a nosotros mismos en el camino.

La verdadera moral es aquella que nos dicta nuestra propia intuición, aquella que está en concordancia con los valores y principios que sentimos en nuestro Corazón, con certeza, que tienen sentido para nosotros.

Lo cierto es que la mayoría de nosotros vive en base a valores y principios de otras personas, en base a una moral que hemos heredado o recibido en nuestra educación, en base a los propósitos o a la intención que otras personas han tenido o tienen en su propia vida. No podremos conocer nuestra propia moral, que es un asunto estrictamente personal e individual, hasta que nos hayamos desprendido de todos los valores que hemos recibido de otras personas –incluyendo la sociedad y el mundo en general.

El mundo es una gran sociedad, y la moral del mundo es la construcción de la conciencia de cada uno de sus individuos en su conjunto. Es importante aprender a vivir respetuosamente en sociedad, con una actitud compasiva y una disposición de colaboración, pero ello no debería ser un límite a la hora de establecer y vivir en base a nuestra propia moral interna. La posibilidad de vivir y actuar en base a nuestro propio sistema de valores es una Libertad fundamental que nunca debemos perder.

La idea de que existen el bien y el mal es un concepto que se basa en la dualidad. El concepto del bien y del mal tiene su origen en la culpa -que es una emoción inherente en la mente humana mortal, en la conciencia individual aparentemente separada-, en la idea de que estamos separados de nuestro Ser. La dualidad "bien y mal" es un gran límite a la hora de desarrollar nuestro propio sistema de valores. La idea de que existen el bien y el mal nos limita a una constante sensación de duda y a vivir de acuerdo a valores superficiales que en realidad no coinciden con lo que realmente sentimos en nuestro Corazón, en nuestro Ser más íntimo y fundamental. Ante todo, debemos ser libres en todo momento para considerar los asuntos más importantes de nuestra existencia en base a nuestra propia inteligencia, y en base a nuestra relación personal con la Fuerza y el Poder del Universo. De hecho, la idea del bien y del mal tiende a establecer una división entre nuestra conciencia y dicha Fuerza y dicho Poder. Nuestros propios pensamientos tienden a estar teñidos por esta constante sensación de duda que se basa en esta dualidad de "bien y mal". Todas nuestras decisiones están condicionadas por esta moral social que nuestro "yo" acepta como una ley universal. Sin embargo, como ya hemos mencionado antes, existe una Ley superior, que es la Ley espiritual, y de ninguna manera esta Ley se rige por los conceptos del bien y del mal -a diferencia de lo que la concepción religiosa tradicional sugiere.

La Ley espiritual sólo conoce la Libertad, porque el Espíritu es eternamente Libre y trasciende el mundo, al no estar en ningún momento condicionado por sus mezquinas y limitadas leyes.

En otras palabras, la Ley superior dicta que aquello que sembramos es lo que cosechamos. Y allí termina el asunto. Por lo tanto, es necesario que revisemos nuestra idea de la moral a la hora de evaluar los principios que hemos establecido para que gobiernen todos nuestros pensamientos y actos. Como no podemos echarle la culpa a nadie por cómo nos sentimos, por cómo vivimos, por aquello que experimentamos en la vida, es necesario extender y ampliar nuestra idea de la moral, para que ésta abarque los principios que están en alineación con la Ley superior. Si nos conectamos con nuestros sentimientos más genuinos, con nuestras intuiciones más profundas, encontraremos la certeza con respecto a qué principios tienen realmente sentido para nosotros en esta vida, y comenzaremos a vivir en base a ellos. A medida que comenzamos a vivir en base a los principios que con certeza sentimos que concuerdan con nuestros sentimientos más genuinos e intuiciones más profundas, comenzamos también a conocer y experimentar la Libertad -que es un atributo inherente al Espíritu que realmente somos más allá de los confines del espacio-tiempo.

La Libertad es un don que la Vida en sí nos ha otorgado, eternamente. Nunca estamos limitados por nada ni por nadie, excepto por nosotros mismos, por nuestras propias ideas.

Y siempre, siempre, siempre podemos concebir una idea nueva, al conectarnos con la Mente universal. Como no estamos sujetos meramente a las leyes físicas, y, de hecho, podemos trascenderlas en cualquier momento si modificamos nuestra óptica de las cosas, podemos modificar el curso de nuestro destino en el momento presente.

Como la mente es superior y anterior a la materia, y el espacio-tiempo es en sí una construcción de la conciencia, si modificamos nuestras ideas podemos modificar nuestras circunstancias. Pero lo realmente importante no es modificar las circunstancias en sí mismas, porque no son las circunstancias las que nos producen Felicidad o bienestar -o su opuesto. Lo importante es cambiar nuestra conciencia, porque ésta es la fuente de la que proceden el dolor o la dicha, la desgracia o la Felicidad, el aprisionamiento o la Libertad.

No obstante, al cambiar nuestra conciencia cambian naturalmente las circunstancias.
Lo verdaderamente importante es Despertar, porque nuestra verdadera Identidad, nuestro verdadero Ser vive en un estado Despierto. Si adoptamos una moral basada en los conceptos del bien y del mal, si vivimos en base a los valores que otras personas tienen, o si simplemente seguimos la orientación de otros en la vida, no seremos lo suficientemente libres para trascender nuestro condicionamiento psíquico, nuestros límites espirituales, y no podremos conocer al Ser que vive en el estado Despierto, que es lo que nosotros realmente somos. Liberarnos de las ideas que hemos recibido de otros, de los valores de otros, de los principios de otros no es tarea fácil. Ello requiere salirse de la zona de comodidad, de lo familiar y lo conocido, de lo seguro e inmediato. Requiere sumirnos en el Misterio más absoluto, ¡y eso sí que puede llegar a ser desafiante!
Piensa en esto por un momento: todo el mundo concibe la realidad de un modo limitado. Por lo tanto, los valores de todas las personas están condicionados por esta limitación. Lo que las personas transmiten a través de su propia moral son sus limitaciones. Si tú adoptas los valores de otra persona, estarás también adoptando sus limitaciones.

¿No es mejor, entonces, que tú mismo descubras cuáles son los valores y principios que son realmente significativos para ti, y que vivas en base a ellos, en lugar de vivir tomando como referencia los valores y principios que otros consideran significativos para sí mismos? ¿No vale la pena, entonces, salir de la zona de confort y adentrarte en lo desconocido –aunque ello sea incómodo y desafiante–, antes que vivir padeciendo una existencia que no es realmente la que tú deseas, sólo porque ello es "cómodo" y "fácil"?

Para mí, la respuesta es evidente y es un claro ¡si!
Si tú eres responsable enteramente por tu vida, y si tú mismo eres la causa de tu universo, ¿no vale acaso la pena lanzarte al Misterio y descubrir por ti mismo, con la Ayuda de lo Divino, la naturaleza de la Realidad? Por esta misma razón es que el Buda alentaba a sus seguidores a confiar en sí mismos y a realizar su propia naturaleza espiritual sin seguir el camino de nadie; el Buda mismo afirmó que, al final, debían incluso matar al Buda; no en un sentido literal sino simbólico.

Lo que el Buda quería transmitir es lo mismo que yo estoy comunicándote a ti ahora: sé tu mismo. Ésa es la moral más elevada de todas.

Pero ser uno mismo es también ser totalmente responsable y asumir totalmente las consecuencias de los propios pensamientos y actos. Yo no estoy profesando el libertinaje sino la verdadera Libertad, que es inherentemente espiritual. Repito, hemos sido creados libres y así deberíamos vivir, con Libertad. Es el condicionamiento que hemos recibido lo que nos impide acceder a esta Libertad, porque nuestra conciencia está esclavizada por el miedo. Pero si paso a paso dejamos entrar al amor, el amor nos hará libres. Esto es un hecho. El amor es todavía más poderoso que el miedo, porque el amor es real y el miedo no lo es. Sin embargo, cuando tenemos miedo creemos que el miedo es real. Pero cuando trascendemos el miedo y comenzamos a vivir en y desde el amor, nos volvemos tan poderosos como el Universo en sí. El amor es lo que somos, o tal como enseña *Un Curso de Milagros*, *"El Amor me creó a semejanza de Sí mismo"*[1]. Cuando dejamos entrar al amor podemos recordar nuestra auténtica Realidad, la cual trasciende todos los condicionamientos del mundo y todos los conceptos de la mentalidad egóica. Y cuando hablo de recordar me refiero a literalmente *experimentar*, a *actualizar* dicha Realidad en nuestra vida cotidiana, lo cual desde luego traduce todos nuestros pensamientos y actos a nuevas formas, a nuevos modelos y patrones de relación con nosotros mismos y con el mundo exterior.

Cuando experimentamos y actualizamos nuestra auténtica Realidad, entonces podemos establecer una moral personal que refleja lo que hemos descubierto por nosotros mismos, sin la necesidad de buscar la aprobación de los demás.

Esto es lo que se conoce como certeza. La certeza es el resultado de la experiencia personal, de uno haber descubierto por sí mismo aquello que es realmente significativo y fundamental. Cuando esto sucede, uno ciertamente tiene en cuenta lo que otros tienen para expresar o compartir; sin lugar a dudas. Pero la diferencia reside en que uno ya no busca más en los demás la certeza que sólo puede venir de la propia intuición. Cuando la creencia de que hay un poder externo a la propia conciencia desaparece, entonces desaparece también la ilusión de buscar externamente la propia certeza, porque uno ha encontrado y establecido contacto directo con la Fuente misma del Poder, que es Dios, o el Ser –o como lo queramos llamar. No importa qué nombre le demos a la Fuente del Poder, esa Fuente simplemente es, y es Todo lo que hay. Y al conectarnos con esa Fuente nos conectamos con todo lo demás y nos conectamos con la Inteligencia intuitiva del Corazón; la guía más certera que podemos encontrar en este mundo.

La moral, tal como la conocemos y la vivimos, está basada en el concepto aprendido de la separación. Cuando uno es un niño, uno no tiene conciencia del bien y del mal. El niño no ha sido aún condicionado ni contaminado por la opinión de los demás, por el punto de vista de otros con respecto al mundo. El niño vive aún en la pureza de la Conciencia sin noción de bien y mal. El niño es aún un ser contemplativo y no se ha convertido –todavía– en una máquina humana de conceptos, ni se ha desarrollado aún en él la capacidad analítica basada en el juicio y la discriminación intelectual.

Es importante afirmar que la actividad analítica de la mente condicionada se basa exclusivamente en el juicio, y que lo que comprendemos con dicha mente no procede realmente de la experiencia directa, sino de las impresiones alojadas en la mente a través de experiencias –ya sean nuestras o de otros– en el pasado. Un niño simplemente es y percibe todo de manera inocente, sin juicios. El niño no ha forjado aún un "yo" estable mediante el cual discriminar a los objetos y a las personas a su alrededor y juzgarlos a cada uno como diferente del resto. Como el niño no ha desarrollado aún una identidad definida con respecto a sí mismo, tampoco le atribuye una identidad separada a lo que le rodea. Podemos decir que el niño vive aún en un estado de Unidad, si bien se encuentra en un proceso de individuación en el que experimenta, de a ratos, estados característicos de una conciencia que se identifica a sí misma con la separación.

Lo que hace al niño un ser tan atractivo, lo que hace que queramos estar cerca de un niño, lo que hace que miremos a un niño y nos maravillemos con su presencia, su pureza, su espontaneidad; lo que hace que nos sorprendamos con su ligereza y nos deleitemos con su frescura es precisamente que el niño se expresa de manera libre, sin contracción, sin juicios, sin el condicionamiento de los valores que son luego inculcados en él por su entorno más inmediato, por su educación, por la sociedad en general y por el contacto en sí con el mundo exterior y sus constantes estímulos. El niño es demasiado frágil y vulnerable como para decidir por sí mismo qué quiere y qué no quiere aprender.

El niño adquirirá inevitablemente las características, los rasgos, los aspectos, las impresiones que reciba en su contacto con el mundo exterior, y todo esto irá integrándose en su sistema psico-físico, en su conciencia y en su cuerpo, como su temperamento, su carácter, su personalidad, como su sistema de respuesta -o reacción- ante el mundo exterior. En otras palabras, de acuerdo a este aprendizaje basado en los estímulos recibidos en el contacto con el mundo exterior, se irá construyendo –de manera inconsciente– su sistema de pensamiento; el modo de ver el mundo, la manera de procesar, analizar y comprender lo que el niño comienza a interpretar como una realidad objetiva. Y el proceso continúa, y, obviamente, es mucho más complejo que esto. Luego, el niño comienza a construir todo su sistema de defensas debido a que le enseñan la necesidad de protegerse contra los peligros del mundo exterior, contra las fuerzas que amenazan su existencia personal y contra todos y todo lo que está separado de él. Y es así que aprendemos el concepto de la competencia, de la lucha por la supervivencia, de "la victoria del más fuerte" y todas las demás ideas ridículas y descabelladas que se enseñan en este mundo.

Es así, entonces, que aprendemos a juzgar y a construir todo nuestro sistema de valores y creencias basados en la experiencia de la separación, aunque en realidad aprendemos la separación, no porque ésa sea realmente nuestra experiencia, sino porque ésa es la experiencia de otros que se transmite a nosotros a través de los mensajes que recibimos de aquellos que viven en y se identifican con la separación.

La buena noticia es que podemos desaprender todo este ridículo y absurdo sistema de creencias en cualquier momento, sí así lo deseamos. Esto es así porque la Conciencia original, la pureza y el estado de inocencia en el que vivíamos cuando eramos niños no se ha perdido, ni puede perderse jamás.

Todo el absurdo sistema de la religión basado en la idea del pecado, la culpa, el temor a Dios, etc., no es sino un intento por parte del hombre de mantener la ilusión de la separación vigente y de impedir que Despertemos a la verdadera espiritualidad y nos deshagamos de toda esta basura y tontería mundana, que insiste en que somos seres separados de Dios y de la Unidad de la existencia.

Pero el tiempo ha llegado en que muchos de nosotros estamos considerando seriamente la posibilidad de Despertar y de dejar atrás todas estas tonterías construidas por los hombres en su ignorancia y no-iluminación. Por todo lo que he expresado aquí, ahora, es que una de las Enseñanzas fundamentales del Gran Maestro Jesús de Nazaret sea que *"...para entrar en el Reino de Dios, debéis volveros como niños..."**2. Jesús no quiere decir con esto –lógicamente– que debamos volver al pasado y adquirir nuevamente la apariencia física -o la mente- de un niño; claramente, eso es imposible –e innecesario.

Pero sí podemos cambiar de mentalidad, transformar nuestra conciencia y liberarnos de todos los juicios, de todas las creencias falsas, de todos los conceptos aprendidos del pasado, y percibir el Universo con la misma inocencia con la que un niño contempla todo a su alrededor.

Esto sí es perfectamente posible, y es posible gracias al proceso de des-hacimiento de nuestro ego.
Como indica el título de esta sección, "bien y mal" son construcciones humanas basadas en juicios. Una moral construida en base a juicios tiene que ser necesariamente limitada y limitante. Esto es así porque los juicios se basan en experiencias del pasado y no en una experiencia directa de la Realidad en el presente. Por esta razón, cada momento presente es una nueva oportunidad para revisar nuestros valores y considerar sentidamente si la clase de moral que utilizamos para tomar nuestras decisiones y orientarnos en el curso de nuestra vida y destino, está realmente alineada con nuestras intenciones más genuinas y con nuestro verdadero Propósito espiritual en este mundo. Como nuestra percepción más inmediata y convencional está condicionada por –y

construida en base a– juicios de toda clase, personales y colectivos, una moral basada en los preceptos que nuestra percepción nos dicta tiene que ser necesariamente limitada y estar sujeta al temor, a la culpa y a la sensación de carencia que son siempre características del "yo", el ser separado, la mente analítica. Es imposible vivir en paz, con Sabiduría, con Inteligencia, con verdadera Libertad, teniendo como referencia una moral tan limitada, tan superficial, la cual es de hecho un obstáculo para que experimentemos un verdadero Despertar espiritual. La moral aprendida en base a los valores del mundo de la dualidad de "bien y mal" es un serio obstáculo para la realización de nuestra iluminación.

Tal como somos, en nuestro estado natural, original, somos seres ya iluminados. El mundo nos enseña a negar nuestra iluminación, y la religión es uno de los principales encargados de reforzar la ilusión de que vivimos en el "pecado" y en la "oscuridad". Creemos que vivimos en una pesadilla, cuando la verdad es que el Paraíso se encuentra aquí y ahora, justo donde nos encontramos.
Todo lo que vemos en el mundo es una construcción humana. Dios no creó el mundo. Dios es la Fuente de Todo, pero el mundo no es Su creación. El mundo es una fabricación humana, o mejor dicho, del ego humano.

Para poder vivir en esta sociedad demente y superficial en la que la Divinidad del ser humano se excluye de manera constante y a toda costa, es necesario establecer una moral a través de la cual pueda mantenerse el orden civil y a los individuos en un estado de aislamiento y falta de poder, y crear un sistema de valores mediante el cual se pueda dominar la conciencia de los individuos e impedir que éstos Despierten y reconozcan que su poder es en realidad el Poder del Universo, el Poder de la Unidad, el Poder espiritual.
Por esta misma razón crucificaron a Jesús. En el momento en que Jesús afirma *"Yo y el Padre somos uno"*[*3], las autoridades religiosas presentes deciden enviarlo a la crucifixión. Esto es porque dicha afirmación es una de gran poder y autoridad

espiritual, y supone una amenaza para las órdenes jerárquicas de la Iglesia, la religión "establecida", las supuestas "autoridades" políticas y religiosas.

La situación del mundo no ha cambiado un ápice, y muy posiblemente continúe de esa manera porque ésa es la naturaleza del mundo. Por eso, la solución que tanto Jesús como todos los demás auténticos Maestros espirituales proponen, es la trascendencia del mundo a través de un proceso espiritual de transformación, transfiguración e iluminación.

Nuestro propio cuerpo-mente, que ya es uno con la Luz del Ser, puede reconocer su condición original o estado natural y, mediante un Despertar de la Conciencia total que es el mismo cuerpo-mente –a través de una experiencia espiritual de re-nacimiento–, trascender de raíz todos los condicionamientos y hábitos que se alojan en la psique, en la memoria celular del cuerpo individual y que generan una y otra vez el mismo ciclo, la misma repetición y la misma ilusión de que estamos separados de Dios, de la Conciencia en sí, de la Totalidad.
Es importante entender cabalmente que la manera en que se mantiene a los individuos, a los seres humanos, viviendo en la ilusión del aislamiento y de la falta de poder, en la ilusión de la separación, en el sueño del mundo, es a través de la manipulación emocional basada en la sensación de temor y culpabilidad, en el sentimiento de la vergüenza, y ¿quiénes sino las religiones son las encargadas de impartir la teología "universal" mediante la cual dicha manipulación emocional es reforzada inconscientemente a través de los mensajes basados en la idea del pecado y su consecuente castigo? Es muy importante comprender la psicología que opera en esta manipulación, porque de este entendimiento depende nuestra Liberación.
Nuestra psique está gobernada por el inconsciente colectivo, el cual tiene como premisas fundamentales la idea del pecado, la vergüenza, la sensación de ser insuficiente e incompleto. Todos venimos al mundo y aprendemos de este inconsciente colectivo.

Pero debemos aprender a gobernar nuestra propia psique personal, y eso es lo que el verdadero proceso de individuación realmente es. Gobernar nuestra propia psique es lo que crecer, madurar, transformarse, volverse adulto realmente significa.

Para eso, como ya hemos dicho antes, tenemos que desarrollar nuevas facultades de auto-observación, auto-indagación, insight, entendimiento, así como implementar herramientas que han sido efectivas a lo largo de todas las eras en aquellos cuya dedicación ha sido la Liberación de su propia conciencia, el Despertar espiritual personal y colectivo, la Trascendencia, la iluminación.
Si no desarrollamos estas facultades ni utilizamos las herramientas disponibles para nuestra práctica; si simplemente vamos con la corriente -con la "masa"-, si no entrenamos nuestra mente y desaprendemos los caminos del mundo –que no son otros que la complejidad y la confusión en sí que rigen la actividad enjuiciadora de la mente racional o analítica, la mente discriminativa o conceptual–, entonces continuaremos nuestra vida en piloto automático permitiendo que nuestro destino sea regido por el inconsciente colectivo, por la culpa y el temor, por la teología del "pecado" y por las "leyes" de la separación. Esto conduce inevitablemente a repetir el ciclo de sufrimiento, envejecimiento, enfermedad y muerte, tal como el Buda se diera cuenta en el momento en que comenzó su jornada espiritual de iluminación.
El Buda Sakyamuni, nacido príncipe, quién vivió hasta la edad de veintinueve años dentro de los confines del palacio en el que su propio padre, el rey, gobernaba, ignoraba las realidades del mundo exterior, y sólo conocía la vida de lujo y prosperidad material que es propia de una persona de su clase. Destinado a convertirse en un rey tal como lo era su propio padre, mantenido por éste dentro de las murallas que cercaban la vida de élite propia de la realeza para impedir que el propio Sakyamuni tomara contacto con las demás realidades que son también características de este mundo desigual –la pobreza, la escasez, la violencia, etc.–, el Buda

decidió un día marcharse, y fue en el momento en que tomó contacto con las realidades del mundo exterior que expresó: "En el mundo existen el sufrimiento, la vejez, la enfermedad y la muerte". Éste fue su primer insight, el cual obviamente fue devastador para él, ya que sólo conocía las realidades de lujo y prosperidad, comodidad y placer, propias de una persona nacida en el marco de su clase social, en el contexto de la realeza.

Pero su insight no terminó allí. Tal como estaba destinado a ser, tal como era su función en la Tierra, dentro del Corazón del Buda despertó la certeza de que "debe existir un Camino para trascender el sufrimiento, la vejez, la enfermedad y la muerte". O en palabras de *Un Curso de Milagros*, "...tiene que haber otra manera". Para seguir esta otra manera, o para elegir el Camino para trascender el sufrimiento, es necesario deshacernos de nuestra moral aprendida y establecer personalmente, con Libertad, la clase de valores y principios que realmente, en nuestro Corazón, deseamos cultivar en nuestras vidas.

La Enseñanza y Demostración del Buda nos muestra que es necesario trascender la moral social y cultural, las ideas de clase, raza y casta con las que hemos sido educados según nuestro entorno, para poder adentrarnos sin temor en el dominio de la iluminación.

Para poder deshacernos de –o desaprender– todas estas ideas relacionadas con nuestro aprendizaje condicionado e ingresar en el dominio de la iluminación, debemos comenzar a practicar la meditación. La meditación es una excelente herramienta –utilizable en todo momento– para purificar nuestra conciencia de sus hábitos y tendencias condicionadas, y para liberarla de su identificación con el espacio-tiempo. Cuando meditamos nos adentramos, de alguna manera, en la Eternidad. Rompemos la identificación con el cuerpo y permitimos que nuestra conciencia sea libre de las preocupaciones y del estrés propio de la tensión que produce la existencia corporal. A través de la meditación podemos establecer un sistema propio de valores y decidir con Libertad cómo queremos vivir en el mundo y cuál queremos que sea nuestro destino.

En la quietud de la meditación podemos abandonar los juicios y la tensión que éstos producen en nuestro proceso de pensamiento. En la Luz de la meditación nuestros pensamientos se purifican. En la Presencia espiritual que encontramos en la meditación nuestros pensamientos se ordenan naturalmente. La meditación es mucho más potente que dormir, más reparadora que el sueño y es el mayor descanso que el cuerpo-mente puede procurar para sí mismo. Podemos dormir mucho y no descansar, porque el descanso no depende de la cantidad de horas de sueño sino de la calidad del mismo. *Cantidad no es lo mismo que calidad.* Podemos meditar unos minutos, con plena conciencia, y eso se vuelve un descanso mucho más potente que mil horas de sueño en la inconciencia.

La meditación nos enseña que el "bien" y el "mal" no existen, sino que son más bien construcciones propias de la mente humana, la cual vive bajo la creencia de que los juicios son necesarios para organizar nuestra vida. Para que podamos vivir nuestra vida en armonía, para que podamos gozar del auténtico bienestar, para que podamos vivir plenamente a nivel espiritual, psíquico, emocional y físico es preciso, justamente, abandonar nuestros juicios. Esto es lo opuesto a lo que hemos aprendido en este mundo. Sin embargo, nada de lo que el mundo nos ha enseñado contribuye realmente a nuestro bienestar, sino más bien todo lo contrario.

El mundo nos enseña a funcionar civilizadamente a nivel social, familiar e institucional, pero no nos enseña a vivir como individuos iluminados, que es para lo que realmente estamos aquí.

Únicamente podemos ser realmente Felices si vivimos como individuos iluminados en la dimensión de la iluminación. Nuestro Corazón no estará realmente contento salvo realizando, actualizando y viviendo esta Realidad, que si bien no excluye al mundo, "no es del mundo".

La Libertad es nuestro derecho de nacimiento. Si la dualidad "bien y mal" es real, si se trata de una moral impuesta por el Universo, entonces no podemos elegir libremente qué principios son realmente valiosos para nosotros, y terminaremos viviendo la vida que el mundo quiere que vivamos o la vida que otras personas desean que vivamos, o la vida que nuestro inconsciente programado pretende para nosotros, pero no crearemos nuestra propia vida desde nuestra intención más genuina, desde el Llamado de nuestro Corazón.

Tenemos que re-conectar con el Llamado de nuestro Corazón para poder vivir cada instante de nuestra vida con abundante Conciencia, con abundante sentimiento, con abundante creatividad, con abundante insight, con abundante Poder y con abundante Libertad.

En otras palabras, tenemos que priorizar nuestra conexión o contacto consciente con lo Divino a cada instante, para que podamos desplegar y poner en marcha las herramientas con las que nuestro verdadero Ser está dotado.

Nuestro verdadero Ser es infinito, sin principio ni final, sin tiempo ni espacio, sin límites de ninguna clase.

Para poder vivir en alineación con nuestro verdadero Ser es necesario que establezcamos contacto consciente con el dominio de nuestro verdadero Ser. Nuestro verdadero Ser está siempre ahí, siempre es, nunca cambia y siempre está accesible; pero si nosotros no ejercitamos nuestro contacto consciente con Él, nuestra asociación íntima con Él; si no cultivamos nuestra relación espiritual con Él, de nada nos sirve su Presencia y simplemente continuaremos repitiendo una y otra vez en nuestra vida en el mundo los mismos patrones, los cuales están basados en el inconsciente colectivo, en la moral social y en los valores familiares, culturales e institucionales del mundo del ego.

Tenemos que romper con todo ese condicionamiento y llegar a ser nosotros mismos. La auténtica Felicidad proviene de ser uno mismo en asociación íntima con Dios, el Poder del Universo.

La Llamada del Universo a ser nosotros mismos está siempre ahí en el momento presente, ahora mismo, pero solemos no escucharla debido a que escuchamos a la voz del ego, a la voz del condicionamiento de la mente programada por el mundo, para mantenernos en un aprisionamiento que es auto-impuesto y elegido inconscientemente por uno mismo.

La Alternativa a la mente programada por el condicionamiento del mundo es el Despertar, aquí y ahora.

Y se trata de una decisión perfectamente consciente. Nuestra voluntad es en efecto el poder más grande del Universo, y es mediante él que tomamos todas nuestras decisiones. *Podemos elegir continuar durmiendo o Despertar, dependiendo de nuestra propia decisión.* Con la decisión de Despertar llega a nosotros toda la Felicidad del Universo. Con la decisión de continuar durmiendo persiste en nosotros el sufrimiento y la sensación de separación característicos de la identificación con el "yo", con el falso ser –o ser construido por la mente condicionada–, con el ego-cuerpo. De hecho, el Propósito de nuestra vida es Despertar; es decir, romper con el condicionamiento heredado y aprendido en el pasado, y renacer en el presente a la Conciencia de nuestro verdadero Ser, el cual es infinito y eterno y el cual abarca a todas las cosas. Con este Despertar llegan todas las demás cosas que son necesarias para vivir con plenitud, abundancia y Sabiduría;

"*Busca primero el Reino de Dios y todas las demás cosas te serán añadidas*"*4.

Si nos alineamos a nivel espiritual, mental, emocional y físico con la Ley espiritual, todo lo que realmente necesitamos para nuestro auténtico bienestar llega a nosotros sin problemas, de manera natural y espontánea, de un modo "milagroso". En otras palabras, si dejamos que la Energía del Despertar infunda todo nuestro cuerpo, todas nuestras células, todo nuestro ser, todo nuestro mundo, todo nuestro universo, todos nuestros pensamientos, sentimientos y acciones, viviremos en el Reino del Ser incluso en este mundo. Ésta es una experiencia poco común, pero sin duda necesaria –e inevitable. Porque el Ser es lo que somos. Y vivir contrariamente a la Voluntad de nuestro propio Ser es una locura demasiado frecuente, una en la que los seres humanos incurren en su inconciencia de la Ley espiritual.

Alinearnos con la Ley espiritual requiere fe, además de coraje e inteligencia. Y requiere considerar los propios valores; supone abandonar aquellos que hemos aprendido que no resuenan con la intención de nuestro Corazón, e integrar aquellos que sí resuenan. Pero por sobre todas las cosas, para alinearnos con la Ley espiritual debemos abandonar todos nuestros juicios. Esto no es fácil porque la mayoría de ellos, que son creencias inconscientes, se encuentran profundamente arraigados en nuestra psique.

Nuestra psique no distingue entre pasado, presente y futuro; es la mente condicionada la que lo hace. Por lo tanto, las creencias del pasado, los aprendizajes que recibimos del mundo a través de las personas que en una u otra ocasión fueron responsables por nuestro crecimiento y educación, por impartir conocimiento a nosotros, continúan vigentes hasta que los examinamos minuciosamente con atención plena en el presente. Lo que fue pasado continúa siendo ahora hasta que lo examinamos minuciosamente y lo traemos a la conciencia.

Cuando nos volvemos conscientes de la fuerza que este condicionamiento tiene en nosotros y observamos cuánto de nuestra vida dicho condicionamiento gobierna, en ese instante es que podemos reunirnos con la inspiración y la fuerza para cambiar, en el ahora.

Éste es el poder del instante presente: que en él podemos renacer a cada momento.

Éstas son la Gracia, el Poder y la Misericordia del Dios Viviente, de la Energía del Universo, de la Luz de la Conciencia a través de la Agencia del instante presente. La Vida en sí no nos demanda la repetición de nuestros viejos patrones, hábitos, esquemas de pensamiento y emoción inconscientes; en otras palabras, la Vida en sí no dispone sufrimiento para nosotros.

Nosotros mismos creamos el sufrimiento a través de nuestra ignorancia, de nuestra disociación de la Ley espiritual.

La Vida en sí nos regala a cada instante la oportunidad de renacer y de Despertar a una nueva Conciencia, a una nueva existencia, a una nueva Presencia que se caracteriza por la paz, la dicha, el éxtasis, el bienestar y la iluminación misma. Ésta es la Enseñanza fundamental de toda verdadera Espiritualidad. Éste es el verdadero perdón que se encuentra en la raíz de todas las religiones.

El verdadero perdón consiste en un cambio de mentalidad que se lleva a cabo en el ahora y que nos libera del tiempo lineal, de la noción de que estamos sujetos a las leyes del espacio tal como el mundo las entiende.

Como vimos antes, el espacio-tiempo es relativo, al ser un atributo que se proyecta desde la conciencia, la cual es subjetiva y no una propiedad absoluta, objetiva, externa al sujeto. Cuando pensamos en el espacio-tiempo como una propiedad absoluta externa a la conciencia que somos, estamos viviendo según la moral del mundo que dicta nuestro destino de acuerdo a valores convencionales y mediocres. Cuando pensamos según esta mentalidad materialista, según el paradigma de la objetividad, estamos dándole nuestro Poder personal –que es inherentemente espiritual– al programa del mundo y renunciando a nuestra verdadera herencia, que es el ejercicio consciente de nuestra responsabilidad como seres individuales, y como colectivo, a fin de establecer la paz personal y la armonía del colectivo por el bienestar de todos los seres.

Lo cierto es que, tal como afirma *Un Curso de Milagros*, tenemos una relación con toda la Filiación, con toda la humanidad como una sola Familia, con la Unicidad de la Conciencia singular del Ser que somos y que compartimos. Tenemos una relación con todos los seres aunque, lógicamente, establecemos relaciones concretas con fines bastante específicos. Y eso está bien.

El problema es cuando nuestras relaciones concretas se convierten en una fuente de sufrimiento y descuidamos la relación que tenemos con la Totalidad. A medida que nos integramos psíquicamente y crecemos emocionalmente, a medida que sanamos nuestra mente y trascendemos los patrones emocionales infantiles y limitantes, las reacciones egóicas basadas en la sensación de insuficiencia y carencia, empezamos a disfrutar de la relación personal que tenemos con la Totalidad, con toda la Filiación, con todos los seres, con Dios.

Ésta es una clase de relación muy distinta a la que hemos aprendido en el núcleo de nuestras familias e instituciones.

Hemos aprendido a proteger a nuestro ego, a nuestra identidad, a través de defensas que llamamos juicios. Dichos juicios constituyen lo que se conoce como la "moral". La moral es un sistema de valores basado en lo que se supone que uno "debe" hacer –lo que es "bueno"– y lo que uno no "debe" hacer –lo que es "malo".

Esta moral social y cultural, que opera tanto a nivel interno como externo, es el mayor obstáculo para que podamos ejercer el poder de nuestro pensamiento libremente y liberarlo de la culpa, el miedo y la vergüenza, para que podamos finalmente llegar a ser *nosotros mismos* y vivir en base a principios realmente iluminados e iluminadores, y a ser verdaderos agentes de cambio, transformación y Despertar en el mundo.

TODAS LAS EXPERIENCIAS, CIRCUNSTANCIAS, RELACIONES, CONDICIONES Y ESTADOS EN NUESTRA VIDA SON GENERADOS O PRODUCIDOS POR NUESTRO CAMPO ENERGÉTICO, EL CUAL ESTÁ COMPUESTO POR EL CUERPO PSÍQUICO, EL CUERPO EMOCIONAL, Y EL CUERPO FÍSICO.

Nuestro campo energético es una estación o antena receptora y emisora de ondas o frecuencias. Nuestro cuerpo-mente es como un instrumento de recepción y emisión de Energía universal o cósmica, de vibraciones sutiles que son imperceptibles para el ojo físico. Por eso se ha dicho que nuestro cuerpo es el templo del Dios Viviente.

Lo que ello quiere realmente decir es que es a través de este mecanismo sutil e invisible de intercambio de energía y fuerza con el cosmos que nos relacionamos con toda la creación. En otras palabras, a través del vehículo de nuestro cuerpo-mente estamos en relación con este dominio cósmico de existencia, afectando y siendo afectados por todo tipo de fuerzas y energías que se encuentran en constante movimiento y operación.

Cada uno de nosotros decide el tipo de comunicación que establece con el Universo.

Todo en nuestra vida está determinado por nuestro propio campo energético, a través de nuestro cuerpo psíquico –pensamientos, ideas y creencias–, nuestro cuerpo emocional –emociones y sentimientos– y nuestro cuerpo físico –acciones. Estos aspectos de nuestro campo energético constituyen una totalidad que, independientemente de su modo de operación y sus resultados, es coherente en sí misma.

Todas las condiciones objetivas de nuestra vida son el resultado de nuestro estado subjetivo.

Esto es una Ley. No ocurre nada en nuestras vidas que no sea el efecto de una causa que se encuentra en nuestro propio cuerpo-mente. Si investigamos nuestra propia vida honestamente descubriremos que esto es realmente así. Cuando digo investigar honestamente me refiero a examinar sin juicios. Somos dignos de amor y compasión, de ternura y cariño, no de condena y castigo, de culpa y reproche.

Realmente, si nos contempláramos tal como el Espíritu nos contempla, no podríamos ni siquiera concebir el mal trato hacia nosotros mismos o los demás.

La culpa, el temor, el castigo, la idea del pecado y todas las demás distorsiones basadas en la separación de Dios no son sino invenciones del ego, o tal como lo dice *Un Curso de Milagros*, "imaginaciones febriles" de una mente realmente enferma en necesidad de curación.

"Los conceptos se aprenden. No son naturales ni existen a menos que se aprendan. No son algo que se te haya dado, de modo que tienen que haberse forjado. Ninguno de ellos es verdad, y muchos son el producto de imaginaciones febriles, que arden llenas de odio y de distorsiones nacidas del miedo"[1].

Hemos sido educados bajo los dictados de las emociones de la culpa y del miedo, y ello no tiene por qué ser así. *Despertar al ahora es el método más directo para nuestra Liberación.* Romper la identificación inconsciente con los condicionamientos de los distintos cuerpos que componen nuestro campo energético, es el medio para liberarnos en el presente. Para esto es sin dudas necesaria la auto-observación, es decir, la indagación atenta y minuciosa de todos los contenidos que solemos dar por sentado como nuestra realidad, los cuales identificamos inconscientemente como nuestra "identidad", como lo que aparentemente somos, como todo nuestro mundo. Todo aquello que no se examina y permanece inconsciente, se mantiene como un motor que fabrica nuestra experiencia y nos mantiene dormidos en la sensación de impotencia e irresponsabilidad.

Todo lo que no es consciente es inconsciente. Lo que se vuelve consciente vive en la Luz; lo que permanece inconsciente vive en la oscuridad. Lo que vive en la Luz extiende de sí mismo en todas las direcciones e incluye todo dentro de sí, mientras que lo que permanece en la oscuridad se mantiene disociado de todo, alimentándose del temor y reforzándose a sí mismo en el aislamiento.

Lo importante aquí es simplemente reconocer que nada ocurre por accidente, que nada es casualidad y que nada nos sucede por suerte o azar. Todo lo que experimentamos es una experiencia, una circunstancia, una relación, una condición o un estado que nosotros mismos hemos creado o fabricado. Y ello puede cambiar si modificamos la fuente de la cual todo ello nace: nosotros mismos, o mejor dicho, nuestra conciencia.

Lo que debe cambiar es la esencia de nuestra conciencia, aquello que es fundamental en ella. Lo que debe cambiar es la creencia-raíz. Y sólo existen dos alternativas entre las cuales creer o elegir: una es la creencia en la separación y la otra es la certeza de la Unidad –de quiénes somos realmente. De estas dos alternativas se derivan todos los demás procesos y resultados que operan en nuestra vida. Por eso, debemos trabajar con nosotros mismos primero, antes de trabajar con cualquier otra persona o cualquier otra cosa; antes de intentar cambiar a alguien o algo, debemos llevar a cabo la práctica de transformar nuestra propia conciencia. Como dije antes, el método más directo para transformarnos es permanecer alertas, estar atentos y vivir en alineación con el momento presente, poniendo todas nuestras facultades al servicio de este entrenamiento del cuerpo-mente, de este ejercicio de verdadera conciencia.

Nuestros pensamientos se purifican naturalmente si no dejamos que nuestra mente divague. Si concentramos nuestras facultades psíquicas momento a momento en la práctica de esta transformación, nuestra atención se liberará de sus hábitos de pensamiento condicionado y, naturalmente, nuestras circunstancias serán también modificadas.

Tenemos que asumir el hecho de que el pensamiento es causa y las condiciones externas un efecto, y dejar de ser ambiguos a este respecto. Una vez que aceptamos este hecho, entonces cambiar se vuelve algo sencillo. En lugar de querer modificar las experiencias, las circunstancias, las relaciones, las condiciones y los estados tal como se presentan en nuestra vida, canalizamos todos nuestros esfuerzos al propósito de cambiar de mentalidad, de modificar la naturaleza de nuestros pensamientos, de nuestras emociones y de nuestras acciones. Introducimos un cambio en los cuerpos psíquico, emocional y físico, en lugar de tratar de controlar estratégica y "mágicamente" los sucesos del mundo exterior.
Esto produce resultados maravillosos rápidamente. Si cambiamos nuestra mente de verdad, no tenemos porqué esperar mucho tiempo –siquiera poco– para apreciar cómo cambian las condiciones objetivas de nuestra vida. Esto es así porque, como afirmamos antes, el espacio-tiempo es una proyección de la conciencia. La conciencia y el espacio-tiempo ocurren de manera simultánea, y la impresión de que lo uno y lo otro están separados no es sino una ilusión de la mente egóica. Un milagro no es un acto de magia, sino simplemente el cambio de mentalidad que estamos describiendo aquí.

Un milagro es la conciencia de que somos la causa de lo que nos sucede y no el efecto. Un milagro es la restauración plena del poder en nuestra propia mente mediante la transferencia de dicho poder, desde las proyecciones inconscientes de nuestro ego, a la Conciencia desde la que dicho poder realmente emana.

Detrás de una experiencia siempre existe una creencia. Lo que creemos lo experimentamos. Cuanto más conscientes somos de cuáles son nuestras creencias, mayor libertad tenemos para elegir cambiarlas. Debemos examinar tanto nuestras creencias como nuestra experiencia y encontrar allí la conexión. La ventaja de este proceso es que en cualquier momento podemos elegir modificar una creencia si simplemente nos volvemos más y más conscientes de ella. La experiencia cambiará como resultado. Tenemos, como dije anteriormente, que llegar a la raíz. Y la raíz siempre es un concepto que tengo de mí mismo, una idea acerca de quién soy que determina la clase de frecuencia en la que vibran mis distintos cuerpos: el psíquico, el emocional y el físico. Estos cuerpos reciben su alimento del Cuerpo universal, que es puramente espiritual. Del Cuerpo espiritual reciben su energía el cuerpo psíquico, el cuerpo emocional y el cuerpo físico. El modo en que esa energía se distribuye y organiza en los distintos cuerpos depende del mecanismo de la conciencia.

Existe una decisión que determina la manera en que la Energía universal será ordenada, distribuida y organizada en los distintos cuerpos. Esa decisión, que es fundamental, es determinada por el concepto o idea que tenemos de nosotros mismos.

De esta idea se derivan las creencias que gobiernan nuestra experiencia, y es así que se forma un circuito que se retroalimenta –sin que seamos conscientes de ello– y se refuerza a sí mismo, aparentemente sin que nuestra voluntad tenga la capacidad para cambiar el curso o la mecánica propia de dicho circuito.
Lo cierto es que a cada momento podemos alterar el curso de dicho circuito. Depende de nosotros el hacerlo. Depende de nuestra voluntad, y, por supuesto, de la Gracia Divina. Nuestros esfuerzos solamente son insuficientes, pero nuestros esfuerzos combinados con el poder de la fe en un

Poder Superior se convierten en una fuerza tan potente como el Universo mismo.

"Tus esfuerzos, por insignificantes que sean, están fuertemente respaldados. Sólo con que te percataras de cuán grande es esa fortaleza, tus dudas desaparecerían"*2.

Todos nuestros aparentes problemas desaparecerían en un instante si tan solo recordáramos quiénes somos realmente. Pero ello no es tan fácil de decir como de demostrar. Por eso necesitamos la práctica de todos los días, de momento a momento, para deshacer el condicionamiento aprendido desde tiempos inmemoriales. Necesitamos un entrenamiento especial para modificar nuestros patrones, hábitos y condicionamientos, los cuales se alojan en el inconsciente y se proyectan hacia los distintos cuerpos, los cuales a su vez determinan la clase de experiencia que tendremos en este mundo manifiesto.

Como vimos antes, todo es Energía. Ésta es una Ley. No solamente es una Ley, sino que es la Verdad. Todo es Luz vibrando en diferentes frecuencias de Energía. Ésa es la manera en que este mundo se mueve, en que esta manifestación cósmica opera. Por lo tanto, nosotros, como individuos, somos en sí un campo de Energía. No podemos ser otra cosa. No somos sólidos. El cuerpo físico con el que solemos identificarnos y al cual le permitimos que nos dicte quiénes somos, no es sino la parte más sólida de quiénes somos. Pero es tan sólo una parte. Al cuerpo físico –el vehículo encargado de la acción en el mundo físico– le sigue el cuerpo emocional –encargado de traducir la Energía de los pensamientos en fuerza disponible para la acción y sus consecuentes resultados–, y al cuerpo emocional le sigue el cuerpo psíquico –el dominio de los pensamientos, los cuales reciben la Energía del Cuerpo espiritual, de la Conciencia universal. Todo este sistema que se retroalimenta de momento a momento emite una determinada onda o frecuencia vibratoria que atrae más de sí misma. Es éste un sistema de gran poder, porque como afirmé anteriormente, se trata de un sistema que es en sí mismo perfectamente coherente y obtiene los resultados para los cuales ha sido diseñado.

Para modificar nuestra experiencia, por lo tanto, debemos comenzar con el nivel de causa, el cual radica en el nivel del pensamiento. Es en el nivel del pensamiento donde encontramos el poder de nuestra propia intención. Y es esta intención la que debemos revisar antes de seguir adelante. ¿Cuál es nuestra intención más profunda y genuina? ¿Qué es lo que realmente deseamos en la vida? ¿Cuál es el destino que anhelamos? ¿Hacia dónde –o en qué dirección– se canalizan todos nuestros esfuerzos? ¿Al servicio de qué ponemos todas nuestras facultades? Debemos hacernos estas preguntas primero para poder clarificar cuál es nuestra intención; no nuestros deseos más superficiales, los cuales emergen de la mente condicionada o ego, sino los deseos de nuestro Corazón, aquellos que están en consonancia con la naturaleza misma de nuestro Ser espiritual más íntimo.

Nuestra intención más profunda tiene que ver con el deseo de nuestro Corazón y no con los deseos del "yo", que son los deseos que surgen como resultado de una sensación de carencia, de ignorar quiénes somos realmente.

Jesús, por ejemplo, sanaba a los enfermos con facilidad –y también resucitaba a los muertos–, convertía el agua en vino, multiplicaba los alimentos, calmaba las aguas del mar, entre tantos otros milagros que obraba –el más grande de todos ellos, la Resurrección o regeneración misma de su forma corporal–, debido al Poder que emanaba de su campo de Energía, al estar él en perfecta comunicación con la Mente universal, con el Dios Viviente, con la Totalidad. Su campo de Energía afectaba todo a su alrededor, restaurando la salud de aquellos que acudían a él en busca de ayuda y curación. Pero los milagros de Jesús se obraban también debido a la fe de aquellos que acudían a él; el poder de Jesús solamente no era suficiente. La fe de aquellos que acudían a él era necesaria para que se obrase el milagro. Por eso Jesús, al efectuar una curación, siempre afirmaba: *"Tu fe te ha sanado"*.

Jesús no tiene más poder que tú o que yo; el poder de Jesús provenía directamente de su contacto consciente con Dios. Y todos compartimos de igual manera la Mente de Dios.

Por esa misma razón es que Jesús declaró *"...obras como éstas o más grandes harán también ustedes..."*[3]. Todos compartimos la misma Mente porque todos compartimos el mismo Ser. Nos curamos al establecer un contacto consciente y directo con esta Mente, este Ser que es nuestra Fuente, nuestra Vida, nuestra propia Conciencia. Volviéndonos cada vez más íntimos y afines con esta Fuente, esta Conciencia, elevamos naturalmente nuestro campo energético y todos nuestros cuerpos se purifican de su egoidad, de su condicionamiento, de su programación, de su destino mediocre basado en la sensación de separación y carencia, en el temor, en la culpa y en la emoción de la insuficiencia.

Podemos experimentar un empoderamiento espiritual en el ahora si elevamos nuestra frecuencia y permitimos que una vibración más alineada con el Espíritu reemplace a nuestros viejos esquemas de pensamiento y emoción.

Esta nueva vibración, esta frecuencia más elevada nos provee de pensamientos espirituales que, en lugar de proyectar más de la misma energía limitante en la forma de circunstancias y eventos aparentemente negativos, extienden nuestro Ser espiritual en todas las direcciones y expanden nuestras facultades psíquicas a nuevos niveles de integración y funcionamiento.
A diferencia de lo que el mundo nos ha enseñando, debemos volvernos a la Fuente, a la Vida en sí, a Dios, a la Conciencia en sí para elevar la vibración de nuestro campo energético. Esto genera que nuestros cuerpos psíquico, emocional y físico emitan una nueva frecuencia que es capaz de atraer otra clase de experiencias, circunstancias, relaciones, condiciones y

estados a nuestra vida. Si algo no nos gusta, si cualquier cosa nos desagrada, si no estamos satisfechos con lo que sea, en lugar de quejarnos e insultar al Universo, deberíamos simplemente volvernos a Dios en la quietud, en meditación, y allí, mediante el poder de la oración, elevar nuestra propia vibración para que nuestras creencias sean modificadas y nuestros pensamientos purificados, y para que todos nuestros cuerpos puedan así elevar su frecuencia y atraer a nuestra experiencia otra clase de circunstancias, relaciones, condiciones y estados. Éste es el poder de la oración sentida y silenciosa.

Realmente no tenemos que hacer nada excepto ingresar a nuestro "cuarto secreto" y allí, en el altar de la intimidad de nuestra mente y de nuestro Corazón, elevar una plegaria honesta por un cambio y allí mismo dar gracias de que nuestro pedido haya sido escuchado.

Ninguna de nuestras oraciones queda sin responder. Si los resultados no nos gustan, entonces es nuestra oración la que debe ser modificada.

La oración más poderosa es la de la gratitud, aquella que afirma el logro, aquella que da por hecho lo que se pide.

La oración en forma de súplica no es la más efectiva; al contrario, genera más de lo mismo. La súplica da lugar a más suplica. Pero la oración de gratitud sí que funciona. Si nuestra gratitud es genuina y confiamos en el poder de nuestra oración, entonces no habrá nada que no se haga para que podamos ser testigos del milagro contenido en el poder de nuestra oración.

Cuando oramos tenemos que sentir, con todo nuestro Corazón, que el Universo entero está escuchando nuestra plegaria y respondiendo de inmediato a ella.

No debemos dar lugar a la duda. Debemos afirmar lo que pedimos en la oración y llenar nuestra oración con el sentimiento de la fe perfecta. Debemos imbuir nuestra oración con la fuerza de nuestra respiración consciente. *Y ahí mismo, en el altar en donde depositamos nuestra oración, debemos establecer contacto consciente con el Dios Viviente.* Nada que pidamos nos puede ser negado si oramos con tal intensidad y ahínco. El poder de nuestra voluntad es semejante a la Voluntad del Universo. En la oración recuperamos la conciencia de que nuestra voluntad y la Voluntad universal son una y la misma.

Lo que realmente somos es, simplemente, Perfecto en sí mismo. A esta conciencia de Perfección se le puede llamar, tranquilamente, iluminación.

Sin embargo, en esta encarnación particular, en esta experiencia concreta de existencia individuada, la Perfección parece ser una meta poco realista de alcanzar. Lo cierto es que la Perfección ya es y nosotros somos Eso, no importa lo que pensemos, digamos o hagamos. Pero en este nivel en el que funcionamos, el nivel humano, es importante conocernos a nosotros mismos y conocer la mecánica de la existencia particular en la que operamos. Por esta razón es que es importante entender cómo es que nuestra experiencia se hace carne en nuestra realidad concreta.

Lo cierto es que es a través de los distintos cuerpos y centros de Energía –chakras*4– que manifestamos y atraemos la realidad en la que vivimos. Y sólo cada uno de nosotros, individualmente, es responsable por la clase de vida y experiencia que tiene y manifiesta.

Cada uno de nosotros, al ser un centro causal de manifestación, una especie de Dios en miniatura –en el sentido de que disponemos del mismo Poder y de la misma Energía que la Fuente de la existencia es y posee–, crea el campo energético desde el cual manifiesta la clase de realidad en la que vive. En ese sentido, no hay nadie más...no hay nadie más que sea responsable por nuestro destino. Otras personas pueden representar una influencia en el modo en el que pensamos y configuramos nuestra realidad, ya sea para bien o para mal, pero siempre porque nosotros le damos el poder para que lo hagan.

> *El Poder que vive en nosotros es un Poder más allá de la dualidad; es singular. Así opera el Poder del Universo.*

El poder de decidir es siempre nuestro, y no existe nada más allá de nosotros, individualmente, que determine la clase de experiencias, circunstancias, relaciones, condiciones y estados que pueblan la película de nuestra vida. Por lo tanto, es importante hacer los ajustes que sean necesarios en nuestro propio campo energético, y llevar a cabo las modificaciones pertinentes en cada uno de los cuerpos que configuran nuestro campo energético, para así manifestar una clase de experiencia que sea lo más consciente posible, lo más alineada posible con nuestro verdadero Propósito, con nuestra auténtica voluntad, con el Dios Viviente que es nuestra Fuente y Cuya Voluntad es nuestra perfecta Felicidad.
Un Curso de Milagros enseña que,

> *"La Voluntad de Dios para nosotros es perfecta Felicidad"**5.

Nada en el mundo de la forma puede hacernos felices. Nada externo a nosotros puede realmente satisfacernos o llenarnos de manera última o definitiva. Ése es un hecho y es el Descubrimiento de los Grandes Maestros y Héroes espirituales de todos los tiempos. *Puede también ser tu propio Descubrimiento.* Pero no se trata de quedarse allí y dejarse abatir por una sensación de depresión y de angustia existencial.

> *Se trata de trascender la ilusión de que hay algo de lo que carecemos y de encontrar la verdadera Felicidad, la cual sólo se puede encontrar en la comunión con Dios, en la comunicación directa con la Fuente del Universo. Porque nosotros ya somos Eso.*

Tratar de ser Felices partiendo de una sensación de falta, insuficiencia o carencia conducirá inevitablemente al fracaso. Eso es así porque la Conciencia que somos originalmente es Todo lo que hay. No podemos añadirle ni restarle nada. Realizar esta Verdad es fundamental para nuestro bienestar y para el desempeño de una vida correcta, una vida en armonía con la Ley espiritual.

Abandonar o renunciar al deseo de obtener por el impulso natural de dar nos alinea con la Ley espiritual, porque nos pone en comunión y comunicación directa, en el presente, con el Dador.

Lo cierto es que somos semejantes al Dador. Por lo tanto, sólo podemos conocer la verdadera Felicidad, la perfecta Felicidad, si vivimos en el modo de dar, con una actitud de servicio y con una disposición de entrega. Una manera rápida de modificar nuestro campo energético es volviéndonos conscientes en nosotros del deseo o la "compulsión" de obtener -que siempre procede del ego en nosotros-, y permitir que este deseo sea substituido por el impulso natural de dar que vive en nosotros. Querer obtener –lo que sea– es antinatural, mientras que querer dar es el impulso natural del Corazón. El mundo nos ha enseñado que obtener es la manera de conseguir lo que queremos y de alcanzar la plenitud.

Pero según la Ley espiritual, es únicamente dando como podemos conseguir lo que realmente queremos –y conservarlo.

Nuestro cuerpo mental o psíquico debe transformarse de modo que las ideas que albergamos habitualmente puedan cambiar de raíz. En lugar de manejar ideas de posesión, de acumulación; en lugar de constantemente diseñar estrategias para "tener" más, para darle más objetos al "yo" a través de los cuales éste pueda sentirse seguro, cómodo y orgulloso de sí mismo, sería de gran ventaja abrir la mente a nuevas ideas que estén relacionadas con la verdadera abundancia, la cual siempre proviene de un acto de dar. Cuando transformamos nuestra mente de esta manera, el Universo entero se arrodilla literalmente ante nosotros, y contemplamos innumerables oportunidades para que el verdadero milagro de la abundancia se manifieste en nuestra vida.

Tenemos perfecto derecho a la abundancia porque el Universo es abundante. El Dador es la Fuente de la abundancia misma, pero tenemos que cumplir con la Ley del Universo, con la Ley espiritual, que es la Ley del dar, la Ley de la confianza, la Ley del compartir. Todo el sistema de pensamiento de *Un Curso de Milagros* apunta a nuestra decisión de aceptar la Expiación para nosotros mismos, y la Expiación es

> *"una lección acerca de cómo compartir"**5.

En otras palabras, la meta del entrenamiento mental de *Un Curso de Milagros* consiste en la experiencia de Revelación a través de la cual realizamos que ya *somos* –y que, por lo tanto, *tenemos*– todo. La falta y la carencia son percepciones erróneas que necesitan justamente ser corregidas a través del perdón, del milagro, lo cual conduce a una nueva percepción y a una nueva idea de uno mismo basada en la Unidad, y no en la sensación de separación de Dios.

> *"La única carencia que realmente necesitas corregir es tu sensación de estar separado de Dios"**7.

No importa cuánto intentemos mejorar nuestra vida modificando lo que parece ser externo, los factores aparentemente objetivos, las personas, los lugares y las cosas que nos rodean, a menos que modifiquemos nuestros pensamientos y nuestras emociones, nos pasaremos la vida entera –o varias vidas– sumidos en la misma ilusión de que existe una realidad objetiva cuya voluntad es más fuerte que la nuestra, o cuyos deseos se oponen a los nuestros.

La verdad es que el conflicto es siempre interno, y su causa está siempre en nuestra propia mente.

Cuando el conflicto se sana en dónde se origina –en el lugar en el que nos sentimos separados de Dios, del Ser que realmente somos–, sus diversos efectos y manifestaciones desaparecen. Para esto, es necesario cambiar de mentalidad.

Literalmente, necesitamos una mente nueva que opere de acuerdo a ideas verdaderas y no en base a ilusiones –que son percepciones o ideas falsas.

Todo lo que pensamos y sentimos desde la mente vieja, la mente condicionada, el programa del ego, nos conduce a repetir una y otra vez la misma experiencia, el mismo drama de limitación y sufrimiento. Pero como vimos antes, hay otra manera: existe un Camino para trascender la limitación y el sufrimiento. *Éste es el Camino del Despertar.* Este Camino supone volvernos íntimos con éste y cada momento presente, con la posibilidad de renacer a cada instante independientemente de los hábitos que aún persisten y fabrican más de lo mismo, con la posibilidad de que quizá podemos acceder a un dominio de Conciencia en el que los milagros son naturales y en el que nosotros somos los responsables por el espacio-tiempo tal como aparece ante nosotros, con la certeza de que somos nosotros quiénes gobernamos el espacio-tiempo y no al revés. Ésta es, de hecho, la Enseñanza de todos los Grandes Maestros.

SOMOS PARTE INHERENTE DE UNA CONCIENCIA O MENTE, UN SER O ESPÍRITU QUE ES ETERNO Y QUE ESTÁ POR ENCIMA DE TODA ALTERACIÓN, AMENAZA O DIFERENCIA, MÁS ALLÁ DE TODO CAMBIO. LAS RELIGIONES LLAMAN A ESA REALIDAD "DIOS".

Independientemente de si creemos en esto o no, y más importante aún, más allá de si ésta es nuestra experiencia o no, ésta afirmación es la Verdad. Podemos ignorar esta Verdad y vivir el resto de nuestros días basados en nuestra pequeña y mezquina óptica de las cosas, pero eso no nos hará ningún bien y tampoco probaría nada en absoluto.

Lo único que ello "probaría" es que tenemos "razón" y que nuestro ego se ha salido con la suya. Tenemos aquí en la Tierra un Propósito mayor.

No podemos realizar ni vivir ni cumplir ese Propósito mayor a menos que seamos conscientes de que somos parte de un Todo; de una Totalidad que trasciende nuestro pequeño "yo", nuestra limitada percepción del Universo, nuestras viejas y condicionadas ideas de lo que supuestamente es nuestra realidad.
Una cosa es vivir cada día, cada momento, creyendo que simplemente soy lo que el mundo me enseñó que soy, lo que esta cultura considera que es un ser humano, que mi destino está determinado por los valores superficiales y materiales de esta sociedad; y otra cosa es vivir con la certeza de quién soy realmente, sabiendo que soy Espíritu, que mi Conciencia no puede morir y que soy parte de una Unidad que trasciende la razón y el intelecto, y que mi destino es un Destino Divino que incluye aceptar que no puedo morir ni ser aniquilado, que sí puedo renacer a cada momento y resucitar –es decir, experimentar un Gran Despertar que me libera de todas las ideas mortales y mundanas con respecto a quién soy, a cuál es mi Identidad.

Todo es una cuestión de mentalidad.

La mentalidad que adopto, la mentalidad con la que vivo a cada momento determina literalmente mi experiencia. Nadie puede escapar de esto. Muchos quisieran culpar al mundo, a otros, a la sociedad, al gobierno, a los amigos, a la familia y a los diversos aspectos de la realidad objetiva por sus propios límites y desgracias personales, pero lo cierto es que, como vimos en la sección anterior, es nuestra propia mentalidad la que determina qué tipo de experiencias, circunstancias, relaciones, condiciones o estados conforman el campo de nuestra vida consciente. Culpar a algo o a alguien por cómo nos sentimos, por lo que no "tenemos", por lo que nos "falta", por nuestras insuficiencias, por aquello que podría ser "diferente", es simplemente una pérdida de tiempo y energía.

La energía y el tiempo que malgastamos en culpar a otros por nuestra desgracia vital podrían ser empleados en la práctica o entrenamiento de cambiar nuestra propia mentalidad a cada momento.

Ello sería un esfuerzo mucho más productivo y efectivo. Evitar que nuestra energía se drene en el acto de culpar a otros nos permite tomar responsabilidad por nuestros pensamientos y sentimientos, y modificar el curso de nuestras acciones. Recordemos que todo es Energía. Culpar a otros o a las situaciones es un patrón de energía particular, que es parte de la estructura psíquica individual y del inconsciente colectivo mismo, que nos priva de tomar contacto con el poder de cambiar que ya existe en nosotros. Ese patrón de energía de culpar a otros genera una conciencia y experiencia de ser víctimas e impotentes, y literalmente nos succiona la fuerza de vida que podríamos emplear para recuperar el poder para cambiar la causa del conflicto: nosotros mismos, nuestra mente tal como está configurada o programada.

Si fuésemos conscientes de cuán fácil es realmente cambiar de mentalidad una vez que nos hemos vuelto eficaces en nuestra práctica, no se nos ocurriría malgastar nuestro tiempo y nuestra energía en culpar a otros o a las circunstancias tal como lo hacemos. No dejaríamos que nuestro propio ego nos engañase y honraríamos al Dios Viviente en nosotros, eligiendo ser responsables en lugar de considerarnos víctimas impotentes.

Para vivir correctamente, es decir, en armonía con el Universo, con la Vida en sí, con el entorno que nos rodea y con la Totalidad, es necesario partir de una premisa verdadera y tener un *entendimiento* correcto de uno mismo y de las cosas.

Es necesario asumir, primero que nada, que lo que pensamos y creemos con respecto a nosotros mismos y a las cosas es limitado, erróneo y parcial. Éste es el primer paso para comenzar a cambiar. Luego, es necesario investigar e indagar honestamente quiénes somos en realidad; no solo de manera analítica o racional sino de modo vivencial y experiencial. Es decir, debemos volcar todos nuestros esfuerzos, emplear todas nuestras capacidades, ejercer la totalidad de nuestra voluntad, incluir todo nuestro ser en esta auto-indagación.

Debemos dedicar la propia vida, entera, a este Gran Descubrimiento de quiénes somos en realidad más allá del condicionamiento y de la programación con los que hemos sido educados.

Esto no supone un sacrificio de nuestra vida personal, la supresión de nuestra individualidad o la represión de nuestros derechos naturales a ejercer nuestro libre albedrío, nuestras facultades humanas y nuestra capacidad de disfrutar la experiencia humana en su totalidad, sino que se trata, por el contrario, del mayor gozo y de la mayor dicha que podemos experimentar en esta Tierra, ya que es el Descubrimiento que pone fin a la limitación y al sufrimiento que nuestro condicionamiento inconsciente psíquico y emocional, y psico-físico en general, produce en nuestra vida individual y colectiva. Debemos deshacernos de todos los conceptos que aprendimos y dejar un espacio vacío y vacante para que nuevas ideas, ideas verdaderas, pensamientos verdaderos, percepciones verdaderas, insights y revelaciones, puedan penetrar la esfera de nuestra conciencia y establecer un puente con nuestra experiencia del momento.
Si experimentamos limitaciones, si sufrimos la contracción de nuestro ser, si nuestra experiencia no es una de perfecta paz y perfecta Felicidad, entonces de seguro estamos viviendo partiendo de una premisa errónea, y asumiendo una identidad limitada que excluye el conocimiento de nuestra verdadera Identidad. En otras palabras, si la plenitud no se manifiesta en todas las áreas de nuestra vida, si

experimentamos conflicto, inseguridad, ansiedad, preocupación, falta de certeza y ausencia de armonía en nuestra vida cotidiana, podemos afirmar sin temor que estamos viviendo en la inconciencia, es decir, sin conciencia.

Estamos viviendo bajo el paradigma de la separación y el materialismo, en lugar de vivir alineados con el Paradigma de la Verdad, que afirma que somos Conciencia en sí y que vivimos en un mundo de ideas que es una manifestación del Espíritu.

Cuando creemos, consciente o inconscientemente, que vivimos en un mundo de objetos que es material y sólido, estamos partiendo de una premisa errónea que no puede sino tener efectos en nuestra vida ordinaria. Los efectos de partir de esta premisa errónea es, sencillamente, una vida de sufrimiento y limitación.

Hemos aceptado en nuestra propia mente la identificación con el aprendizaje del mundo y hemos dejado de lado a nuestro Ser espiritual más íntimo.
Todo aquello a lo que damos poder tiene poder sobre nosotros, no porque tenga poder en sí mismo, sino porque nosotros mismos se lo hemos dado.

Si le damos nuestro poder al paradigma de la separación, dicho paradigma dominará nuestro pensamiento y nuestra vida. Si le quitamos el poder a dicho paradigma, el poder de nuestra conciencia retornará a su Origen, que es la Fuente espiritual, recobraremos la Conciencia de nuestra verdadera Identidad y viviremos en la Unidad experimentando de continuo un Despertar espiritual, que nos dará la oportunidad de vivir en tal estado de Revelación y de éxtasis, que apenas seremos capaces de pronunciar alguna palabra para expresar cómo nos sentimos. Se trata de una experiencia que no es de este mundo, aunque aparentemente se experimenta en él. La realización de nuestra Conciencia original transforma la totalidad de nuestra existencia. Es decir, cuando percibimos y sentimos directamente la Esencia de la que estamos hechos, y de la que Todo está hecho, partimos de una premisa verdadera, adquirimos naturalmente un entendimiento correcto de las cosas, y las contemplamos a todas bajo la misma Luz.

No somos un ser separado. Ésa es la Verdad. Esto es lo que el Buda enseñó. Todo está interconectado. Todo es afectado por todo, y nada está separado de nada. Existe una Conciencia unificada de la que todo es parte, que es indestructible, indivisible, e inmodificable –inmutable.

No podemos describir ni explicar con palabras lo que esta Conciencia es, aunque sí podemos tener una experiencia de Ella. Podemos tener una experiencia de dicha Conciencia porque esta Conciencia es lo que inherentemente somos, y nunca estamos –ni podemos realmente estar– separados de Ella. Y esta experiencia literalmente lo cambia todo –incluso nuestro propio destino. Experimentar esta Conciencia directamente modifica la raíz de nuestro entendimiento, el núcleo mismo de nuestra mentalidad, dando lugar a cambios sustanciales en nuestra vida cotidiana, en todas las áreas de nuestra vida funcional, en todas nuestras relaciones. A su vez, cuando experimentamos la naturaleza espiritual y todo-abarcadora de esta Conciencia nos transformamos personal e íntimamente, lo cual a su vez transforma el dominio cósmico o mundo manifiesto. Como no estamos separados de nada, cuando cambia nuestra mente cambia todo lo demás. Lo creamos o no, esto es así.

No hay diferencia entre Dios y nosotros. Esta certeza o Revelación es la esencia de toda religión verdadera. Ésto enseñó Jesús y tantos otros Maestros Despiertos. No es tan importante quién haya enseñado esto tanto como que tú, personalmente, experimentes la Verdad. El Universo está literalmente diseñado para ayudarte a aprender y a experimentar la Verdad, si tú ves en el mundo un nuevo Propósito y aceptas que no sabes qué o para qué son las cosas realmente.

Ésta es toda la Enseñanza de *Un Curso de Milagros*: no sé lo que nada es, no sé para qué son las cosas, no sé quién soy, por lo tanto, no puedo ni quiero juzgar nada de lo que veo o experimento; si me abstengo de juzgar y de tratar de entender lo que veo desde mi pequeño e infeliz punto de vista, se me revelará un nuevo Propósito, una nueva función, una nueva Visión que me permitirá contemplar el Universo tal como realmente es; como el Ser de Dios. Este Universo es el Ser de Dios, no importa cuánto nos empeñemos en creer que es otra cosa. Este Universo es el Cuerpo espiritual de Dios, no importa cuánto nos esmeremos en analizarlo desde la óptica materialista que sólo percibe cosas y objetos separados que no tienen relación o conexión significativa alguna entre sí. La Gran Visión del Espíritu nos enseña la Perfección de todas las cosas, de cada detalle, porque nos enseña que todo es regido por la Ley espiritual del Universo. Por lo tanto, nadie es víctima y nada ocurre por accidente. Esto es literalmente así. Hasta el momento, la mayoría de nosotros ha utilizado la Ley de manera incorrecta –o quizá sea más apropiado decir que hemos directamente ignorado la Ley.

"Ésta es la ley que en última instancia te salvará, pero de la que ahora estás haciendo un uso indebido. Debes, por lo tanto, aprender a usarla en beneficio de lo que más te conviene en vez de en su contra"*1.

La Ley está siempre en operación y no es posible evitarla. Es posible ser inconsciente de la Ley, pero no es posible dejar de usarla porque vivimos mediante la Ley. Venimos a la existencia mediante la Ley. Estamos hablando de la "famosa" Ley de "causa y efecto" o de "acción y reacción". En este mundo condicionado o fenoménico las cosas funcionan así. *No hay Vida sin la Ley. La Vida y la Ley son Uno.* Aceptar y reconocer la existencia de la Ley es volverse de alguna manera inteligente y madurar como hombre –o mujer. Es aceptar y asumir la existencia de un Poder Superior y dejar de predicar la filosofía del ego, de la separación, de la eterna independencia. ¿No es acaso una buena nueva descubrir que existe una Fuerza trascendental de la que somos inherentemente parte y con la que somos inherentemente Uno? Para el ego es una mala noticia, ciertamente, pues el ego quiere ser eternamente auto-suficiente y vivir alimentándose de nuestra propia ignorancia, de nuestro miedo y de nuestra culpa inconscientes.

Sin embargo, aceptar y reconocer la Presencia de Dios en nuestra vida es la garantía de que estamos a salvo y de que no estamos solos en este desolado mundo de objetos y cuerpos separados.
No estamos a merced del azar, de la materia, de las "leyes" de la física, de las "leyes" del mundo; no estamos a merced de la locura de la mente humana, y podemos curarnos de la demencia del mundo si simplemente reconocemos que existe una Alternativa espiritual para todos los males que concebimos en este mundo.

Podemos encontrar del verdadero Consuelo, podemos beber de la verdadera Fuente, podemos contar con la verdadera Fortaleza, podemos apelar a la verdadera Ayuda y podemos realmente Liberarnos en esta vida de todos los patéticos destinos que el ego quisiera sembrar para nosotros. Podemos hallar nuestro Destino en Dios. Y podemos ser libres de todos los karmas personales y colectivos que la creencia en la muerte produce cuando vivimos creyendo que sólo lo que vemos y entendemos con los sentidos es real.
Conciencia, Mente, Ser, Espíritu son todos sinónimos, y todos estos términos –que no son más que simplemente palabras– apuntan a la Realidad que las religiones llaman "Dios". Lo cierto es que en general las religiones, aunque mejor que nada, suelen ser un obstáculo para la experiencia personal y espiritual de esa Realidad que es Dios. Observen ustedes lo que la religión ha hecho de Jesús; lejos de representar fielmente sus Enseñanzas, no ha hecho sino distorsionar su significado dramáticamente, a tal punto que ya casi nadie entiende nada al respecto.

Jesús, la Presencia espiritual de Jesús, está disponible ahora para todos.

Sin embargo, el mensaje de la Iglesia es que Jesús "murió" por nuestros "pecados" hace 2023 años atrás; que Jesús es el "único" Hijo de Dios; que el "status" espiritual de Jesús es prácticamente imposible de alcanzar; que es necesario ser "santo" y "casto" y "célibe" para alcanzar la iluminación espiritual –entre tantas otras falacias que la Iglesia se ha encargado de inventar para perpetuar el "temor" a Dios, la culpa y la idea del castigo.

Por suerte –o literalmente gracias a Dios – existe una experiencia disponible para todos, y se trata de una experiencia espiritual que nos muestra claramente que la Divinidad es para todos, que no hay "exclusividad" alguna en relación a Dios porque Dios es lo que todos somos, lo que Todo es, lo que la Energía del Universo es. No hay nada que no sea Dios. Tú eres Dios, aquí y ahora.

Tu Conciencia más íntima es lo que el Ser espiritual que llamamos "Dios" es. Tú, ahora mismo, eres Dios. ¿Cuál es el problema con eso?

El problema es que si todo el mundo reconociera su Unidad con Dios, el establishment de este mundo –que se basa en la separación y en el miedo– quedaría completamente obsoleto, y pasaríamos de vivir en un mundo triste y deprimido a vivir en un Universo de gloria y éxtasis que se acerca mucho al Infinito, al Paraíso.

Obviamente, el establishment de este mundo no desea esto o, de lo contrario, no hubieran crucificado a Jesús.
Pero nos encontramos en el ingreso de una Nueva Era, y éste es el momento en que muchos de nosotros comenzamos a Despertar y a dejar la pequeñez atrás. Es el momento de declarar la Verdad...¡y de vivirla! Recordemos que la Verdad debe ser encarnada, no solamente teorizada o analizada. La

Verdad no es solamente una cuestión filosófica, sino una cuestión de experiencia. Nadie puede realizar o descubrir la Verdad a menos que la experimente en su propio ser, en todo su cuerpo, a menos que la Verdad transforme su vida de pies a cabeza.
La Verdad es necesaria en nuestra Vida porque la Verdad es, simplemente, lo que somos y lo que Todo es. Además, la Verdad es necesaria porque sin ella el sufrimiento es inevitable. El sufrimiento es el resultado de la ignorancia, y la manera de erradicar la ignorancia es realizando la Verdad.

La Verdad es que existe un solo Ser, una sola Conciencia, una sola Mente, un solo Espíritu que es eterno y que se encuentra más allá de toda amenaza, cambio o destrucción.

Nuestra forma corporal es un envase temporal, sujeto inevitablemente a cambios y a la disolución. Pero podemos –y debemos– realizar la Verdad eterna, incluso mientras habitamos este envase mortal que identificamos como el cuerpo físico. ¿Cómo vive el cuerpo físico? Gracias a la Conciencia o al Espíritu que lo anima. ¿Qué somos nosotros? ¿El cuerpo o la Conciencia que lo anima? Ésta es la indagación que cada uno debe hacerse. *La respuesta llega en la forma de una experiencia que no se puede negar.*
A nadie se le priva de la Verdad. Como dije antes, una cosa es vivir creyendo que toda nuestra vida pende de este envase mortal, de este cuerpo vulnerable y finito; y otra cosa es vivir con la certeza de que somos la Energía que anima este cuerpo físico, el cual nos sirve como vehículo de expresión y comunicación por un tiempo mientras estamos en la Tierra. De hecho, ¿cómo vamos a estar aquí en la Tierra a menos que vistamos este cuerpo físico? Este cuerpo físico, por lo tanto, tiene una función mientras vive en esta Tierra. Esto es motivo de júbilo porque quiere decir que somos de utilidad para el Universo, y si somos de utilidad para el Universo, entonces el Poder del Universo tiene que estar con nosotros. Estamos acompañados por el Poder del Universo.

La buena compañía del Dios Viviente es nuestra mayor seguridad, nuestra mayor protección y nuestra mayor garantía de éxito en la función que tenemos que cumplir aquí en la Tierra mientras vestimos este envase mortal, mientras utilizamos este vehículo físico llamado "cuerpo".

Hemos de ser buena compañía para nosotros mismos y para los demás seres, para todos los seres. Ser de utilidad y servicio para otros es la mayor satisfacción que puede experimentarse a nivel humano en la Tierra. Ser de utilidad y servicio para otros es nuestro pan espiritual de cada día. Al ser de servicio y utilidad para otros cumplimos con la Ley de Dios, realizamos a nuestro Ser espiritual y encarnamos el Amor infinito que han demostrado todos los Grandes Maestros. Si servimos a otros y somos de utilidad para ellos, y si mediante nuestras acciones elevamos la conciencia espiritual de otros seres, entonces estamos cumpliendo con la función que Dios nos dio al venir a esta Tierra. Si servimos el Despertar espiritual de otros seres, teniendo presente que somos tan solo un canal para que lo Divino realice su Obra aquí en la Tierra, y si dejamos de lado toda expectativa en cuanto a los resultados obtenidos por el servicio que realizamos, estaremos sin duda alineándonos con la Voluntad de Dios y recibiendo en consecuencia el regalo y don de la Gracia Divina en nuestro propio Corazón y en nuestra propia mente.
Al servir el Despertar espiritual de otros seres no estamos sino siendo de utilidad al único Ser y restableciendo la conciencia de Unidad en todas las mentes. Y lo que damos es lo que en consecuencia recibimos. Como dar y recibir son lo mismo, cuando damos recibimos y cuando recibimos damos. Todo lo que damos y recibimos lo fortalecemos en nosotros y en todo lo que somos y hacemos.

Por eso la Regla de Oro es que debemos dar y cultivar aquello que deseamos ser y tener.

Debemos dar a otros lo mismo que nosotros quisiéramos recibir. Querer darle algo a alguien más en un intento de deshacernos de ello es signo de inconciencia. ¿Qué quiero decir con esto? Lo que quiero decir es aquello que ya he expresado con bastante énfasis anteriormente: que debido a quiénes somos, debido a la naturaleza de nuestra propia conciencia, debido al Poder que nos acompaña y debido a la existencia de la Ley de causa y efecto, somos seres naturalmente creadores; nuestra

> *"...mente es muy poderosa y jamás pierde su fuerza creadora. Nunca duerme. Está creando continuamente..."*[2],

y todos los pensamientos que tenemos, todas las ideas que concebimos y todo aquello que damos a los demás, lo reforzamos en nosotros mismos; lo que sembramos es lo que cosechamos.

> *No podemos deshacernos de lo que no queremos dándoselo a otro.*

Al contrario, es dándoselo a otro como lo reforzamos en nuestra propia mente, en nuestro propio campo energético. Lo que tiene que cambiar es nuestra mente, el curso de la atención a un nivel fundamental.

> *Todo lo que experimentamos es el resultado de dónde depositamos nuestra atención. Nuestra atención es una facultad de gran poder. Aunque nos cueste creerlo, aquello a lo que le damos la atención es lo que da forma a nuestra existencia.*

No importa si amamos a algo o a alguien o si lo odiamos, es la atención que le damos a ese alguien o algo lo que nos garantiza que ello permanecerá con nosotros. Por lo tanto, si en verdad existe algo o alguien, alguna característica, alguna cualidad –o lo que sea– que no nos guste o que realmente no deseamos que sea parte de nuestra vida, debemos necesariamente dejar de darle atención.

Darle atención a algo o a alguien es la garantía de que ello permanecerá en nuestra vida. Si algo no nos gusta, si no queremos algo, si existe algo que no deseamos, entonces para que desaparezca debemos dejar de darle nuestra atención inmediatamente. Por eso la queja es la peor alternativa que podemos elegir ante la presencia de una situación indeseada; la queja es lo que nos asegura que esa situación continuará repitiéndose en nuestra vida. La queja es una evitación de la propia responsabilidad en la situación. La queja es una poderosa forma de darle atención a algo, y, por lo tanto, un medio para hacer que algo persista en nuestra vida. Muchos de nosotros adolecemos de la creencia de que para resolver un problema, debemos darle atención hasta encontrar su respuesta o su resolución.

La verdad es que, para que un problema se resuelva, o para que podamos recibir una respuesta para dicho problema, hemos de dejar de darle atención al problema. Hemos de dejar de percibir el problema bajo el mismo enfoque una y otra vez. Y para eso es necesario quitarle atención, y luego percibir el problema desde una nueva óptica, hasta que el problema finalmente desaparece, pues ahora toda nuestra atención está enfocada en la solución. La solución reemplaza entonces al problema.

Ignoramos cómo funciona realmente la mente y cuáles son las verdaderas leyes de la conciencia porque aparentemente desconocemos que, detrás de todas las apariencias, detrás de lo "concreto" y lo visible, detrás de las formas, las percepciones y las imágenes que vemos con el aparato físico, existe un campo de Conciencia, un Ser unificado, una Totalidad, una Energía, una Unidad en la que todo está conectado con todo, en la que todo es afectado por todo y en la que nada está separado de nada. *Nada se pierde.* Todos los pensamientos tienen efecto, y todas las ideas se vuelven carne –tarde o temprano. No existen vacíos en la creación. Todas estas evidencias nos conducen una y otra vez a reconocer y aceptar el hecho de que esa Realidad a la que las religiones llaman "Dios" es lo que nosotros mismos somos. Nosotros somos y participamos en esa Realidad que es Dios. Esa Realidad es Mente, es Conciencia, es Ser, es Energía, es Luz. También es materia. Pero la materia no es realmente materia, sino simplemente Energía con apariencia de solidez. Es sabido que los objetos aparentemente estáticos y fijos, sólidos e inmóviles están compuestos por diminutas partículas que se mueven prácticamente a la velocidad de la Luz.

Esos objetos tan sólo dan la impresión de ser sólidos. Todo está hecho de la misma Sustancia.

Esa Sustancia es Dios, la Energía del Universo. Una vez más,

Todo es Dios. Todo está en movimiento, todo habla; ¡hasta las rocas hablan! si uno está receptivo a escuchar, solía enseñar un muy buen amigo mío.

NOSOTROS SOMOS "DIOS". Y EXISTE UNA EXPERIENCIA QUE CONFIRMA QUE EL PODER DE LA DIVINIDAD ES UNO CON NOSOTROS.

Nosotros somos Dios porque Dios es Todo lo que hay. No importa si ésa es nuestra experiencia o no, no podemos excluirnos de esta Verdad. No podemos dejar de ser parte del Cuerpo de Dios, de la Mente de Dios, porque lo que somos es simplemente una extensión de Eso.

Nuestra Fuente es Dios.

Quizá sea importante destacar, antes que nada, que efectivamente tenemos una Fuente –es decir, que no hemos salido de la "nada", que nuestro origen es de naturaleza espiritual y universal, que nuestra verdadera existencia trasciende inherentemente la ilusión del ser separado, y que si así lo deseamos, podemos trascender el estado de aparente separación o disociación de la Fuente Divina o Vida eterna de nuestro verdadero Ser. En otras palabras, somos la Vida en sí, estamos llenos de Vida, llenos de Espíritu, llenos de Energía. Somos una extensión de la Conciencia que es la Vida en sí. Estar vivos y no conocer nuestro Origen espiritual es simplemente cosa del ego. Poner en duda o cuestionar nuestra misma existencia es una locura que sólo el ego es capaz de cometer –es decir, la parte de nosotros que se considera separada y aislada del resto, que sufre una permanente sensación de no pertenecer, de estar aparte, de ser independiente y diferente del resto, de todo y todos. Si estamos vivos, siguiendo la lógica pura, es porque tenemos una procedencia u Origen más allá de nosotros mismos.

La Vida se nos ha dado, es un regalo; no se trata de algo que cada uno de nosotros pueda inventar o fabricar por sí mismo.

Cuestionar la existencia de Dios, dudarla, obviarla, pasarla por alto, excluirla de nuestros pensamientos y acciones, eso es literalmente estar dormido. No sentir a Dios en nuestro Corazón cuando Dios se encuentra a todo nuestro alrededor, simplemente quiere decir que tenemos los ojos cerrados –y el Corazón cerrado también. No sentir la Felicidad de Ser, no sentir la dicha de existir, no sentir la Unidad de ser Uno con Dios, eso es basar nuestra existencia en el ego, en la ignorancia, en la ilusión de la separación. Vivir y pasar por alto la Fuente de nuestra Vida es prácticamente lo mismo que estar muerto en vida, o ser un zombi. Y así vive la mayoría de nosotros, si a eso se le puede llamar "vida".

Estar vivo y no conocer a Dios es el mayor auto-engaño que se abate sobre los seres humanos. Este aparente desconocimiento de la Fuente de nuestra vida es el mayor hechizo que jamás se haya apoderado del ser humano.

Somos Dios, aquí y ahora, porque somos parte de esa Realidad que lo es Todo, ahora y siempre. Todo cambia y todo pasa, pero Dios permanece. Lo que somos en Esencia es esa Realidad que es Dios, la cual no puede jamás cambiar. Todo lo demás puede cambiar, pero no esa Realidad. De hecho, cambiamos nuestra forma una y otra vez, pero jamás perdemos el vínculo con nuestra Fuente espiritual de Vida. Las religiones o Tradiciones espirituales en general nos prometen alcanzar a Dios o el Cielo tras la muerte, tras años de sacrificios, tras cumplir con nuestros "deberes" civiles, sociales, familiares o mundanos, tras años de duras prácticas espirituales, tras años de erudición, tras vidas de dedicación y devoción, tras siglos de contemplación, pero...¡nunca ahora!

Lo cierto es que existe un método directo para realizar a Dios...¡ahora! Y ese método consiste simplemente en ver cuán absurda es la noción de tener que "buscar" a Dios, cuando en realidad ya somos Eso, aquí y ahora. Esto fue precisamente lo que Jesús enseñó, y en esa realización consiste toda la Enseñanza de Un Curso de Milagros.

La Enseñanza fundamental de *Un Curso de Milagros* es que la salvación es siempre ¡ahora! Es también la Enseñanza fundamental de todos los Grandes Maestros, incluidos Buda, Adi Da Samraj, mi Maestro en esta encarnación, y tantos otros -dentro y fuera del espacio-tiempo.
Este libro pretende nada más que reafirmar lo que tantos otros han declarado ya a través de la certeza de su propia experiencia en Unión con Dios, y es que ya somos Uno con Dios, que Todo es Dios, que tú eres Dios tal como eres, aquí y ahora. No es necesario que hagas absolutamente nada más para realizar a Dios. Dios está accesible ahora, para todos. Que ésta se vuelva nuestra experiencia, y nuestra certeza, es tan sólo una cuestión de perspectiva. Si dejamos de lado la perspectiva egóica y comenzamos a elevarnos por encima del campo de batalla que es la mente egóica, entonces no tendremos dificultad alguna en ingresar en la experiencia de Unión con Dios, porque ya estamos unidos a Eso que es Dios.

Todo el mundo está buscando a Dios, pero son en verdad muy pocos quienes viven y demuestran su Unidad con Dios. Lo que traigo a ti, a tus manos y a tu Corazón, es mi certeza de que tú ya eres Uno con Dios, que Dios está contigo y tú con Él y que

¡puedes hacer lo que te dé la gana con tu vida! Puedes hacer lo que te dé la gana con tu vida precisamente porque eres Uno con Dios, eres libre para vivir como mejor lo desees, y desde luego estás a cargo de tu propio destino.

Ése es el Poder que se te ha dado. Yo te recomiendo que utilices ese Poder para Despertar y realizar tu Unidad con Dios, y para que vivas de acuerdo con esta Verdad. Yo te sugiero que comiences a vivir cada instante de tu vida en el éxtasis de la Comunión con Dios y que todo lo que hagas sea una expresión de este éxtasis; que todo lo que pienses, digas o hagas sea la consecuencia natural de vivir en el éxtasis de la Comunión con tu propio Ser, Dios.

¿Cuál es el problema con eso? ¿Qué al mundo no le gusta? ¿Y qué hay con el mundo? ¡Es un efecto! Tú eres su causa. Si dejas de tenerle miedo a Dios podrás reconocer tu Unidad con Él y enseñarle al mundo, con el ejemplo, el Camino del Despertar. Despertar es realizar a Dios en este mismo momento, aquí y ahora. No hay otro momento para realizar a Dios, excepto éste.

En esto consiste la inmediatez y la inminencia de la salvación. Esto fue lo que Jesús enseñó en su corto pasaje por la Tierra. De hecho, su Enseñanza era: "El Reino de Dios ha llegado. El Reino de Dios está aquí y ahora. El Reino de Dios ha venido a vosotros. Mirad a su alrededor, Dios está en todas partes". Y así sucesivamente.

"En este instante santo llega la salvación"[*1].

Jesús tenía perfecta conciencia de Dios, y esa misma conciencia está accesible para todos. ¿Se requiere para ello una purificación? Si, por supuesto. Todo lo que hemos aprendido es un obstáculo para realizar a Dios, una técnica inconsciente del ego para negarnos a nosotros mismos el Reino de Dios. Todo el drama que es nuestra vida humana no es sino una distracción para que continuemos dormidos bajo el hechizo de la separación, y para que no Despertemos y nos demos cuenta de que Dios es lo único Real –de hecho, la única Realidad. Todo lo que aprendemos al venir al mundo son los caminos de la separación. Y el Despertar no es otra cosa que el des-hacimiento completo de todos los caminos de la separación, que son los caminos del mundo. Si, todos los conceptos que hemos adquirido y que gobiernan nuestra mente y nuestra vida son una interferencia para que aceptemos la salvación ahora y de este modo conozcamos la paz.

Todas las ideas que tenemos en relación al tiempo y al espacio no hacen sino reforzar la creencia de que el tiempo y el espacio son reales. Así opera la mente condicionada.

Al Despertar nos damos cuenta de que, aunque parecemos estar separados de todo lo que nos rodea, y sufriendo lo que aparenta ser un estado interno –psíquico, emocional y físico– que se caracteriza por la constante duda, contradicción, infelicidad y sensación de ansiedad, preocupación y carencia, en realidad continuamos siendo Uno con nuestro Ser verdadero, con Dios. Lo que cambia realmente al Despertar es nuestra manera de ver, nuestra mentalidad, nuestra óptica. No es realmente que nuestra mente permanezca en blanco y no tenga pensamientos, o que nos volvamos seres mecánicamente perfectos en nuestras actividades cotidianas, sino que simplemente, en el medio de toda la actividad mental, biológica, química, física y fisiológica habitual y condicionada de nuestra forma corporal, surge en nosotros una nueva inteligencia, un nuevo insight, una nueva capacidad de entendimiento y una nueva manera de leer e interpretar cada uno de los contenidos que surgen en nuestro cuerpo-mente.
Existe la creencia de que es necesario luchar contra el propio cuerpo-mente y toda su actividad mundana o condicionada para alcanzar la iluminación. A mi entender, y desde mi propia experiencia, no existe nada más lejos de la realidad. También existe la ilusión de que es necesario renunciar a ser humano y convertirse en una especie de ser "luminoso" que

levita y no tiene emociones, para poder experimentar el estado natural de Ser. Nuevamente, nada más lejos de la realidad.

Si Dios, el Ser, no se encuentra aquí y ahora; si Dios, el Ser, no está manifestándose en este mismo momento y lugar a través de nosotros, entonces, ¿dónde está y qué es Dios, el Ser? Nosotros somos Dios, el Ser.

Esto es lo que indica el título de esta sección. Y así es en verdad. Pero como también indica el título de esta sección, es necesario comprobar empíricamente, es decir experimentalmente, esta Verdad. No basta con creerlo, no basta con decirlo, no basta con querer convencer a otros al respecto; *es necesario tener la experiencia.* Porque es mediante la experiencia que cesan las dudas y que nuestro verdadero Origen se revela para nosotros.

No hay nada tan poderoso como una verdadera experiencia del ahora –la cual es la experiencia de Dios, de Ser– para mostrarnos que lo que verdaderamente somos no está limitado por el espacio-tiempo.

La mente es un gran poder porque la mente es una expresión de Dios, del Ser. Y las creencias son también muy poderosas porque, como vimos anteriormente, son juicios que la mente produce y a través de los cuales proyecta lo que aparenta ser su propia realidad interna. No experimentamos el mundo, tal como lo hacemos, de manera aleatoria. Existe un proceso mediante el cual lo que experimentamos es percibido por nosotros como nuestra realidad más inmediata. Es un proceso tan sutil que la mayoría de nosotros permanece inconsciente del mismo. Sin embargo, cuanto más conscientes nos volvemos, más evidente se vuelve este proceso. Y básicamente, se trata de un proceso que uno mismo dirige, o mejor dicho, que el ego dirige –hasta que decidimos entrenar nuestra mente y Despertar. Lo cierto es que si entrenamos nuestra mente, cada uno a su ritmo y según sus lecciones, es inevitable que aquella se purifique y que en consecuencia experimentemos un Gran Despertar espiritual, el cual no hace menos que traer a nosotros –mediante una Revelación de naturaleza esotérica y profundamente individual e íntima– la conciencia del verdadero Propósito de esta existencia y de nuestro papel en ella. Básicamente, nosotros somos la existencia, nosotros somos Dios aquí y ahora.

Si bien la mente es una expresión de Dios, del Ser, cuando la mente está limitada por las creencias del ego, por el sistema de pensamiento del ego, por la mentalidad egóica, por la manera de pensar condicionada del mundo, aquella parece volverse destructiva. Lo que la mente hace cuando adopta la postura de la separación es, básicamente, proyectar fuera de ella lo que se encuentra dentro.

Éste es el mecanismo fundamental a través del cual el ego refuerza y perpetúa la ilusión de la separación, y la ilusión de que la mente es un ente separado del Espíritu.

El problema no es la mente, la cual es un gran poder, sino el ego.

Cuando la mente está libre de creencias falsas y limitantes, ésta recobra la conciencia de su poder. Y este poder es, literalmente, el Poder de Dios, del Ser, de la Conciencia en sí. Entonces, la mente experimenta una transformación y, mediante un cambio en la perspectiva de sí misma y de todas las cosas que da lugar a la visión espiritual, la mente aparentemente individual y separada comienza a pensar en términos de carácter universal, tal como lo hace la Mente divina o Mente universal o Mente de Buda.

El problema de la mente que se identifica con el ego es que piensa en términos concretos y es incapaz de ver o entender la Totalidad.

Esto hace que la mente se cierre y que, dentro de su sistema de pensamiento basado en lo estrictamente concreto y local, no pueda acceder a otras posibilidades que se encuentran fuera de ese sistema. Básicamente, las posibilidades que se encuentran fuera de ese sistema son infinitas. Y cuando ingresamos en el dominio de las posibilidades infinitas, entonces podemos decir, verdaderamente, que hemos ingresado en el Reino de Dios.

El Reino de Dios ciertamente se encuentra aquí y ahora. El *ahora* es el momento en que el Reino de Dios se revela y actualiza en todo tiempo y en todo lugar. El *ahora* es sin dudas el único momento que existe. Siempre es *ahora*. Pero como dije antes, es sólo cuando tenemos una *experiencia* del ahora – y cuando dicho conocimiento se actualiza y pasa del intelecto al Corazón– que podemos acceder a las posibilidades infinitas del *ahora*. Pero todas esas posibilidades infinitas son naturales para Dios, para el Ser.

De hecho, todas las posibilidades están ocurriendo siempre, y es cada uno de nosotros quien determina, a través del poder de su atención y observación, cuál de todas esas posibilidades tendrá lugar en su experiencia.

Pero de esto hablaremos más específicamente en otro momento. Lo que está fuera de todo cuestionamiento es que la mente es un gran poder, al ser la causa de lo que experimentamos en el mundo, al cual llamamos -de manera ingenua- "material" y "objetivo", y que los pensamientos son el medio a través del cual la energía contenida en la mente se convierte en los objetos y formas que percibimos y experimentamos como "materiales", y "externos" a la propia conciencia.

Jesús dice,

"Se te ha dado todo poder en el Cielo y en la Tierra"[*2].

¿Creen ustedes que Jesús está hablando metafóricamente? Yo tengo la certeza de que aquí Jesús está hablando de manera muy literal.

El problema no es que nos falte poder, sino el hecho de cómo lo utilizamos.

Si algo no va bien en nuestra vida, si el sufrimiento es la moneda corriente de nuestra experiencia, si nos vemos constantemente envueltos en limitaciones de cualquier tipo, si estamos viviendo en un ciclo de repetición de hábitos y patrones que producen siempre los mismos resultados en nuestra manera de sentir y de actuar, si somos incapaces de actualizar en nuestra vida cotidiana y en todas nuestras relaciones y acciones la experiencia del Despertar espiritual, si vivimos continuamente reaccionando como si fuésemos víctimas de fuerzas y poderes externos, de otras personas y de cosas, si no podemos sentir que nuestra vida tiene un Propósito espiritual y trascendente, si vivimos siempre corriendo detrás de la Felicidad sin nunca conocer su verdadera naturaleza ni poder experimentarla, entonces desde luego, es evidente que estamos llevando a cabo un uso inadecuado del poder de nuestra mente.

Si éste es el caso, para que ésta situación pueda cambiar, es necesario una corrección a nivel del pensamiento, una transformación en la propia conciencia. Más allá de las prácticas que utilicemos para permitir que esta corrección, esta transformación tenga lugar, lo importante es darse cuenta de que el factor fundamental es la mente en sí, la propia conciencia. Y la mente, la conciencia, incluye al cuerpo. De hecho, como ya hemos hablado, el cuerpo-mente es una unidad. No podemos realmente separar al cuerpo de la mente. Porque el cuerpo es, de hecho, una proyección de la mente, y tal como nos lo enseña *Un Curso de Milagros*, las ideas no abandonan su fuente.

"Las ideas no abandonan su fuente, y sus efectos sólo dan la impresión de estar separados de ellas. Las ideas pertenecen al

ámbito de la mente. Lo que se proyecta y parece ser externo a la mente, no está afuera en absoluto, sino que es un efecto de lo que está dentro y no ha abandonado su fuente"*3.

Las religiones –que no son sino una fabricación de la mente humana en un intento de objetivar y encasillar al Poder infinito de Ser del Universo, el cual es indescriptible e incomprensible desde el pequeño punto de vista de la mente conceptual– se han encargado de excluir al cuerpo –y a la experiencia humana en sí– de la posibilidad de que éste sea también una expresión no menos que perfecta de la Divinidad, de Dios. Por eso en general, como seres humanos, nos sentimos avergonzados de nosotros mismos, nos sentimos culpables y vivimos constantemente bajo la máscara de la falsa humildad, de alguna manera transmitiendo –consciente o inconscientemente– un mensaje de separación y carencia, una creencia errónea que se basa en el desconocimiento de quiénes somos realmente.

Somos realmente como Dios. El Poder que es Dios está de cierto contenido en este envase corporal humano. Excluir al cuerpo de lo Divino es negar nuestra propia Divinidad.

Negar cualquier parte de nuestra experiencia humana por considerarla del ámbito del pecado; negarnos a nosotros mismos nuestra grandeza como seres espirituales que somos; vivir bajo la máscara de una falsa humildad, continuamente transmitiendo la energía de la pequeñez y pensando que solamente Buda o Jesús –o cualquier otro Maestro espiritual– pueden estar iluminados y alcanzar el Reino de Dios; vivir negando la Conciencia que somos dejando fuera de nuestra experiencia consciente la posibilidad de realizarnos como el Ser espiritual; obviar que nuestra vida cotidiana, de momento a momento, es el escenario perfecto para conectarnos con lo Divino en nosotros –y en Todo y todos–, y que todo lo que nos sucede como humanos no es sino una lección que –si se aprende, a través de la práctica del verdadero perdón, del servicio desinteresado y de la purificación de nuestra conciencia y de nuestro cuerpo-mente en su totalidad– puede literalmente conducirnos, en el presente, a la realización de nuestra Unidad con el Reino de Dios –que no es sino el estado natural, la conciencia de Ser, la Totalidad-; toda esta negación no es sino parte de las enseñanzas del mundo, las cuales, verdaderamente, nos impiden acceder al entendimiento y a la experiencia de quiénes somos realmente nosotros –y para qué estamos aquí.

Toda esta negación no es sino una programación que se propaga de generación en generación, impidiendo de esta manera que accedamos al *Camino del Despertar*, para lo cual es ciertamente necesario trascender el ego –el condicionamiento personal y universal basado en la ignorancia y el desconocimiento de la Unidad, en la apariencia e ilusión de la separación, el miedo y la culpa, en la actividad del pequeño punto de vista o "yo" supuestamente separado– y permitir que el Corazón –la intuición y el sentimiento de Ser, el centro de la inteligencia espiritual y de la visión espiritual, la Fuerza que permite el insight que conduce al verdadero entendimiento de uno mismo, el auténtico Fundamento del Despertar– se abra y libere su fuerza, extendiéndose por el cuerpo entero y transformando y transfigurando –por dentro y por fuera– todos los aspectos de nuestra conciencia y nuestra vida.

Por todo esto que estamos diciendo aquí es que es tan importante aceptar el "remedio del des-hacimiento", es decir, la sustitución del viejo aprendizaje por uno nuevo; el intercambio del miedo por la fe; el abandono voluntario del deseo de poseer y acumular por la decisión consciente de dar, compartir, soltar y dejar ir; la aceptación del principio del renacimiento a cada momento de nuestra vida y de la práctica de la transformación psíquica, emocional y física; y, en última instancia, el reconocimiento perfecto de nuestra verdadera Identidad y la demostración plena de nuestra Unidad con Dios –aquí y ahora–, la experiencia de comunicación directa con el Universo o Totalidad.

No es mi intención hacer aquí una apología de la obra *Un Curso de Milagros*. De hecho, no es mi intención hacer una apología de ninguna forma, ningún camino, ninguna tradición, ninguna técnica, ninguna fórmula mágica, ninguna fe particular, ninguna espiritualidad abstracta.

Mi intención es expresar y compartir honestamente mi experiencia personal, como ser espiritual y humano que soy. De hecho, me es literalmente imposible separar mi espiritualidad de mi humanidad. Cuánto más profundo indago en mi propia conciencia, vida y experiencia, más me doy cuenta de que querer establecer límites, divisiones o diferencias entre mi espiritualidad y mi humanidad, resulta no menos que un intento absurdo además de imposible.

Todos los Grandes Maestros enseñaron y demostraron que la iluminación es literalmente aquí y ahora, que ningún esfuerzo es en última instancia necesario, que toda nuestra "búsqueda espiritual" no es sino un refinado intento del ego por perpetuar la ilusión de la separación y del "yo" separado; pero es también cierto que todos los Grandes Maestros han expresado que la práctica es inevitable y totalmente necesaria.
De hecho, estar en este mundo ya es en sí mismo una práctica. Vivir esta experiencia humana, en un cuerpo humano, es en sí mismo una práctica espiritual. Todas las circunstancias y relaciones, todas las condiciones y momentos de nuestra vida, son inherentemente un contexto para la práctica espiritual.

Se dice en las tradiciones espirituales, y estoy absolutamente de acuerdo con ello, que tanto la práctica como la Gracia son necesarias para alcanzar la meta de la Liberación espiritual. Se requiere no solamente fe, sino también entrenamiento. Se requiere no solamente esfuerzo, sino también inteligencia. Se requiere no solamente devoción, sino también entendimiento. Se requiere oración, pero también acción. Se requiere renuncia, pero también disfrute.

Por eso considero el abordaje del Tantra –una de las corrientes principales de la Tradición y práctica budista–

como uno de los enfoques más integrados y prácticos que mejor se ajusta al mundo tal como es hoy, cuyo fundamento es que ambos la Liberación y el disfrute van de la mano; a diferencia del punto de vista tradicional de Oriente que afirma que para que uno pueda experimentar la Liberación espiritual en esta vida, uno debe renunciar totalmente al deseo, practicar el ascetismo, volverse una persona aburrida que niega todas sus emociones humanas e intenta, mediante grandes exigencias y sacrificios, alcanzar la perfección espiritual.

Para mí, y se trata de una experiencia altamente personal e íntima, la Liberación espiritual es una cuestión de comulgar y comunicarse con Dios aquí y ahora, de establecer contacto consciente con la Fuente, el Ser, la Mente universal; de vivir momento a momento esta meditación; de pensar, sentir y actuar en consonancia con este Descubrimiento; de expresar la dicha y experimentar el éxtasis que resultan de esta Revelación, de ser uno mismo, de encarnar el Amor universal que es nuestra verdadera Identidad; de demostrar que es posible "vivir en el mundo sin ser del mundo" –tal como enseñara Jesús-; de que el Corazón Despierte e integremos la Visión mediante la cual podemos contemplar el mundo correctamente y entendernos a nosotros mismos en alineación con esa contemplación; de, fundamentalmente, aceptar lo que ya somos realmente y de afirmarlo, vivirlo y experimentarlo.

En verdad, no es necesario buscar ni alcanzar a Dios. Dios, como indica el título de esta sección, es lo que ya somos, y lo que Todo es. Ése es un hecho incuestionable que resulta oscuro hasta el momento de la Revelación. Se trata de un hecho científico, no de una teoría filosófica o un razonamiento metafísico.

Se trata de la Verdad literal, la cual debe ser intuida, sentida, experimentada, comprobada y demostrada personal e individualmente, y transferida de este modo a todo el mundo y a todas las cosas.

En este sentido, debo confesar que la obra *Un Curso de Milagros* es una ventaja única, una herramienta formidable, que en mi caso ha servido de manera excelente como catalizador en el proceso de mi propio Descubrimiento de quién soy, y en el Camino –que es *el Camino del Despertar*– de la práctica a través de la cual los obstáculos a la realización de mi verdadero Ser son eliminados de mi conciencia, vida y experiencia.

Un Curso de Milagros, como el propio libro lo dice, apunta a una experiencia que es de carácter universal, si bien se experimenta de manera local en el individuo.

La práctica del entrenamiento mental, el sadhana*4 de la purificación de nuestras tendencias y de nuestros hábitos condicionados basados en la identificación con la mentalidad egóica, el des-hacimiento de la programación inconsciente que rige y gobierna nuestro cuerpo-mente y nuestro destino en su totalidad, la trascendencia del miedo, la culpa y la vergüenza –de la sensación de separación de Dios, del Ser–, nos conducen inevitablemente a experimentar un Despertar espiritual que nos libera de nuestras viejas limitaciones y de nuestros esquemas de pensamiento basados en el error de la separación, y abre las puertas a lo que *Un Curso de Milagros* llama el "mundo real". El mundo real es el mismo mundo de espacio-tiempo de siempre, excepto que nuestra percepción ha sido transformada radicalmente gracias al principio del perdón. Nuestra mente ha sido sanada de su sensación de carencia, y nuestros pensamientos purificados de su egoidad. El mundo real es el resultado de una percepción verdadera cuyos pensamientos son libres, y el mundo que se percibe como resultado es uno que refleja dicha, paz, amor y Unidad.

"El mundo real es también un sueño. Excepto que en él los personajes han cambiado y no se ven como ídolos traicioneros. El mundo real es un sueño en el que no se usa a nadie para que sea el substituto de otra cosa ni tampoco se le interpone entre

los pensamientos que la mente concibe y lo que ve. No se usa a nadie para lo que no es, pues las cosas infantiles hace mucho que se dejaron atrás. Y lo que una vez fue un sueño de juicios se ha convertido ahora en un sueño donde todo es dicha porque ése es su propósito. Ahí sólo pueden tener lugar sueños de perdón, pues el tiempo está a punto de finalizar. Y las figuras que entran a formar parte del sueño se perciben ahora como hermanos, a los que ya no se juzga, sino que se les ama"*4.

Cuando uno ingresa en la esfera y experiencia del mundo real, uno está "viviendo en el mundo sin ser del mundo". El mundo real es otro nombre para la experiencia directa del aquí y ahora, sin los velos de condicionamiento impuestos por nuestras percepciones basadas en nuestros juicios del pasado. En realidad, nunca experimentamos el aquí y ahora tal como es. Utilizamos el presente como un medio para perpetuar el pasado en un tiempo futuro, y así, pasamos por alto completamente el aquí y ahora.

Pero el aquí y ahora es el momento de la transformación. En el aquí y ahora el tiempo se transforma en eternidad, literalmente. Por eso la capacidad de vivir realmente en el aquí y ahora es tan fundamental.

No estamos acostumbrados a vivir de tal modo que hagamos hincapié en el aspecto presente del tiempo, el aquí y ahora. Nuestra mente ha sido enseñada a pasar por alto el presente y a enfocar su atención en el tiempo pasado y futuro. Obviamente, se trata de un mecanismo ilusorio. Por esta razón es que vivimos más bien en un mundo de fantasías que en el mundo real, que es la esfera en la que la Unidad se conoce y se experimenta presentemente. Negar el presente y pasar por alto el aquí y ahora es lo que perpetúa la ilusión de la separación, la ilusión del tiempo lineal. Pero cuando estamos presentes corporalmente, con todo nuestro ser, el tiempo se colapsa en el ahora y experimentamos el Despertar de nuestra conciencia –y de nuestro cuerpo.

Todo nuestro ser Despierta en el momento en el que el tiempo se colapsa al nosotros darnos cuenta de que, tanto el pasado como el futuro, son construcciones, proyecciones, fabricaciones de la mente condicionada –y no una realidad objetiva, fija e inmutable.
La secuencia de tiempo en la que vivimos puede ser modificada si modificamos nuestros pensamientos.

El aquí y ahora es el momento para llevar a cabo esta práctica e intercambiar el tiempo por eternidad. Esto es así porque el tiempo es en realidad eternidad; no el tiempo lineal, sino la totalidad del tiempo.

La ilusión del tiempo en secuencia opaca nuestra capacidad para percibir el tiempo tal como es en su aspecto eterno: el ahora.

Nuestra manera de pensar determina literalmente la secuencia de tiempo en la que vivimos, la clase de tiempo en la que vivimos. Podemos vivir en el tiempo, aunque con un pie en la eternidad. Esto es vivir en el mundo real. Vivimos en el tiempo, aparentemente, pero como pensamos con la Mente de Dios, nuestra mente se funde con la eternidad. Utilizamos el cuerpo como un vehículo humano de aprendizaje y expresión, pero no estamos limitados por él. Sabemos que el cuerpo no es la totalidad de lo que somos. Es tan sólo un aspecto de nuestro Ser, que tiene utilidad en el tiempo mientras cumple su función de aprender y comunicar. Luego se trasciende y se deja a un lado, siendo reemplazado por el estado de Ser que era su propósito realizar y encarnar.
Nuestro malestar, nuestro sufrimiento humano, nuestras limitaciones humanas, el drama humano en el que solemos vivir, los conflictos que experimentamos, todo esto se debe a que vivimos de un modo automático, en la inconciencia, siendo irresponsables e ignorantes del correcto uso de nuestro poder; del poder de nuestra mente. Esto no es un pecado, sino un error, que puede y debe ser corregido. En ello radica la Misericordia del Dador.

Por esta razón es que necesitamos el milagro, necesitamos aprender la mecánica del milagro, aceptar y reconocer el poder de la oración, entender la importancia de la meditación, de la auto-observación y del entendimiento de uno mismo, y practicar la comunión con Dios, la comunicación directa con nuestro propio Ser espiritual.

Se trata de un nuevo Lenguaje, uno que es estrictamente necesario que todos utilicemos –toda la Humanidad en su conjunto, como Familia–, si es que hemos de conocer la verdadera Felicidad de Ser, y si es que hemos de realmente cumplir nuestra función como seres espirituales y humanos en esta Tierra.

Hemos de conocer a Dios porque Dios, como indica el título de esta sección, es lo que nosotros somos. No existe un poder externo a nosotros. El poder está contenido en nuestra propia conciencia, porque allí mismo fue depositado por la Divinidad. La experiencia que confirma que el Poder de la Divinidad vive en nosotros no es una experiencia que sea del ámbito de la dualidad, de las polaridades en las que el mundo de la forma se basa. Se trata de una experiencia no-dual que confirma la Unidad del único Ser que existe y que somos. Se trata de una experiencia altamente personal e íntima.

"...La verdad sólo puede ser experimentada. No se puede describir ni explicar..."*5.

Si intentamos explicar con palabras o conceptos esta experiencia al mundo, posiblemente nos veamos frustrados ante nuestro intento. Únicamente aquellos que residen en esta frecuencia de la Verdad, y únicamente aquellos que utilizan este nuevo Lenguaje, el Lenguaje de la Energía del Universo, el Lenguaje del Amor, el Lenguaje de la Unidad, el Lenguaje del Espíritu, pueden comprender de qué estamos hablando.

Sin embargo, la experiencia de la Verdad nos transforma y nos conduce a vivir de una manera completamente diferente, aunque no digamos ni una sola palabra. La experiencia de la

Verdad transforma nuestra mente, nuestras emociones y nuestras acciones.

No necesitamos demostrarle nada a nadie, sino simplemente vivir la Verdad en nuestra propia vida; ésa es la mayor Demostración que podemos ofrecer. Nuestra vida es el mayor ejemplo que podemos ofrecer como un instrumento de Enseñanza para otros. Si vivimos la Verdad que predicamos, entonces somos un ejemplo y una Demostración viviente para aquellos que caminan el mismo Camino que nosotros caminamos. El resto es un asunto del Universo.

No tenemos que convencer a nadie de nada ni intentar cambiar a nadie; tenemos que vivir y Demostrar a través de nuestra propia práctica personal. La realización espiritual de la que aquí hablo no tiene nada que ver con el mundo en sí – aunque ciertamente no lo excluye. La realización espiritual de la que aquí hablo tiene todo que ver con la Conciencia en sí, con el Ser espiritual que somos, y ocurre en el ámbito puramente subjetivo de nuestra existencia. Esta realización no tiene nada que ver con cambios fenoménicos en el mundo manifiesto –aunque desde luego éstos pueden y suelen ocurrir bastante naturalmente, debido a que la mente y la materia son en sí la misma Energía–, sino con el Despertar de la Conciencia en sí, con el reconocimiento de nuestro Origen o Fuente espiritual, la Cual es trascendental al espacio-tiempo, es decir, al reino de cambios y de causa-y-efecto.
Por eso decíamos antes que el aquí y ahora es el momento en el que el tiempo se transforma en eternidad, porque la eternidad es en realidad todo lo que hay. El espacio-tiempo, como vimos en una sección anterior de este libro, es un Juego de la Conciencia.

Al creernos separados de esa Conciencia padecemos la ilusión de que podemos controlar el Juego y de que somos los responsables por él. La Conciencia en sí es responsable por ese Juego, mientras que cada uno de nosotros es responsable por restablecer el contacto directo con esta Conciencia. Nuestra

Liberación, en vida, depende de que establezcamos, aquí y ahora, contacto consciente con esta Conciencia. Si esto es así, todo lo demás marchará bien.

Al establecer contacto consciente con esta Conciencia, la purificación de nuestro ego –la voz que funciona compulsiva y automáticamente en nuestra cabeza, la narrativa mental constante que se alimenta de las imágenes de la percepción y de las asociaciones que nuestro intelecto finito lleva a cabo, la alucinación del pensamiento que nos conduce a vivir como un ser separado que se concibe a sí mismo habitando un mundo material de objetos aparentemente separados, las capas de ilusiones que se alojan en los distintos niveles de nuestra conciencia que cubren la Realidad en la que realmente vivimos, el mecanismo de la proyección que se basa en la creencia en la escasez, y, principalmente, la identidad que hemos construido para mantenernos en la ilusión de separación de nuestra Fuente– ocurre naturalmente, sin necesidad de complicados análisis ni interpretaciones complejas. Si hacemos nuestra práctica de manera regular, lo demás ocurre por añadidura. Todo lo que necesitamos en el ámbito de lo concreto se nos provee de manera fácil. Lo cierto es que para la gran mayoría de los seres humanos vivir de esta manera es algo sumamente extraño y poco común; no porque sea difícil, sino porque no se está acostumbrado a ello.

En este mundo no se está acostumbrado a pensar como Dios; se está acostumbrado a pensar como humano.

"*No piensas los pensamientos de Dios, sino de los hombres*", es una reprimenda de Jesús a uno de sus discípulos, Pedro, ante la falta de fe de éste. Y éste es el caso de la mayoría de los seres humanos. Esto se debe a que, al venir al mundo, la mayoría olvida su Origen, Identidad y Fuente espiritual. De esta manera, los seres humanos se someten a un aprendizaje que condiciona su percepción, y pierden así –aparentemente– la conciencia o recuerdo de su estado natural, de su Divinidad, de su verdadero Poder. Al perder la conciencia se pierde el acceso a la posibilidad de vivir, incluso en este mundo condicionado, siendo quién uno realmente es, encarnando y manifestando el Amor, la Gracia, la Presencia y el Poder de nuestro Ser espiritual.

Los seres humanos aceptan las limitaciones como algo inevitable y natural y se someten a la creencia de que "son lo que son", y llegar a pensar o concebir la posibilidad de trascender e ir más allá del condicionamiento humano basado en el miedo, la separación y la culpa se considera una blasfemia.

Vivir en éxtasis se considera una blasfemia; vivir en la dicha se considera una blasfemia; ser feliz se considera una blasfemia; sentirse abundante –en el auténtico sentido del término– se considera una blasfemia; sentirse libre se considera una blasfemia; *declarar que uno es como Dios, ¡por ello te crucificarán!* Y, sin embargo, tanto tú como yo, somos como Dios. No hay diferencia entre Dios y nosotros. Pero este mundo está construido, literalmente, para que nos olvidemos de esta Verdad, para que neguemos esta Unidad y vivamos como un pobre ser humano –como un ego– que pasa por este mundo triste y desolado sin propósito ni función, sin conocer a Dios, negándose todo a sí mismo y experimentando nada –o muy poco– de Felicidad en esta Tierra.

Lo cierto es que estamos aquí para celebrar nuestra Unidad con Dios.

No estamos aquí para sufrir; estamos aquí para Despertar. Como vimos al principio, éste es el único y verdadero propósito del mundo. Si asumimos cualquier otro propósito como propio, no llegaremos a experimentar la realización de la Unidad plenamente, ni tampoco llegaremos a experimentar la transformación majestuosa que el auténtico Despertar espiritual trae consigo de manera consistente.
Nuestra función en la Tierra es el perdón, es asumir la responsabilidad por cómo nos sentimos y por los resultados en nuestra vida, y es permitir que la causa-raíz que ha dado

lugar a semejante experiencia, semejante mundo, sea modificada mediante un cambio radical en nuestra manera de entender, percibir y sentir todas las cosas. El poder de Dios en nosotros es el poder de la Mente, y por eso es tan importante aprender a gobernar nuestra propia mente antes que gobernar cualquier otra cosa en este mundo. Es muy importante entender cómo funciona la mente y comprender cabalmente que todos nuestros pensamientos tienen efectos. Aquí reside el valor y la importancia de la auto-observación, de la capacidad de entender la mente de manera cada vez más precisa y aguda, y de trascender el ego momento a momento; no mediante la negación, sino precisamente a través del entendimiento.

El ego es la tendencia de la atención a enfocarse en ciertos objetos –ya sea internamente en la forma de imágenes, pensamiento-forma, o externamente en la forma literal de objetos físicos observables en el mundo físico– y a excluir de esa manera la Totalidad. Es así como se crea nuestra identidad aparentemente separada y concreta: mediante el uso que hacemos de nuestra atención.

Ésta es una Ley de la conciencia: que aquello en lo que enfocamos nuestra atención, en eso nos convertimos.

Esto es así literalmente. Por esta razón es que es tan importante colapsar el tiempo, o lo que es lo mismo, salirse del tiempo. Al salirnos del tiempo ingresamos directamente en el ahora, y toda la mecánica del ego que basa su funcionamiento en el uso limitado de la atención y en la percepción condicionada del tiempo, pierde su fuerza y agarre en nosotros y es reemplazada por lo que *Adi Da Samraj* describe como la "atención libre".

La atención libre es la facultad de la atención desprovista de sus tendencias limitantes que la conducen a enfocarse en ciertos objetos particulares.

Lo cierto es que nuestra atención está condicionada por el pasado –y limitada por la creencia en el espacio-tiempo como un fenómeno objetivo. Los objetos que nos atraen literalmente proceden de viejas tendencias y antiguos hábitos que aún no hemos logrado trascender. Al principio, imaginamos que es muy difícil liberarnos de estas tendencias y estos hábitos, pero con la práctica nos damos cuenta de que se trata tan sólo de una decisión consciente que tomamos momento a momento. Parece difícil al principio concebir que realmente podamos gobernar nuestra mente a voluntad; y es cierto que ello requiere una gran energía y una gran inteligencia, así como una firme decisión de renunciar a todo lo que no es real en nosotros mismos -es decir, todo aquello que procede del ego y no del Ser en sí. Pero con los resultados que la práctica nos brinda, etapa por etapa, comenzamos a confiar más y más en nuestra capacidad para trascender estas tendencias y estos hábitos de la mente condicionada.

Comenzamos a confiar cada vez más y más en un Poder que está más allá de nosotros, pero que opera a través de nosotros.

Y a su vez, comenzamos cada vez más y más a entregarle a este Poder todas nuestras necesidades. Éste es el significado de la rendición.

La rendición es la entrega total de todas nuestras necesidades a un Poder Superior, que es nuestro propio Ser, y la confianza de que dicho Poder sabe mejor que nosotros cómo satisfacer dichas necesidades.

Únicamente en tal estado de entrega y rendición es posible la paz. Únicamente reconociendo la perfecta Unidad que existe entre el mundo espiritual y el mundo material puede descubrirse y experimentarse la verdadera Felicidad y la dicha sin opuestos, la paz "que supera todo razonar". Únicamente encontrando la ecuanimidad que supone vivir conscientes de la Luz de Ser, y a la vez funcionar con efectividad y éxito en el mundo de espacio-tiempo, puede descubrirse y experimentarse el éxtasis de la reconciliación entre dos mundos que parecen ser opuestos -o al menos distintos.

Cuando nos damos cuenta de que nosotros somos el Ser no-dual, el conflicto entre el "ser" y el "hacer" desaparece.

Cuando entendemos que la realidad no es objetiva, sino subjetiva, la aparente dicotomía entre nuestra persona y el mundo se desvanece. Cuando concebimos el tiempo tal como realmente es –un instante presente que se extiende desde el ahora a la eternidad–, y no como el ego lo percibe –una secuencia de instantes separados, siendo el pasado el factor fundamental que determina nuestra experiencia futura, pasando por alto el presente considerándolo nada más que un medio para perpetuar el pasado en el futuro–, podemos Despertar a la dicha y a la paz presentes que son las características del estado natural, e ingresar en una experiencia de comunión con el Todo.

Nuestro problema fundamental, que no es sino un error de apreciación, un enfoque limitado en la percepción, es la identificación con el pequeño "yo" a expensas del reconocimiento y de la experiencia de la Totalidad.

Esta identificación tiene lugar mediante un acto de la atención que nos conduce inconscientemente a repetir una y otra vez los mismos hábitos en la mente, las emociones y el cuerpo, y a experimentar constantemente los mismos resultados basados en la separación, el miedo y la culpa.
En otras palabras, el sufrimiento es creado por nosotros mismos mediante un acto que llevamos a cabo con nuestra atención. Si modificamos la naturaleza de nuestros pensamientos modificamos el curso de nuestra atención, y tanto nuestra experiencia como nuestro destino se modifican en el presente. La verdadera transformación sólo puede tener lugar si estamos realmente presentes en el ahora. No hay transformación verdadera y profunda sin este estado de

Presencia. El estado de Ser es uno de pura Presencia. Por lo tanto, al estar presentes, con todo el ser, nos alineamos naturalmente con el estado de Ser. En el estado de Ser no hay ni separación, ni miedo, ni culpa. Por lo tanto, estar en contacto consciente con este Ser –mediante la mera Presencia– es en sí transformador, puesto que es la integración de nuestra mente con el estado natural, aunque sea por un instante, y el abandono de todas las defensas y resistencias inconscientes a la rendición a este Ser.

Para finalizar esta sección, vale decir que el único poder capaz de afectarnos son nuestros propios pensamientos. Al darnos cuenta cabalmente de esto, nos volemos deseosos de liberarnos de la carga de tener que purificar nuestros propios pensamientos por nuestra cuenta. Por esta misma razón, le entregamos todos nuestros pensamientos al estado de Ser y abandonamos todas nuestras defensas que impiden el logro de esta entrega consciente. Con gusto y de buena gana practicamos esta rendición, y así experimentamos los resultados de esta entrega rápidamente, sin demoras.

Cuanto más intensa sea nuestra práctica, cuanto más aguda sea nuestra concentración, cuanto más preciso sea nuestro enfoque, más rápidamente experimentaremos la conversión de nuestra mente y la purificación de nuestros pensamientos.

Esta práctica continua nos conduce al reconocimiento de la Unidad fundamental de nuestro Ser, que es la Unidad de Todo. En otras palabras, esta práctica nos conduce a la realización de la Unidad inherente de la existencia, al dominio de la No-dualidad, al reino de la Conciencia en sí donde espacio y tiempo se perciben como meras proyecciones de la mente condicionada, las cuales pueden alterarse conscientemente para que dejen así de ser un obstáculo para la experiencia que confirma que el Poder de la Divinidad es Uno con nosotros.

Lo eterno está siempre accesible para nosotros en el ahora.

Somos Hijos de la eternidad. Y sólo en la eternidad podemos sentirnos verdaderamente completos y plenos. Sólo estando en Casa con Dios podemos encontrar la paz del Corazón. El mundo es una ilusión. Eso no quiere decir que lo neguemos o que seamos irresponsables mientras vivimos en él. Quiere decir simplemente que no es nuestro hogar, que no hay nada en él que vaya a durar para siempre o a permanecer para siempre de la misma forma, que es una proyección de la mente –no importa cuánto nos esmeremos en hacerlo real en sí mismo–, y que estamos aquí para Despertar de esta ilusión –y que nada que sea menos que este Despertar completo puede ofrecernos la auténtica Felicidad o la verdadera realización.

De ninguna manera pretendo compartir una visión negativa del mundo; lo que estoy tratando de enseñar es que el mundo, tal como *Un Curso de Milagros* asevera, es, simplemente, neutro. No hace nada en sí mismo. Por eso es por lo que es una ilusión.

Lo que el mundo parece hacer es lo que nosotros mismos deseamos –o le pedimos– que haga.

Consciente o inconscientemente, esto es así.

Perdonar el mundo nos capacita para asumir completa responsabilidad por las proyecciones de nuestra propia mente y dejar de culpar al mundo por ellas.

He aquí la importancia de prestar atención a nuestra propia mente, a las proyecciones del ego, a los mecanismos del pensamiento condicionado, a la emoción del miedo y de la culpa, y a todas las imágenes y percepciones que nuestra conciencia contiene, pues así decidimos, mediante el poder de nuestra voluntad en alineación con la Voluntad universal, abandonar y trascender el modo automático e inconsciente de operar que habitualmente tiende a dirigir todos nuestros actos y a determinar nuestra experiencia, nuestra vida y nuestro destino.

La manera en que algo deja de tener poder sobre nosotros es volviéndonos conscientes de ello en su totalidad. No hay otra manera. Lo que permanece inconsciente nos gobierna. Aquello de lo cual nos volvemos conscientes deja de tener poder sobre nosotros. Tenemos el poder de aquello sobre lo cual nos volvemos conscientes.

Esto es así porque el poder siempre emana de nosotros, y no de aquello que era inconsciente, sobre lo cual habíamos proyectado nuestro propio poder. Estar inconsciente es una decisión. Es la decisión de no conocer. Cuando nos volvemos conscientes es porque hemos tomado la decisión de conocer. Por eso, conocer o no algo es una cuestión de voluntad.

Trascender el ego y Despertar es una cuestión de voluntad, además de ser algo inevitable.

El Llamado del Espíritu es literalmente irresistible porque nosotros somos el Espíritu, somos esa Conciencia que las religiones del mundo llaman "Dios". Podemos Despertar en este mismo momento; de hecho, todo aquí nos enseña realmente que no tenemos otra alternativa. Al encontrarnos en una condición de limitación, en una ilusión que consideramos nuestra "realidad", en un estado de aparente separación de lo que realmente somos –la Conciencia en sí, el Espíritu Omnipresente–, en un estado mental y emocional cuya raíz *es* el sufrimiento, en un mundo de escasez regido por el miedo, la competencia, el ataque, la culpa, la enfermedad y la muerte,

¿qué otra Alternativa excepto Despertar querríamos elegir?

NO SOMOS UN CUERPO, SOMOS ESPÍRITU. HEMOS VIVIDO YA MUCHAS "VIDAS", Y TODAS ELLAS ESTÁN OCURRIENDO EN SIMULTÁNEO, EN ESTE MOMENTO. HE AQUÍ EL "SECRETO" DE LA LIBERACIÓN.

Como ya mencionamos, el ahora, el momento presente, es mucho más que solamente un intervalo de tiempo entre el pasado y el futuro. El ahora, el momento presente, es el puente literal a la eternidad. Si se corre el velo del condicionamiento de nuestra percepción, podemos acceder a la totalidad de todas las posibilidades que el momento presente ofrece. Nuestros pensamientos tienen una íntima relación con aquello que percibimos y experimentamos. De hecho, en verdad, no existe diferencia alguna entre el pensamiento y lo que se percibe. El pensamiento y la percepción ocurren en simultáneo. El "mundo" es la ilusión o creencia de que no es así. Ésta es una de las Enseñanzas fundamentales del sistema de pensamiento de *Un Curso de Milagros*.

Cada persona percibe el tiempo de manera única. La manera en que cada persona percibe el tiempo se convierte en el concepto que dicha persona tiene de sí misma. Organizamos nuestros pensamientos en base a cómo percibimos el tiempo, y de esta manera definimos el espacio en el que vivimos y en el que nuestra conciencia parece habitar y desplazarse. El concepto que una persona tiene del tiempo determina, en buena medida, el concepto que tiene de sí misma, de los demás y de todas las cosas. Esto es debido a que el mecanismo del pensamiento condicionado ocurre en el tiempo, y formamos nuestro auto-concepto -o la imagen que tenemos de nosotros mismos como un ego, como un ser separado- en base al pensamiento condicionado en sí, que es lo que la actividad del ego es. Y este auto-concepto determina también la manera en que percibimos a otros.

Percibimos a otros tal como nos percibimos a nosotros mismos. El auto-concepto o imagen que tengo de mí mismo es el filtro a través del cual percibo todo lo demás. El mundo que experimento es sí o sí el resultado de la idea que tengo de mí mismo. Esto es así porque yo soy la causa del mundo que veo, y el único responsable por aquello que percibo y por cómo lo percibo.

Sin pensamiento condicionado no hay tiempo, sino simplemente Conciencia -sin ninguna necesidad de organizar ni definir nada en absoluto. El modo de pensar condicionado del ego es, en buena medida, lo que fabrica la ilusión del tiempo, la cual a su vez alimenta, inconscientemente, el pensamiento egóico.

Tal como percibimos el tiempo, así pensamos. Y tal como pensamos, así percibimos el tiempo.

La naturaleza de los pensamientos que pensamos está condicionada por la manera en que concebimos y percibimos el tiempo. El tiempo y la mente condicionada están íntimamente ligados, si es que en realidad no son lo mismo. En verdad, podemos decir que el tiempo es una invención de la mente condicionada, el cual le permite vivir a ésta en su ilusión de separación del resto del Universo.

Sólo en el tiempo es posible estar separado. Pero existe una dimensión eterna y trascendente en donde solo hay Uno. Por eso es tan esencial romper con la percepción fija que tenemos del tiempo y permitir que el Universo nos enseñe la verdadera naturaleza multidimensional del tiempo.

Con esta enseñanza, nuestra manera de pensar experimenta automáticamente una transformación y comenzamos a vivir en nuevas "frecuencias" de tiempo.

El tiempo no es un hecho absoluto. ¡Esto es un hecho! El tiempo es relativo, y se puede modificar. La secuencia de tiempo en la que vivimos no es fija. En el momento presente podemos alterar tanto el pasado como el futuro.

Si modificamos nuestra conciencia en su raíz, *ahora mismo*, podemos modificar la secuencia de tiempo en la que vivimos, de la misma manera en que podemos modificar nuestros pensamientos. El ahora es en verdad un instante eterno, pero nuestra mente condicionada percibe tan solo su aspecto temporal y pasajero. Esto es así porque estamos identificados con el cuerpo, y obviamos el hecho –y la Verdad incuestionable– de que nuestra verdadera naturaleza es Espíritu. ¿Por qué lo obviamos? Bueno, ésa es una indagación personal. A menos que tengamos una experiencia de nuestra naturaleza espiritual, es muy posible que continuemos viviendo en base a la programación de este mundo, a los dictados del inconsciente, a los dogmas de la mentalidad dualista, a la ilusión de la separación, a la conciencia egóica. A menos que experimentemos una transformación radical de naturaleza espiritual en nuestra conciencia, continuaremos viviendo en base a valores superficiales, convencionales, mundanos e ilusorios, y no gozaremos del entendimiento y del insight que son la llave para desarrollar la capacidad y la visión que nos permiten identificar y trascender, aquí y ahora, todo nuestro condicionamiento, nuestras limitaciones y la identificación con la mera identidad corporal.

En otras palabras, mientras sigamos creyendo que somos únicamente este cuerpo mortal no podremos escaparnos del tiempo tal como lo hemos construido. Hemos construido el tiempo para permanecer dormidos, en la ilusión de la separación de Dios.

Por lo tanto, si tan solo vivimos en el modo automático, siguiendo solamente las enseñanzas de este mundo y creyendo únicamente en todo lo que la percepción nos muestra y enseña, continuaremos "fijos" en la misma secuencia de tiempo -y de pensamiento- que es responsable por el sufrimiento que experimentamos como humanos en el pasado.

Tanto Buda como Jesús, así como tantos otros Maestros –del pasado, del presente y del futuro–, se dieron cuenta a ciencia cierta de que podían trascender el mundo. Intuyeron que existía una Realidad espiritual que no estaba condicionada por el espacio-tiempo. Ellos dedicaron su vida a la realización de esta

Realidad espiritual y demostraron de manera incuestionable que cualquier ser humano puede, si así lo desea, realizar esta misma Realidad espiritual.
Tanto Jesús como Buda, así como tantos otros Maestros, viven en nuestro Corazón. De la misma manera, yo vivo en tu Corazón y tú vives en el Mío.

Y esto será así eternamente. No podemos perdernos. Podemos estar aparentemente separados en el tiempo, podemos modificar nuestras formas, podemos cambiar nuestra apariencia, podemos estar aparentemente distanciados por el espacio, pero no podemos perder la comunicación entre nuestros Corazones y mentes. He aquí otro de los principios básicos de la Enseñanza de *Un Curso de Milagros*: "las mentes están unidas". Todas las mentes están unidas porque todas ellas son parte de la única Mente: la Mente de Dios o Mente universal. Nuestras mentes individuales son mucho más poderosas de lo que imaginamos, porque en ellas está contenido el poder infinito de la Mente universal.
Cada pensamiento que nuestra mente concibe es como una onda vibratoria que se expande por todo el Universo...¡así que imagínense los efectos que nuestros pensamientos pueden llegar a tener!

Darnos cuenta del poder que tienen nuestros pensamientos es empezar a pensar como Dios. Debido a que creemos que estamos separados de Dios, que somos un ego, sencillamente no pensamos como Dios...y he ahí los resultados que obtenemos de nuestros propios pensamientos: alguna u otra forma de sufrimiento.

A menos que cambiemos nuestra manera de pensar, nada cambiará. A menos que comencemos a asociar nuestra existencia presente con el Espíritu, continuaremos bajo el hechizo de que estamos hechos únicamente de "materia", "cerebro", y "mente racional". Y a menos que nos conectemos conscientemente con el Espíritu, no quedará otra alternativa excepto la de identificarnos con el envase corporal que

vestimos tan sólo por un tiempo, y cuyo propósito es únicamente servir la función que el Espíritu le dio.
Es importante comprender que el cuerpo es tan sólo un vehículo para la expresión del Espíritu. A medida que nos damos cuenta más y más de que el verdadero propósito de nuestra existencia terrenal es ser canales del Espíritu, aumenta nuestra capacidad para ser verdaderamente Felices y para expresar todas las capacidades y dones del Espíritu: el amor, la compasión, la abundancia, el compartir, la paciencia, la visión espiritual, el servicio, el romance, la amistad, la prosperidad, el entendimiento, la inteligencia intuitiva, el insight, etc. También comprendemos que nuestra presente encarnación es tan sólo una escuela para aprender ciertas lecciones hasta que alcanzamos la Perfección –en el grado en que estamos destinados a encarnarla y a vivirla.
Con esta conciencia de que el Espíritu es nuestra Fuente de Vida y Felicidad, nuestra Guía continua y nuestro Compañero eterno, comenzamos a fluir con la corriente de la Energía del Universo cada día más. Vemos un mayor propósito en todo. Cuanto más conscientes nos volvemos de la Presencia del Espíritu en nosotros, tanto más aumenta nuestra capacidad para dar. Dar es la manera de recibir. Dar es la acción plena del Espíritu. El Espíritu solo da. Y cuánto más asociamos nuestra presente encarnación con la Presencia del Espíritu, menos nos vemos impulsados a querer "obtener" cosas y más sentimos el impulso genuino a dar de nosotros mismos. Este impulso genuino a dar nace de uno sentirse abundante debido al reconocimiento de la Presencia del Espíritu en nosotros. Mientras *creemos* estar encarnados, tendemos a olvidar la Presencia del Espíritu en nosotros. De hecho, identificarnos con el cuerpo, con los sentidos, con lo que la percepción en sí nos muestra, hace que nos disociemos de la Conciencia del Espíritu. Debido a que nuestra atención se centra casi exclusivamente en asuntos corporales –de la percepción en sí, incluida la constante actividad de la mente condicionada–, olvidamos la comunión con Dios.

Olvidamos que, incluso vistiendo esta prenda corporal, Dios sigue siendo nuestra Conciencia más fundamental, y vivimos como mendigos en un mundo de escasez fabricado por nuestras mentes aparentemente separadas, repitiendo una y otra vez los mismos pensamientos y actos que nos conducen necesariamente a los mismos resultados, a la misma experiencia.

¡Hasta que Despertamos! Hasta que nos damos cuenta. Hasta que entendemos. Hasta que decidimos hacer la Voluntad de Dios en lugar de la nuestra por separado. El Espíritu no puede operar a través de nosotros a menos que ésa sea nuestra voluntad.

Nuestra voluntad es el mayor Poder del Universo. Si nuestra decisión es continuar creyendo en la separación y atacarnos a nosotros mismos a través de esta creencia, ¡ni siquiera Dios nos puede salvar! Pero si decidimos dejar un espacio vacante e invitamos al Espíritu a que se revele, entonces se nos concede una experiencia espiritual que es personal y universal a la vez, que elimina las dudas que la creencia en la separación produce.

El cuerpo es animado por el Dios Viviente para Sus Propósitos, y para ninguna otra cosa.

Todo lo demás que pensamos y hacemos es, simplemente, un gasto de tiempo y energía innecesario. Las Escrituras afirman una y otra vez que somos como dioses, que nuestro cuerpo es el tempo del Dios Viviente. Y así es en verdad.

Hemos vivido ya muchas vidas, es cierto, pero saber esto es un asunto de experiencia personal. Sin embargo, todas estas vidas que ya hemos vivido son tan ilusorias como esta vida presente. Y a menos que aprendamos las lecciones del Espíritu en esta vida, podemos continuar vistiendo un cuerpo mortal y terrenal indefinidamente y no avanzar nada en absoluto en *el Camino del Despertar*.

El "secreto" de la Liberación en vida es que no tenemos que esperar en absoluto, porque nuestro verdadero Ser no está nunca limitado por el tiempo.

No es una cuestión de tiempo sino de decisión. Si en el *ahora* todo el tiempo está ocurriendo todo el tiempo, podemos en el momento presente poner fin a la ilusión de la separación, asumiendo responsabilidad por la totalidad de nuestra mente y aceptando el remedio o cura para este "mal" o "hechizo". El remedio es lisa y llanamente el Despertar.
Pero no podemos Despertar si no cambiamos de mentalidad en el ahora, y a cada momento. No podemos Despertar si no nos tomamos enserio al Espíritu y creemos que nuestra vida es tan solo para "pasarla bien" y satisfacer constantemente a nuestro ego. Como el tiempo es también una ilusión, no hay nada que esté ya definido de antemano, por lo cual el momento presente se convierte en el puente literal para trascender el tiempo. Lo que hace sólido y lineal al tiempo son nuestros pensamientos, nuestras percepciones -y el hecho de que nos identificamos con ello. Si aprendemos a pasar por alto nuestras percepciones erróneas, las cuales proceden de los pensamientos falsos que el ego fabrica para nosotros, entonces tarde o temprano, tendremos acceso al pensamiento inspirado del Espíritu. El pensamiento inspirado del Espíritu se manifiesta en forma de visión. La característica principal de la visión es la certeza. Nuestras percepciones son siempre inestables y es realmente imposible confiar totalmente en ellas. Pero nuestra visión sí es digna de confianza porque procede directamente del Espíritu.
Krishna le manifiesta a Arjuna en el *Bhagavad Gita**1 que 'Él puede recordar todas sus vidas pasadas, mientras que Arjuna no'. Esto es simplemente una cuestión de visión. El mundo de espacio-tiempo es un mundo de acción y reacción, de causa y efecto. Por lo tanto, todo pensamiento o acción acarrea inevitablemente sus resultados. Sin embargo, podemos cortar con esta cadena de acción y reacción mediante el entendimiento y la trascendencia de nuestra propia mente condicionada. Podemos romper la identificación con el cuerpo

si profundizamos lo suficiente en nuestra comunión con el Espíritu. Podemos dar saltos cuánticos y colapsar tiempo de manera inconmensurable. Claro está, esto requiere un estado avanzado de entrenamiento mental.

Podemos colapsar todo tiempo pasado y futuro en el ahora. Podemos colapsar todas nuestras vidas pasadas y futuras en el ahora. Para eso, tenemos que confiar totalmente y poner nuestro futuro en las manos de Dios, sin reservas. Esto, obviamente, es una práctica.

Podemos vivir esta encarnación como el Ser eterno y gozar del estado de Unidad y de comunión con el Espíritu, y permitir que esta Revelación nos transforme enteramente y que cambie nuestra vida por completo. Aunque no podamos descifrar el Misterio infinito de Dios, sí que podemos ingresar conscientemente en Sus dominios.

Todas las vidas que "hayas vivido" o que puedas "llegar a vivir" están ocurriendo ya aquí y ahora. Tú eres el comandante de tu propio destino. Existe una decisión que puedes tomar que te conduce a la verdadera Realización y a la auténtica Felicidad, y que elimina la necesidad de una búsqueda existencial o espiritual larga, tediosa y aburrida; existe una experiencia de tu Ser, de ti mismo, de ti tal como realmente eres, que anula la necesidad de tener que elaborar complejos análisis y razonamientos lógicos interminables; existe una Alternativa que puedes escoger en esta vida para manifestar y cumplir el Propósito fundamental de tu existencia y acabar de una vez –y para siempre– con el miedo, la duda, el sufrimiento, la culpa –e incluso la muerte.

Si Despiertas a tu Ser eterno podrás encontrar satisfacción duradera aquí y ahora, y renovarla en cualquier momento en que creas perder el rumbo, la dirección –o la calma.
Existe un puente que puedes elegir cruzar que te conduce a donde siempre ya estás, que es lo que realmente tú eres. Lo que tú eres es donde estás. Y nunca puedes irte de ahí. Nunca puedes

salirte del Ser, de lo que eres. Nunca te puedes perder a ti mismo, no puedes perder tu Ser.

Puedes olvidarte de Él –de hecho, no lo recuerdas ahora–, pero no puedes disociarte definitivamente de Él. Cuánto antes te des cuenta de que en esta vida tienes la bendita Oportunidad de recordar quién realmente eres, más fácil te será encontrar, realizar, vivir, experimentar y demostrar el verdadero Propósito de tu vida, y desempeñarás alegremente tu función espiritual de perdonar en esta Tierra con abundante éxito y regocijo.

Es así que colapsarás todas tus vidas futuras y pasadas, para que todas ellas converjan en este mismo momento, aquí, ahora.

De este modo te encontrarás con tu verdadero Ser, que no es tu cuerpo –aunque tu verdadero Ser se manifieste en esta encarnación en la forma de un cuerpo físico en esta secuencia de espacio-tiempo particular. Y esta vida presente se volverá eterna e infinita y Despertarás a la Conciencia en sí, la Cual es todos los espacios y todos los tiempos –pasados, presentes y futuros.
Sólo Despertando a la Conciencia en sí que uno realmente es –y que Todo es– puede lograrse la experiencia de la paz profunda. Y esta vida te conducirá al glorioso Descubrimiento que yace más allá de todas las experiencias de esta o cualquier otra vida: la experiencia de lo eterno, la Conciencia de la Eternidad, la Felicidad que trasciende la separación, el Ser que trasciende la ilusión del nombre y la forma, el Amor perfecto del Universo, el sentimiento de perfecta Unidad que trasciende las diferencias, el éxtasis de la comunión con Dios, con lo Divino; la paz que "supera todo razonar".

¿Por qué no permitir que esta misma vida sea la cumbre y epítome de todas las vidas "vividas" y "por vivir"? ¿Por qué negar Aquello que es Real e inmutable y que jamás nos abandona? ¿Por qué no dedicar esta secuencia de espacio-tiempo particular a la Gran Realización y al Gran

Descubrimiento en el que el sufrimiento se extingue y se conoce a la Fuente eterna de Vida y Felicidad del Universo? ¿Por qué no trascender la mente y Despertar al Corazón?

Nuestro Ser se encuentra en el Corazón. Si logramos la Maestría en relación a la práctica de entrenar nuestra mente, de entregar nuestros pensamientos a la Agencia de purificación espiritual que transforma nuestras percepciones erradas, de cambiar de mentalidad momento a momento en relación al significado y a la interpretación que hacemos de todo aquello que vemos y con lo que nos relacionamos, entonces podremos también modificar y transformar nuestras emociones y nuestras acciones, así como nuestras circunstancias y condiciones en la vida.

No hay nada que no podamos cambiar si reconocemos y ejercemos el verdadero poder de nuestra mente en su uso constructivo, inteligente, creativo e iluminado.

El tiempo es un recurso de aprendizaje que es necesario usar sabia y constructivamente. El tiempo no es una propiedad absoluta y objetiva que opera separada de nuestra conciencia. Ya hemos hablado de esto.

La mejor manera de percibir y usar el tiempo es de modo que el tiempo sea un vehículo para recordar la eternidad; utilizarlo como un recurso, como un puente para cruzar al otro lado del tiempo mismo.

Podemos literalmente ser transportados de manera instantánea a la eternidad, mediante un cambio de conciencia. Como nuestra conciencia se identifica con el cuerpo físico, se percibe a sí misma sujeta al tiempo y al espacio. En el momento en que se rompe la identificación de nuestra conciencia con el cuerpo físico podemos tener un atisbo, un instante de reconocimiento, en el que recordamos la eternidad. No hay experiencia en el mundo que pueda compararse con la de este recordar. De hecho, es muy difícil hablar al respecto, o tratar de definir con palabras esta experiencia. Esto es así porque se trata de una experiencia inefable, muy distinta a todo lo que nos es familiar y conocido. Ésta es la experiencia en la que, mediante la plena Presencia en el momento presente, el tiempo se transforma en eternidad y nuestra estructura psico-física se transfigura en la Luz de la Conciencia. Porque lo que realmente somos, como enseña Adi Da Samraj, es la "Luminosidad". La "Luminosidad" es nuestro estado de Ser previo al "nacimiento" y posterior a la "muerte", el Cual se encuentra presente incluso a lo largo de toda nuestra presente encarnación en este mundo físico de espacio-tiempo. La "Luminosidad" existe trascendental al tiempo y al espacio y no se ve afectada -ni es modificada- en modo alguno por los fenómenos relativos a la mecánica de causa-y-efecto que rige la existencia condicional. Por eso, la verdadera espiritualidad –y el verdadero Despertar– no consiste en negar el mundo de la percepción, de espacio-tiempo, o en "escaparse" hacia otros mundos, sino en trascenderlo, en realizar la "Luminosidad" conscientemente en esta vida, en este mismo momento –y en todo momento totalmente –, incluso mientras uno se encuentra en este mundo. Éste es el "secreto" de la Liberación.

No importa qué hagamos en la vida, qué identidad tengamos en el mundo, dónde vivamos en el espacio-tiempo, cuáles sean las condiciones de nuestra existencia personal, podemos, en todo momento, recordar la eternidad y encarnar la Felicidad del estado de Ser que es previo y trascendental al dominio del ego, la conciencia de separación. Y en ese recuerdo podemos verdaderamente descansar en paz. No importa cuál haya sido nuestro pasado o cuáles sean nuestros planes para el futuro – nada de ello realmente importa, por cierto–, el puente a la eternidad está siempre disponible para ser cruzado en el momento presente –el instante de la Realidad. *Siempre es el instante de la Realidad. Siempre es ahora.* Esto es difícil de captar para la mente que se identifica a sí misma con el espacio-tiempo y que es incapaz de mirar más allá de su propio condicionamiento, su propio aprendizaje, su propia programación, sus propios juicios y sus propios conceptos y su punto de vista particular.

Hasta que comenzamos a Despertar somos algo así como robots programados por el ego, muertos vivientes que vivimos en la inconciencia casi total, buscando en vano ser felices y realizarnos a través de diversos métodos que ingeniamos con nuestra inteligencia limitada, para conquistar los objetos y las condiciones de este mundo de constante cambio e inestabilidad en aras de alcanzar un estado permanente –y totalmente ilusorio– de satisfacción, comodidad y seguridad en el que nuestro "yo" se vea eternamente consolado y protegido –y separado– en su falsa e imaginada identidad limitada, en su imaginado confinamiento, y en su auto-creada esclavitud y su auto-infligido sufrimiento.
Lo que llamamos la salvación no es sino el tranquilo y sereno darse cuenta de que esta identidad del "yo" no es más que una construcción imaginaria de la mente egóica, y que nuestro Ser eterno se encuentra ya a salvo, libre de toda amenaza o posibilidad de ser alterado de cualquier manera.

Ésta es la Realización de nuestra Libertad inherente, de nuestra capacidad para trascender el cuerpo y el mundo en el ahora. Esta trascendencia supone la entrega total de todas nuestras facultades psico-físicas, la rendición total de nuestro cuerpo-mente, el abandono consciente y voluntario de nuestra identidad limitada a la Inteligencia Perfecta del Universo, Dios. Supone la relajación plena, la confianza de que vivimos eternamente en una Unidad armoniosa, amorosa y sagrada con el Ser espiritual, incondicional y Absoluto, y la fe perfecta en que, no importa cuán difícil parezca ser el proceso y cuán duros parezcan ser los desafíos de la vida, el resultado final, el Logro último, está garantizado por la Inteligencia Perfecta del Universo, Dios. Somos esa Inteligencia Perfecta del Universo; somos Dios, por lo tanto, no podemos fracasar.

Podemos estar equivocados con respecto a quiénes somos, podemos juzgar erróneamente las cosas a nuestro alrededor, podemos disociarnos temporalmente de nuestro verdadero Propósito, podemos deambular por el mundo en vano y perder tiempo, podemos buscar y nunca encontrar, podemos crear sufrimiento para nosotros mismos y repetir una y otra vez los mismos errores y las mismas experiencias de separación y dolor, podemos luchar contra –y competir con– todo y todos para conquistar lo que deseamos –incluso el mundo entero–, pero, al final, no podemos separarnos de la Inteligencia Perfecta del Universo, porque siempre somos Eso.

No podemos dejar de Ser lo que Somos. Podemos soñar tanto como queramos que somos alguien que no somos, podemos engañarnos durante mucho tiempo creyendo que somos víctimas y que no somos responsables por lo que nos sucede, podemos inventar sufrimiento para nosotros y otros tanto como deseemos, podemos incluso vivir en la total inconciencia, pero no podemos perder la conexión eterna con el Ser espiritual, con el Corazón más íntimo de nuestra existencia.

Nuestra Conciencia más fundamental, nuestro verdadero Ser, es lo que todas las cosas son, lo que todo ser es, lo que Todo es. Nuestra Conciencia más fundamental no se limita a nuestra existencia individual, y, aunque estemos asociados con un cuerpo físico viviendo en una dimensión de espacio-tiempo a la que llamamos "mundo –un lugar de aparente separación, un reino de nacimiento y muerte–, involucrados en todo tipo de fenómenos, eventos y relaciones, nuestra Conciencia fundamental nunca es modificada. Lo que es susceptible de ser modificado es la mente condicionada pero no la Conciencia en sí. El cuerpo puede ser –y es– modificado tanto como la mente condicionada. Pero la Conciencia en sí nunca es modificada. Nuestra existencia aparentemente individual es una modificación de esa Conciencia. Por eso, si bien nos identificamos con las modificaciones -tanto internas como externas- que experimentamos en el ámbito de nuestra vida aparentemente individual, y sufrimos los efectos del apego –y la aversión– a dichas modificaciones, y a los objetos que resultan de ellas, lo que realmente somos, ahora y siempre, es la Conciencia fundamental del Universo, la Inteligencia Perfecta del Universo.

El cuerpo-mente vive en el espacio-tiempo que "fabrica" para sí mismo de acuerdo a sus pensamientos, ideas, creencias, programas, hábitos, tendencias y condicionamientos – conscientes e inconscientes.

El Espíritu vive en la eternidad, o mejor dicho, *es* la eternidad. Nuestra asociación con un cuerpo físico no es sino una ilusión; no en el sentido de que no lo experimentamos como real, sino por el hecho de que no se trata de la Realidad última, de la Verdad en sí. La vida en el mundo no es sino un Juego de la Conciencia que nosotros, en nuestro estado de aparente ignorancia y ausencia de iluminación, consideramos real en sí mismo, importante en sí mismo y significativo en sí mismo. La vida en el mundo, vista únicamente desde la perspectiva de la conciencia condicionada que llamamos el ego, no puede sino ser una fuente de sufrimiento, dolor, desdicha, angustia, ansiedad, preocupación, enfermedad y muerte. Pero la vida en el mundo, contemplada desde la Visión del Espíritu –o visión espiritual–, se vuelve el escenario perfecto para nuestro entrenamiento en el Despertar.

Aunque parezca difícil creerlo, y las resistencias a aceptarlo sean muchas y se manifiesten de innumerables maneras, lo único que debe cambiar en el mundo es nuestra propia mente, nuestros pensamientos; no mediante la fuerza, la supresión, el control tiránico, el análisis meramente intelectual o la manipulación, sino mediante el entendimiento perfecto, el insight, la observación atenta, la Presencia, la fe, la devoción, la confianza –en otras palabras, la verdadera *práctica espiritual*.

Estamos erróneamente identificados con las tendencias que configuran la dimensión psíquica, física y emocional –consciente e inconsciente– de esta encarnación particular, de este cuerpo-mente concreto, y nuestra atención está localizada en la identidad, personalidad y apariencia –nombre y forma–, reacciones y preferencias de nuestra persona individual. De este modo, perdemos de vista, ignoramos, negamos y olvidamos nuestra verdadera Personalidad, que es una Identidad compartida por todo el Universo. Esta Identidad compartida es la Unidad en sí.

Somos una Unidad, y toda evidencia de la separación no es sino un falso testigo fabricado por el propio ego, que es quien vive de y en la separación. Una vez que detectamos este engaño de la percepción, esta ilusión que tejen los sentidos, comenzamos a "descubrir" el "Gran Secreto": que soy yo quién se está haciendo esto a sí mismo.

No hay nada ni nadie externo a nosotros que pueda causarnos dolor o que sea la causa de cómo nos sentimos. Somos nosotros quiénes, a través de la proyección, decidimos la clase de experiencia, emociones y reacciones que tenemos. Tenemos que conocer nuestra mente, eso es todo lo que se requiere. Y para conocer nuestra mente no hace falta sino observarla de momento a momento. Tenemos que observar cada movimiento de la mente de manera desapegada pero atenta, para simplemente darnos cuenta de que son nuestros propios pensamientos los que nos causan dolor. En la medida en que proyectamos la responsabilidad por cómo nos sentimos sobre otros, en esa misma medida seremos incapaces de trascender las emociones y reacciones que nos identifican con el ego. En la medida en que *permitimos* que se nos enseñe que nada ni nadie fuera de nosotros puede ser la causa de cómo nos sentimos, en esa misma medida nos liberamos del ego en el *ahora*.

Nos liberamos del ego, siempre, en el ahora.

Como enseña Jesús en *Un Curso de Milagros*, el ahora es el momento de la salvación. Porque es en el ahora, el Tiempo Verdadero, que podemos reconocer la Totalidad y nuestro papel en Ella. Nuestro papel en la Totalidad no tiene nada que ver con el ego. El ego es justamente el obstáculo para el reconocimiento de nuestro papel en la Totalidad. El ego es, de

hecho, la creencia de que estamos separados de la Totalidad, y de que existe una realidad externa y objetiva que tiene la capacidad y el poder para determinar cómo nos sentimos, y para dictar lo que somos separados de esta Totalidad.
Lo que somos en la Totalidad, y nuestro papel en Ella, no es algo que el ego pueda saber. El ego es el velo que cubre nuestra conciencia directa de la Totalidad. El ego solo puede ver lo concreto y entender solamente una parte de la Totalidad; pero ni siquiera puede comprender la parte enteramente. Por lo tanto, el ego no entiende nada. Y si vivimos de acuerdo con los dictados del ego, nosotros tampoco entendemos nada, literalmente. Por eso es que el ego no puede saber nada acerca de lo multidimensional ni lo trascendental. El ego sólo puede percibir nuestra existencia presente como un fenómeno aislado de la Totalidad; un evento que está incrustado en el espacio-tiempo como un fenómeno puramente sólido y una circunstancia fija y concreta.

Como el ego no entiende el presente, tampoco entiende el pasado y el futuro, e interpreta que tanto pasado como futuro se encuentran separados del presente. Pero no es así en verdad. El tiempo es un fenómeno mucho más vasto de lo que el ego imagina, al igual que el espacio. Lo mismo ocurre con nuestra vida presente.

El ego la interpreta como un fenómeno aislado que comenzó con nuestro nacimiento y que terminará con nuestra muerte física. Esto es así justamente porque el ego sólo puede asociarse con lo concreto, y no con lo que es puramente espiritual. Pero lo concreto no es realmente concreto, porque en verdad sólo existe lo espiritual.

Todo es espiritual.

Nada de lo que ocurre tiene lugar aisladamente, sino que es el efecto de una causa en la que toda la existencia participa. Darse cuenta de esto es posible únicamente a través de la visión espiritual. Para poder vivir nuestra presente vida con Propósito –y quiero decir con perfecto Propósito–, hemos de vivir conscientes del Espíritu en nosotros. Esto no significa descuidar los aspectos prácticos, concretos y cotidianos de nuestra vida en el mundo; por el contrario, supone funcionar en ellos con perfecta conciencia, con inteligencia intuitiva y acción eficaz. Como todo es espiritual, y la Fuente de Todo *es* el Espíritu, si vivimos entonces conscientes del Espíritu en nosotros, seremos, a ciencia cierta, capaces de funcionar efectiva y exitosamente en todos los asuntos prácticos que estén relacionados con nuestra vida presente.

Como dije antes, podemos literalmente cortar con el hábito de vivir nuestra vida basados en la separación. Esto es un hecho y está demostrado. Para tener certeza de que esto es así es necesaria una experiencia espiritual, es necesario un Despertar de la conciencia.

Lo cierto es que tenemos miedo de este Despertar, y por eso es que seguimos creyendo en la existencia del ego. Porque tenemos miedo de Despertar es que seguimos alimentando con nuestra atención al sistema de pensamiento –a la actividad– que mantiene vivo al ego. Si dejásemos de darle nuestra atención al ego, el ego en sí se desvanecería.

Toda la Enseñanza de *Un Curso de Milagros* sugiere esto mismo: que el ego no es más que nuestra propia fabricación, y que vive gracias a nuestra creencia en él. De por sí, *el ego no existe*. Lo único que existe es el Espíritu, y toda la ronda de "vidas" que vivimos en la separación no es más que el producto de nuestra propia imaginación. Nuestro nacimiento– el aparente nacimiento de nuestro "yo" individual–, nuestra muerte física, y toda nuestra vida en el mundo físico como un cuerpo, una "identidad" separada, no es sino una ilusión. No porque nosotros no seamos reales, sino porque el ego es una proyección de nuestra propia mente que impide que reconozcamos quiénes somos en realidad. Es así que el ego parece mantenernos en un círculo vicioso de culpa y miedo del que parece ser imposible escapar, hasta que Despertamos a la verdadera naturaleza del momento presente y trascendemos espontáneamente la raíz de la que todo el laberinto complejo del ego surge.

Debido a que estamos identificados con este cuerpo-mente particular, no podemos percibir la Totalidad del tiempo, y, por lo tanto, actuamos y reaccionamos de acuerdo a la creencia de que somos este individuo concreto.

Es así que vivimos esta vida limitados por esta creencia y dejamos fuera todas las posibilidades que no cuadran con este enfoque o punto de vista. Nuestros hábitos de pensamiento, nuestras reacciones emocionales y nuestros actos están todos determinados por esta creencia. Vivimos nuestra vida basados en esta creencia de limitación, y, por lo tanto, vivimos de acuerdo al punto de vista de la escasez.
Debido a que creemos ser un ser finito y mortal, nosotros mismos nos negamos la posibilidad de ver más allá del velo de esta creencia.

Fabricamos el espacio-tiempo tal como lo experimentamos de modo que nos aseguremos no liberarnos de esta trampa, de este auto-engaño. Así es exactamente como el pensamiento egóico funciona.

El pensamiento egóico está diseñado de tal manera que no podamos reconocer que *sí* es posible escapar de esta ilusión. A través de nuestro Despertar nos damos cuenta de que *sí* podemos escapar, y fácilmente. De hecho, para escapar, *no hay que hacer nada*. Lo realmente difícil es *aceptar* que no hay que hacer nada. El ego se resiste terriblemente a esto porque es la certeza de que, en realidad, *ya somos perfectos y no carecemos de nada*. El ego se basa en el hacer, pero no en la acción creativa sino en la *reacción*, que es necesariamente mecánica y destructiva.
La acción creativa procede del Espíritu, mientras que la reacción procede siempre del ego. El Espíritu responde creativamente porque Su Pensamiento se basa en la

extensión, que es como el Espíritu crea. El ego reacciona destructivamente porque percibe todo en términos de separación, por lo cual sus acciones están siempre basadas en el miedo, la culpa y la ira. Éste es el modo en que se reafirma a sí mismo y refuerza su identidad en la separación y la escasez. La manera en que el ego se desvanece es dejando de pensar y actuar desde el ego. *¡Sencillo de decir pero más difícil de practicar!* El ego es terriblemente ingenioso y astuto, y es capaz de engañarnos tanto como se lo permitamos. Pero el ego no puede engañarnos si le quitamos el poder. Y el poder que le damos al ego se lo otorgamos a través de nuestra mente, nuestra atención. De la misma manera en que le damos atención al ego, podemos darle nuestra atención al Espíritu, a la Alternativa al ego. Es así que el ego se deshace. Cuando hablamos de "no hacer nada", no estamos diciendo que no debamos actuar. Estamos diciendo que no debemos pensar ni actuar desde el ego. Esto solamente es suficiente para que el ego se desvanezca.

Lo cierto es que cuando dejamos de pensar y actuar desde el ego, el Espíritu inmediatamente comienza a expresarse a través de nosotros. Esto es inevitable porque nuestra mente, tal como es, está unida al Espíritu eternamente.

El auténtico "secreto" es que el ego no existe y que todo este mundo, todo el espacio-tiempo, no es más que una ilusión, una proyección de nuestra propia mente.

En lugar de proyectar, podemos literalmente extendernos tal como lo hace el Espíritu, desde nuestro verdadero Ser. Esto es lo que realmente significa pensar correctamente. Pensar correctamente es extender el Espíritu en nosotros, percibiendo desde el principio nuestra propia perfección, nuestra Unidad eterna e indestructible con la Mente de Dios. No podemos morir, así como tampoco podemos nacer. Somos una extensión de Dios, pero estamos confundidos respecto a lo qué y a quiénes somos.

El nacimiento y la muerte son interpretaciones erróneas con respecto a nuestra existencia, tal como es un simple error vivir identificados con el ego.

Es el ego el que es una ilusión; nosotros somos reales. Nuestra devoción al ego nos impide sentir, experimentar, vivir y expresar nuestra Realidad; no porque la Realidad esté ausente o porque estemos separados de la Realidad, sino porque al identificarnos con el ego nos enfocamos tan sólo en una pequeña y superficial parte de nosotros que pretende dejar afuera a la Realidad. Pero la Realidad es Todo lo que hay.

Nosotros somos la Realidad. Nosotros somos la única Realidad. Sólo existe la Realidad. E independientemente de cuál sea nuestro destino en el espacio-tiempo, siempre somos esa Realidad.

Porque esa Realidad que somos es trascendental al espacio-tiempo, y no se ve afectada –como ya hemos visto antes– por los fenómenos condicionados en la cadena de causa-y-efecto que rige el espacio-tiempo en sí. El "secreto" de la Liberación es que realmente no existe un ser separado; en ese sentido no somos reales. Cuando pensamos y actuamos desde el ego no hacemos sino identificarnos con la gran ilusión de la separación. El "secreto" de la salvación es que no hay nadie que necesite ser salvado porque sólo existe un Ser, que es Todo lo que hay. Pero lo que sí nos compete es cambiar nuestra mentalidad y elegir Despertar de este sueño de separación, miedo y culpa.

Para qué usamos el mundo, eso sí que depende de nosotros, porque todo el poder del Universo se encuentra en nuestra mente para elegir y determinar el propósito que todas las cosas tienen para nosotros.

Tenemos miedo de Dios, de la Unidad, de la eternidad, y es por eso que vivimos en la inconciencia casi total, inventando aventuras para continuar perpetuando la ilusión de que el espacio-tiempo tiene una realidad externa y objetiva, y de que existen fuerzas o eventos que pueden apoderarse de nosotros, gobernar nuestra voluntad y nuestra mente y dictar cómo nos sentimos.

Cada instante, cada momento, es una nueva y brillante oportunidad para elegir de nuevo, una oportunidad para renacer y Despertar a la Felicidad del Ser eterno e indestructible que realmente somos.

Cuando Despertamos a la Unidad del Ser eterno, entonces experimentamos la paz de Dios y el mundo en sí deja de importarnos; no porque lo juzguemos o despreciemos, sino porque estamos tan absortos en la comunión con el Ser de Dios, tan seguros de nuestra Realidad, tan felices en la certeza de quiénes somos y de que *"nada real puede ser amenazado"*[2], que nos damos cuenta, simplemente, de que el mundo no es real –en el sentido de que no es tal como lo percibimos e interpretamos...¡gracias a Dios!
Podemos inventarnos todas las vidas que queramos en la separación, pero jamás encontraremos la Felicidad verdadera y duradera en el mundo, en nuestra relación con los objetos, personas, cosas y lugares de este mundo. Esto es así porque se trata, literalmente, de un mundo basado en la escasez, en la carencia, y nosotros ya somos y tenemos todo. Como vimos en la primera sección de este libro, únicamente la función del perdón puede concedernos el don de la Felicidad mientras aún creemos vivir en este mundo. Esto es así porque el perdón en sí nos enseña, nos muestra y demuestra, que el mundo, la separación y el ego no son reales. Tampoco es real el cuerpo, que es una creación de la mente. Tampoco es real el espacio-tiempo, que es una proyección de la conciencia.

Lo único Real es la Conciencia en sí. Éste momento es el puente a la eternidad. Éste momento es el instante de la salvación. Sólo Dios basta...

TODOS NOS HEMOS CONOCIDO YA. NINGÚN ENCUENTRO O RELACIÓN ES CON UN DESCONOCIDO, NI ES POR ACCIDENTE.

Así como nada en nuestras vidas ocurre por accidente, tampoco ningún encuentro o relación ocurre por accidente. Todos los encuentros y todas las relaciones tienen perfecto Propósito desde la perspectiva del Universo en sí. Todos los encuentros, desde el aparentemente más insignificante hasta aquel que parece ser de suma importancia, son absolutamente significativos para la función espiritual y humana que cada uno de nosotros tiene aquí en la Tierra. Es necesario que aprendamos esta manera de ver las relaciones, como un evento de suma importancia para nuestro crecimiento espiritual y humano en las dimensiones psíquica, emocional y física en nuestra participación en este mundo manifiesto de nombres y de formas.

Más allá de los nombres y las formas, más allá de las apariencias, se encuentra siempre radiante, quieto y sereno el único Ser de la existencia. Esto es un hecho.

Cada encuentro, cada relación con un supuesto "otro" es una bendita y poderosa oportunidad para reconocer y experimentar la Unidad del único Ser que somos; es una oportunidad para trascender la ilusión de la separación y la creencia en el espacio-tiempo como un fenómeno objetivo y externo a nuestra conciencia.

Las relaciones en este mundo son una herramienta de gran poder. Al igual que con todo lo demás, la experiencia que tengamos en las relaciones depende del uso que hagamos de ellas, del propósito que tengan para nosotros. Si concebimos cada encuentro, cada relación, como una oportunidad para Despertar, entonces seremos capaces de ver en cada encuentro y en cada relación un medio perfecto para trascender la sensación de carencia que es característica del estado de aislamiento en el que nos encontramos, al identificarnos con la conciencia egóica que tanto impera en este mundo.

Las relaciones son una excelente oportunidad –y un enorme desafío en el sentido constructivo de la expresión– para aprender, entender e integrar las verdaderas leyes de la Unidad y del Amor universal, y para finalmente demostrar que sólo existe una relación, que es aquella que tenemos con todo el Universo, con Dios mismo.

Mientras creemos ser una persona separada, un sujeto o entidad que funciona independientemente por su cuenta, las relaciones en este mundo son el medio para trascender el egoísmo y para aprender que, en verdad, todos somos Uno. No digo que esta lección sea fácil de aprender –de hecho es la más difícil de todas–, pero sí que es una totalmente inevitable y necesaria para cumplir nuestro Propósito verdadero aquí en la Tierra.
Todas aquellas personas con las que nos encontramos o relacionamos, ya sea de manera más aparentemente superficial o de manera íntima y profunda, no aparecen en nuestra vida por casualidad. Con cada una de ellas tenemos una lección que aprender. Aunque las personas cambien, la lección es siempre la misma: la lección del perdón, del amor, del entendimiento, de la compasión, del aprecio y de la transparencia. La lección a aprender en cada encuentro o relación es la Gran Ley del Universo, que afirma que todo lo que le doy a otro me lo doy en realidad a mí mismo. Ésta es la "Regla de Oro", tal como *Un Curso de Milagros* la llama.

"La Regla de Oro te pide que te comportes con los demás como tú quisieras que ellos se comportasen contigo"*1.

Para poder relacionarnos correctamente, y Despertar en nuestras relaciones –es decir, experimentar la Felicidad del estado natural, a Dios en ellas–, es necesario primero que conozcamos y experimentemos la certeza de la plenitud de nuestro propio Ser eterno.

Es necesario que entendamos cabalmente que cada uno de nosotros, individualmente, lo es y lo tiene todo y no carece de nada. Mientras nos relacionemos con un supuesto "otro" desde una sensación de incompleción y carencia, será inevitable experimentar el dolor y el sufrimiento de la separación en estas relaciones. Será inevitable el que proyectemos en otros nuestra propia sensación de insuficiencia y carencia.

Las relaciones son un espejo.

Aquellas personas con las que nos encontramos o nos relacionamos no hacen sino reflejar el contenido de nuestra propia conciencia, las intenciones contenidas en nuestros propios pensamientos. Por eso, la relación más importante y fundamental es aquella que tenemos con nosotros mismos, con nuestros propios pensamientos, con nuestras propias ideas, con nuestras emociones y nuestros sentimientos. Si la relación que tenemos con nosotros mismos se basa en la certeza de quienes realmente somos, entonces extenderemos a otros en todos nuestros encuentros y en todas nuestras relaciones, la abundancia real y el poder espiritual de nuestro Ser más íntimo. Nos estaremos comunicando con otros desde la Conciencia perfecta de la Unidad. Esto es un hecho:

Lo que percibimos y vemos depende enteramente de la idea que tenemos de nosotros mismos.

No podemos percibir a nada ni a nadie distinto de cómo nos juzgamos a nosotros mismos.
El poder más grande que existe en todo el Universo es nuestra propia mente, porque nuestra propia mente es de la naturaleza de la Mente universal. *De hecho, son exactamente lo mismo.* Al no saber esto, creemos que podemos relacionarnos con otras personas y demandar de ellas lo que nosotros mismos no estamos dispuestos o no queremos dar. Lo cierto es que sólo podemos dar de nosotros mismos, y ésa es la única

manera de experimentar abundancia y de recibir lo que tiene importancia, valor y significado para nosotros.

La enseñanza del mundo con respecto a las relaciones es que debemos "obtener" de otro u otros lo que creemos o sentimos que nos falta, aquello de lo que creemos que carecemos. El error más básico de esta enseñanza radica en que, en realidad, no existe ningún "otro" u "otros".

Todas, literalmente todas las enseñanzas del mundo se basan en la dualidad, en la creencia de que existe una realidad objetiva. Estas enseñanzas se extienden hasta el ámbito de las relaciones, en las que experimentamos una y otra vez una sensación de fracaso, un sentimiento profundo de sufrimiento, una sensación de impotencia y ansiedad que parecen ser imposibles del eliminar. Esto se debe a que la raíz de estas enseñanzas basadas en la dualidad aún continúa oculta e inconsciente. La raíz de esta enseñanza basada en la dualidad radica en la creencia de que estamos separados de la Totalidad, y en que debemos remediar esta sensación de insuficiencia producida por la separación "saqueando" de "otro" u "otros" lo que creemos que nos llenaría, la sustancia que nos completaría para siempre. Éste es un grave error de apreciación, aunque no es difícil de corregir una vez que detectamos la naturaleza del mecanismo y llegamos hasta su raíz. La raíz de este mecanismo se encuentra en nuestra propia conciencia, y es ahí donde puede sanarse y trascenderse.

La creencia-raíz de que estamos separados de Dios es el mecanismo que debemos observar, entender, y, finalmente, trascender para siempre.

Cuando esta trascendencia tiene lugar, entonces nuestras relaciones son dramáticamente transformadas –para bien. No podemos experimentar nada que no hayamos primero elegido mediante el poder de nuestra propia decisión y voluntad. No podemos exigirle a quien consideramos "otra" persona, a las circunstancias "objetivas", que nos completen o nos den Felicidad. No podemos realmente hacerlo porque esto va en contra de nuestra propia naturaleza. Nuestra propia naturaleza *ya* es en sí misma perfectamente suficiente, completa y plena. Eso es lo que somos.

No hay nadie con quien nos encontremos o relacionemos que sea un desconocido. Cada vez que nos encontramos con alguien estamos encontrándonos con un aspecto de nosotros mismos, de nuestro Ser. Estamos, de hecho, encontrándonos con una manifestación de la Conciencia en sí, que es lo que nosotros somos.

Si percibimos al supuesto "otro" como alguien separado de nosotros, como un "desconocido", como alguien con una voluntad o una intención distinta de la nuestra, es inevitable que, inconscientemente, establezcamos defensas y entremos en un modo de competencia con ese supuesto "otro". De esta manera, será imposible comunicarnos con la persona y reforzaremos el error de creer que realmente esa persona está separada de nosotros. Y ese error nos hace daño, ante todo, a nosotros mismos.

Percibir a un otro solamente como una entidad física, como un cuerpo, como una forma separada de nuestra propia conciencia, es un límite que le imponemos a la relación y un obstáculo que interponemos entre su conciencia y la nuestra, interfiriendo así en la comunicación natural que puede –y debe– tener lugar si se ve al otro tan solo como lo que realmente es: un aspecto o manifestación de nuestro propio Ser o de la Conciencia en sí.

El hecho de que creamos que las personas con las que nos encontramos o con las que nos relacionamos son desconocidas para nosotros, claramente muestra que estamos identificados con el tiempo lineal, horizontal, y de que no somos todavía capaces de concebir, ver y experimentar los fenómenos condicionales del espacio-tiempo desde la perspectiva eterna del tiempo: el instante presente, el ahora. Si realmente vivimos conscientes del ahora, *en* el ahora, entonces es imposible –literalmente imposible– pensar que cualquier persona en nuestra vida sea un desconocido.

De hecho, tenemos una relación eterna con todo y todos, y nada nos es realmente desconocido porque todo y todos es, verdaderamente, parte inherente de lo que somos, de la Esencia que somos.

Relacionarnos con otras personas desde el punto de vista del ego hace que reaccionemos siempre de la misma manera ante ellos, como si fuésemos víctimas de lo que otros dicen o hacen, piensan o sienten. Pero relacionarnos con otros desde la perspectiva del Espíritu, desde la visión espiritual, hace que percibamos en las relaciones una oportunidad para enseñar la Ley del Amor, de la Unidad, para experimentar la verdadera naturaleza sagrada de cada encuentro y de cada relación. De hecho, no podemos realmente conocer a Dios en esta vida a menos que experimentemos la Divinidad del Ser en el encuentro que tenemos con "otras" supuestas personas. Tenemos que extender desde nuestra Conciencia iluminada, desde nuestra propia Divinidad, la Verdad de lo que todos son y de lo que todo es. Tenemos que incluir al "otro" en la percepción de nuestra santidad para que la experiencia de quiénes somos realmente pueda hacerse carne en nuestra vida.

El perdón es el mecanismo que deshace la sensación de separación de otros, y que opera directamente en el ámbito de las relaciones, si bien el perdón es siempre hacia uno mismo, hacia las proyecciones o percepciones falsas del ego en nosotros.

Como las relaciones son un espejo, tenemos que "perdonar" aquello que vemos en otros y que nos disgusta. Es importante recordar que lo que nos disgusta nunca se encuentra afuera; la percepción es tan sólo un espejo. Lo que nos disgusta es siempre algo que creemos de nosotros mismos y que mantenemos en el inconsciente, alguna parte de nosotros que consideramos indigna y que rechazamos sin siquiera inspeccionarla. Por eso culpar a otros por nuestro disgusto nunca conduce a la solución.

La solución radica siempre en asumir responsabilidad por cómo nos sentimos y en cambiar de mentalidad, de perspectiva, con respecto a una determinada situación o suceso.

Ésta es la Enseñanza fundamental de *Un Curso de Milagros* y de toda espiritualidad genuina que enseñe la No-dualidad. No podemos cambiar el mundo, pero sí podemos cambiar su causa, que es nuestra mente. Como el mundo, o la percepción, no es sino un efecto, no podemos cambiarlo. De hecho, todo intento de cambiar el mundo de cualquier forma que sea siempre conduce a la frustración y a la pérdida de nuestra energía vital, psíquica, emocional y física. *En lo único que podemos tener éxito es en cambiar nosotros mismos.* Y ese cambio depende de que nos demos cuenta de que sólo nuestra mente –siendo la causa del mundo que vemos y de la experiencia que tenemos– puede realmente cambiar.

En cuanto al principio de que no existen desconocidos en la creación, de que no hay persona con la que nos encontremos o relacionemos que sea realmente un desconocido, permítanme compartir aquí una Enseñanza del *Bhagavad Gita*, en la que el Maestro Krishna le enseña a su devoto, Arjuna, lo siguiente:

"No hubo jamás un tiempo en que Yo no existiese; ni tú, ni todos estos reyes; ni en el futuro ninguno de nosotros dejará de existir".

¿Qué es lo que esto en esencia quiere decir? Que la única Conciencia que existe se manifiesta a través de todos estos cuerpos aparentemente sólidos, y de esta manera los anima de acuerdo a Sus propios Propósitos espirituales y divinos, trascendentales y fenoménicos a la vez. Tanto nuestro cuerpo como el de otros no son sino expresiones vivientes y perfectas del único Ser, de la única Conciencia. Y es así como debemos ver a otros, y como debemos vernos a nosotros mismos. Pero en Esencia, todos somos exactamente lo mismo.

La experiencia del nacimiento y la muerte es una ilusión, como lo es cualquier otra experiencia de separación. Sin embargo, eso no quiere decir que no sea real para nosotros. De hecho, lo es. Y basamos toda nuestra vida en nuestra creencia en la aparente realidad de este ciclo de nacimiento y muerte. Pero a lo largo de todo este ciclo –y más allá– se encuentra siempre la Conciencia omnipresente, todo-abarcadora, eterna e indestructible que realmente somos. *El cuerpo es tan sólo una vestidura.* Si nos relacionamos con otros sólo mediante la percepción que tenemos de ellos como un cuerpo físico, no podemos darnos cuenta de que, en realidad, siempre hemos estado con ellos en este Juego de la Conciencia, de que nunca hemos estado realmente separados, y de que en verdad no podemos perder a nadie ni nada porque todo ha estado siempre con nosotros.

La Verdad última es que, literalmente, nosotros somos Todo lo que hay.

Por lo tanto, la creencia de que podemos estar separados unos de otros y perder aquello que amamos no es más que una creencia o fantasía, una ilusión de la mente egóica.

Como enseña Krishna, hemos existido siempre. No siempre con la misma forma, pero aún así nuestra existencia es eterna y trascendental al cuerpo material. Todas aquellas personas a quienes conocemos en esta vida, las hemos conocido ya. Esto es un hecho. Y nos encontramos con ellas para aprender ciertas lecciones que nos ayudan a recordar la Verdad, a Despertar en esta misma vida. El Despertar no es algo que puede o no ocurrir; es inevitable. Nuestro Ser verdadero está Despierto eternamente. Sólo nuestra mente está dormida, y es la propia mente la que necesita Despertar a lo que ya es verdad, a lo Real.

Tenemos que darnos cuenta plenamente de que el "otro" soy yo mismo, para de esta manera dejar de vivir en la separación, compitiendo con y atacando a todos los demás. Atacar lo que se ama es el signo evidente de que el ego gobierna nuestra mente. Sólo en este mundo demente puede ser posible algo así. Sólo en este mundo ilusorio es posible creer que atacando a otro puede uno liberarse del problema de la existencia. Sólo en este mundo tiene sentido pensar que si "otro pierde", "yo gano". Esta idea es lo opuesto a la Gran Ley de la creación. *Sólo en este mundo es posible creer que el "otro" es realmente "otro".* Esto es así porque nos encontramos en un mundo en donde la separación impera, en donde el cuerpo –el cuerpo-mente, el ego-cuerpo– es el centro de la Vida, y en el cual se cree ciegamente en la ilusión del nombre y de la forma. El mundo en el que creemos vivir se basa en el juicio. Juzgar es lo que nos aprisiona, lo que produce dolor y sufrimiento en todas las áreas de nuestra vida.

Si somos realmente inteligentes utilizaremos todas las relaciones y encuentros para sanar, transformarnos y Despertar, en lugar de para sembrar más ilusiones y separación. Es en las relaciones en donde encontramos la salvación, porque la separación no existe. Sólo reconociendo la Unidad podemos realmente estar en paz y vivir en la dimensión de la iluminación, que es el Reino de la Conciencia. *El Reino de los Cielos es en verdad el Reino de la Conciencia, en dónde no hay separación ni límites.* Pero si no logramos trascender nuestra identificación con el "yo" aparentemente separado, con el ego; si nos resistimos a permitir que nuestra mentalidad errada, nuestro egoísmo, nuestro temor y nuestra sensación de separación sea todo ello deshecho, continuaremos viviendo en la miseria de vida que el ego nos presente y literalmente nos *privaremos* de ser y tener todo aquello que realmente somos y tenemos.

Nuestro Destino eterno es la Felicidad. Al estar equivocados con respecto a lo que somos, vivimos en la infelicidad. Y proyectamos esta infelicidad sobre otros en nuestras relaciones, y de este modo perpetuamos el ciclo de nacimiento-y-muerte de manera innecesaria.

En el mismo escenario en el que proyectamos el error original de la separación contenido en nuestra conciencia, podemos, en su lugar, extender la Verdad, la Perfección, desde el Ser Despierto que realmente somos, y así enseñar y aprender –en el ámbito de todas nuestras relaciones– que realmente somos Uno.

Solo contactando con el Ser Despierto que somos eternamente, en este instante eterno, en el ahora, podemos realmente entablar relaciones iluminadas que nos ayuden y nos asistan en el proceso de trascender este mundo ilusorio de percepción limitada. Pero para esto tenemos que cambiar de mentalidad, transformar nuestra conciencia mediante el poder de los milagros, y elegir a cada momento Despertar en lugar de seguir soñando.
La manera de Despertar es asociarse directa e íntimamente con Dios, el Poder ilimitado del Universo. La manera en que nos asociamos con Dios directa e íntimamente es dándole nuestra energía y atención a Él de momento a momento. De esta manera, participamos en todas nuestras relaciones y encuentros con los supuestos "otros" desde una perspectiva iluminada, ya que vemos en ellos la misma Esencia que hemos descubierto en nosotros. Este proceso es verdaderamente transformador. *Todas nuestras mentes están unidas.* Al nivel de la materia no parece ser así, y no tiene sentido negarlo. Pero al nivel de la Realidad fundamental, somos exactamente lo mismo y no existe un ápice de diferencia entre nosotros.

Podemos vivir desde el punto de vista de la separación, del espacio-tiempo, o podemos vivir desde la visión del único Ser, de la Conciencia en sí, y ésta es una decisión que debemos tomar a cada momento a través del entrenamiento de nuestra mente, la cual es el mayor poder en todo el Universo.

Nuevamente, no digo que sea fácil. Pero con la ayuda de Dios, de los milagros y de la Buena Compañía, con el entendimiento que viene de aplicar la Enseñanza universal del perdón y el amor a todas las relaciones y situaciones, la transformación

ocurre espontáneamente y el Despertar madura en nosotros como una certeza de Unidad que es incuestionable.
Somos el Ser eterno manifestándose en diferentes formas en este segmento de espacio-tiempo, y tenemos un Propósito que es particular y universal a la vez. Estar vivos sin conciencia espiritual, sin conocer nuestro Propósito, deambulando a la deriva por este mundo de formas buscando la realización y la felicidad en un lugar en donde es realmente imposible encontrarla, tratando de "obtener" de los demás lo que creemos que nos falta, es la razón misma de nuestra insatisfacción e infelicidad, de nuestro descontento y sufrimiento. Pero estar vivos con perfecto conocimiento de nuestra Realidad fundamental, sintiendo al Ser espiritual en nuestro Corazón y con toda nuestra mente, demostrando –tal como lo hicieron Jesús, Buda, Krishna o cualquiera de los Maestros Despiertos que han pisado esta Tierra– el verdadero poder del Amor y del perdón, conectados con la eternidad a través del puente que es el *ahora*, el momento presente, dándolo todo desde nuestra verdadera abundancia para recibirlo todo, ¡eso sí que nos conduce a la auténtica Felicidad y a la Realización del Ser que nos libera de las cadenas de este insensato mundo de separación!

Cuando realmente vemos al prójimo como nuestro propio Ser, entonces podemos decir que realmente estamos iluminados.

Mientras nos creamos especiales, diferentes de "otros" –ya sea mejores o peores–, distintos de otros, con más o menos "ventajas" que otros, no seremos capaces de vivir en la Unidad del estado natural del Ser. Todas estas aparentes diferencias son mecanismos ilusorios del ego para mantenernos en un falso e innecesario estado de aislamiento. Son, de hecho, tendencias de la mente egóica para mantenernos en el estado de disociación de nuestro propio Ser.

Reconocer que el "otro" literalmente soy "yo", es el camino directo a la Realización de Dios. Esto es así porque es la Verdad.

Como he dicho, al nivel de la Realidad fundamental no existe la separación. La separación es una fabricación de la mente egóica en su estado de disociación de la Realidad y en su condición ilusoria de aislamiento de la Totalidad. Como nos identificamos con la separación, vivimos inconscientes, con la energía vital obstruida y limitada por los pensamientos de la mente mortal, y confinados a la identificación con el cuerpo físico o material.

Proyectamos este estado indeseable de existencia sobre nuestras relaciones y así reforzamos aún más el engaño. Todas las relaciones que entablamos en esta vida deben tener el único Propósito de ayudarnos a Despertar de la ilusión de la separación. Ése es, en realidad, su verdadero Propósito. Las relaciones que entablamos en la Tierra son un excelente Vehículo para el des-hacimiento de nuestro ego.

Si en lugar de defendernos de otras personas, compararnos con ellas, luchar contra ellas, atacarlas, abandonamos nuestra posición egóica y narcisista y comenzamos a entregarnos en el amor, a dar de nuestra verdadera abundancia, a compartir generosamente desde nuestro Espíritu, a extender la Luz de nuestra propia Conciencia Despierta, nos transformaremos literalmente en personas nuevas y no pasará mucho tiempo antes de que experimentemos el éxtasis de la verdadera comunión y la Gracia de la Liberación en vida.
Ésta es la Ley. *Lo que le hago a otro me lo hago a mí mismo. Lo que doy a otros es lo que yo mismo recibo.* Ésta es una Ley y es un Poder que no podemos negar y del que debemos volvernos tan totalmente conscientes como nos sea posible. Esta Ley y este Poder están en operación en todo momento. *La Ley es la Ley de causa y efecto, y el Poder es el Poder del pensamiento.*
Tal como nos enseña *Un Curso de Milagros*:

"Si me interpusiese entre tus pensamientos y sus resultados, estaría interfiriendo en la ley básica de causa y efecto: la ley más fundamental que existe. De nada te serviría el que yo menospreciase el poder de tu pensamiento. Ello se opondría

directamente al propósito de este curso. Es mucho más eficaz que te recuerde que no ejerces suficiente vigilancia con respecto a tus pensamientos"; "*El obrador de milagros debe poseer un genuino respeto por la verdadera ley de causa y efecto como condición previa para que se produzca el milagro*"*2.

Como todo, el verdadero éxito que podamos experimentar en nuestras relaciones personales –o en cualquier relación en absoluto– depende enteramente de nuestra capacidad para vivir en el *ahora*. Sólo viviendo en el ahora puede uno estar en paz y extender desde un estado real de paz esa misma paz a otros. Y si no hay paz, serenidad, perfecta calma y perfecta dicha, entonces no es posible la comunión ni tampoco es posible el Amor perfecto. Y sólo el Amor perfecto tiene sentido, en este mundo y más allá. Porque sólo el Amor perfecto es real. *La Unidad es sólo Amor perfecto*. Todo lo que no es Amor perfecto es miedo, y el miedo es cosa del ego, del mundo de la separación.
El Amor perfecto es Dios. El que tenga oídos para oír que oiga, y el que tenga ojos para ver que vea.

Debemos amarnos a nosotros mismos primero antes de poder amar a nadie más, y la manera de amarnos a nosotros mismos de forma real es, literalmente, amando a Dios –que es la Totalidad.

El amor que expresamos de manera particular en nuestras relaciones íntimas y cercanas debe extenderse a un Amor de alcance universal. De lo contrario, experimentaremos el sufrimiento y la limitación de un amor parcial, de un amor especial que excluye a la Totalidad que es nuestro propio Ser. No podemos realmente amar de manera parcial porque el Amor es total y no tiene condiciones. El amor parcial es una ilusión que encubre el miedo y la sensación de insuficiencia. Sin embargo, esto no quiere decir que neguemos las expresiones personales y concretas de amor en nuestras relaciones íntimas; quiere decir que permitimos que ese mismo Amor que experimentamos en nuestras relaciones concretas se extienda para abarcar a todo el Universo y para incluir a todos los seres en ese mismo Amor.

Somos seres universales aunque vivamos temporalmente en la ilusión de ser una entidad localizada en el espacio-tiempo.

Cuando pensamos y actuamos con la certeza de nuestra naturaleza universal, vivimos en la dicha y en la extensión de la Felicidad del estado natural. Pero cuando pensamos y actuamos únicamente desde el punto de vista local del segmento de espacio-tiempo condicionado en el que nos encontramos, como un ser aparentemente individual y separado, entonces percibimos todo erróneamente y reaccionamos con los recursos limitados de la conciencia egóica, que identifica todas las cosas desde una perspectiva de separación y produce más ilusiones y más sufrimiento. Tenemos que relacionarnos con todos los seres desde la perspectiva de la Conciencia universal de la cual somos un aspecto o una manifestación. Sólo así podemos cumplir nuestro Propósito espiritual en la Tierra y Despertar a medida que Despertamos a otros. Cuando un aspecto de la Conciencia Despierta que somos reconoce su Perfección y su Totalidad, entonces todos los demás aspectos gozan de este mismo reconocimiento. Una vez más, nuestras mentes están unidas. Somos Uno. Y deberíamos vivir todas nuestras relaciones desde esta Conciencia Perfecta, honrando la perfección en otros en la medida en que pensamos, sentimos, vivimos y actuamos desde la Perfección del Ser eterno en nosotros.

NO EXISTEN EL AZAR NI LA COINCIDENCIA. NO OCURREN ACCIDENTES. TODO ES DETERMINADO POR LA LEY DE LA ENERGÍA Y NUESTRA CONCIENCIA DE Y PARTICIPACIÓN EN ELLA.

Podríamos perfectamente decir, en lugar del título de esta sección, que son nuestros pensamientos los que determinan nuestra experiencia enteramente, cómo nos sentimos, y nuestro destino en el tiempo y el espacio en su totalidad –y ello sería lo mismo.

"Tu paso por el tiempo y por el espacio no es al azar. No puedes sino estar en el lugar perfecto, en el momento perfecto"*1.

Una vez más, los pensamientos son energía. Son conductores de la Energía del Universo. Tanto si pensamos verdaderamente, correctamente, en alineación con la Verdad de la existencia, como si pensamos desde el punto de vista del pequeño "yo", el ego, en ambos casos estamos utilizando el mismo Poder: el poder del pensamiento.

No existen ni la coincidencia ni el azar porque todo lo que parece ocurrirnos es literalmente el resultado de cómo pensamos.

No pensar es imposible. Aunque nos embarquemos en una meditación de por vida, jamás lograremos que nuestra mente se vuelva completamente vacía y libre de todo contenido. Esto es así porque la mente es, en sí misma, activa, dinámica, y debido a su condicionamiento –y debido también a la naturaleza del mundo en el que vivimos y la inevitabilidad del movimiento y la acción necesarios en este dominio de espacio-tiempo– está programada para pensar y para resolver continuamente los asuntos de la vida material y práctica en el mundo físico.

El pensamiento en sí no es malo ni bueno. O bien pensamos de acuerdo a la Verdad, que es eterna, inmutable e indestructible –y que es lo que Todo es–, o bien pensamos de acuerdo a la ilusión de ser un ego limitado al espacio-tiempo, al cuerpo físico y al mundo tal como estamos acostumbrados a percibirlo, interpretarlo y experimentarlo desde el punto de vista de estar separados de nuestro Ser espiritual, separados de nuestra naturaleza universal como aspectos de una Totalidad que en sí es incomprensible para nosotros, en términos de nuestro propio condicionamiento y aprendizaje en este mundo. A cada momento ésta es la decisión que tenemos ante nosotros, en relación a *cómo* vamos a utilizar el poder de nuestra voluntad.

Participamos a cada momento en un Universo que es en realidad pura Energía.

Hemos sido educados para pensar en términos concretos, de la materia física, y es por esta razón que no podemos percibir más allá de las leyes que rigen el mundo físico. Pero es en verdad la Ley de la Energía la que rige todos los fenómenos. Cuánto mayor sea nuestra participación consciente en esta Ley, mayor será nuestro entendimiento de la misma y mejor la utilizaremos con el fin de generar bienestar tanto en nosotros como en otros, como en el mundo. Participamos en dicha Ley a través de la acción de nuestra propia conciencia, ya que ésta es un aspecto fundamental e inseparable del campo de potencial en el que la Ley de la Energía opera. Como nuestra propia conciencia es inseparable del campo de potencial en el que la Ley de la Energía opera, estamos continuamente participando en un flujo universal de acción y reacción –ya sea consciente o inconscientemente–, y esto es lo que determina el producto final de la percepción; aquello que podemos percibir con la visión física, con el aparato de este cuerpo físico, esta forma corporal.
Esta forma corporal que imaginamos o creemos que es toda nuestra existencia, no es más que un vehículo de experiencia que ha sido condicionado por eones de aprendizaje en el reino de este campo de potencial, en el cual opera siempre el flujo universal de acción y reacción. Por eso es tan difícil romper con el hechizo de nuestra identificación con el vehículo físico como la totalidad de lo que somos.

Todas las capas –conscientes e inconscientes– de condicionamiento psíquico, mental, emocional y físico que constituyen el vehículo corporal que nos representa en este mundo como un actor separado del Todo, son el motivo por el cual nos parece tan difícil y trabajoso adquirir una nueva percepción y un nuevo entendimiento del Universo en el cual participamos y del cual, por cierto, somos la única causa. Somos la causa del mundo porque el mundo no existe sin nuestra propia mente. Nuestra propia mente es la fabrica en la cual se teje el mundo de percepción, forma y experiencia en el que creemos habitar.

A medida que nuestra mente se purifica –en el sentido de que abandonamos nuestra identificación con la actividad egóica que rige la parte de la mente que se identifica con el cuerpo y que cree en la separación–, el mundo que vemos cambia porque ha cambiado su fuente. La Luz es la Fuente de nuestra mente, así como nuestra mente es la fuente del mundo que percibimos. Esto sólo puede corroborarse mediante la experiencia personal, porque no hay nada en el mundo que lo pueda confirmar, precisamente porque todos aquellos que estamos aquí hemos negado que así sea y hemos querido olvidar esa fundamental Verdad, y, por lo tanto, no podemos dar testimonio de una Alternativa que sea diferente de lo que conocemos mediante nuestro condicionamiento.

No es necesario anular, suprimir, negar, reprimir, resistir, rechazar, menospreciar, exaltar, analizar ni interpretar a la mente para liberarnos de ella. *Necesitamos simplemente trascenderla aquí y ahora. Éste es el mayor de los milagros.* El hecho de que podamos literalmente trascender la mente conceptual en su condicionamiento y patrón limitado de pensamiento aquí y ahora, debe ser motivo de gran alegría –y gratitud. Existe un Camino directo y es éste. *Es el Camino del Despertar aquí y ahora.* Es el Camino de recordar a Dios, a nuestra Fuente, a nuestro Ser, a nuestra verdadera Identidad, ahora mismo. No requiere de grandes preparaciones, ni de rituales, ni de posturas, ni de complejas prácticas, ni de esfuerzos sobre-humanos. Es tan solo el Camino natural de negar constructivamente aquí y ahora la irrealidad de nuestras propias percepciones falsas producidas por el condicionamiento del mundo de espacio-tiempo, y de afirmar –Despertando felizmente a– la Realidad fundamental de nuestro Ser espiritual eterno.

Nuevamente, esto es una experiencia. No podemos captarlo conceptualmente, justamente porque los conceptos son la principal barrera a la experiencia directa y al entendimiento intuitivo de dicha Realidad. Como nuestra Realidad fundamental es trascendental al espacio-tiempo en su totalidad, no existen medios condicionados que nos permitan acceder al conocimiento o experiencia consciente de esta Realidad. Pero en la trascendencia de las tendencias o conceptos elaborados por la mente condicionada, radica la experiencia directa de la Realidad aquí y ahora.

*"El concepto del yo ha sido siempre la gran preocupación del mundo. Y cada individuo cree que tiene que encontrar la solución al enigma de lo que él es. La salvación se puede considerar como el escape de todo concepto. No se ocupa en absoluto del contenido de la mente, sino del simple hecho de que ésta piensa. Y aquello que puede pensar tiene alternativas entre las que elegir, y se le puede enseñar que ciertos pensamientos acarrean ciertas consecuencias"*2.

Por decirlo de alguna manera, cuando pensamos desde el ser ilusorio y conceptual fabricado por las tendencias, mecanismos y hábitos de la mente egóica, estamos realmente desperdiciando el poder creativo de la Mente que es el Sustrato de toda manifestación, y malgastando nuestro tiempo y todos nuestros esfuerzos en perpetuar el mecanismo de proyección inconsciente sobre el cual la ilusión de la dualidad descansa.

Cuando pensamos de acuerdo con la Mente de la que todo pensamiento creativo emana, estamos utilizando el Poder de nuestra propia conciencia para afirmar la verdadera creación, la verdadera Fuente de Vida, y para extender el Ser que es el Universo en sí, para enseñar y demostrar la existencia del único Principio de Unidad subyacente a todas las apariencias y formas del mundo de experiencia, percepción y nombres. Todos nosotros estamos fabricando el mundo que vemos a través de las creencias inconscientes, los programas de pensamiento condicionados por el aprendizaje de la separación, y los juicios que tenemos con respecto a todas las cosas.

Todos nosotros estamos literalmente soñando y participando inconscientemente en la Ley de la Energía, y, por lo tanto, participando limitada o destructivamente en Ella. Es así que fabricamos el espacio-tiempo y nos consideramos víctimas impotentes de los eventos que parecen ocurrirnos a nosotros o a otros. Todo esto es la trama del ego para mantenernos dormidos.

No existen ni el azar ni la coincidencia porque existe una Inteligencia o Principio que gobierna todos los fenómenos. No los gobierna en el sentido de que los controla o produce, sino en el sentido de que permite que sucedan. La Inteligencia del Universo no se opone a nada. Tampoco "hace" que las cosas se produzcan o sucedan. Somos nosotros quienes determinamos, mediante nuestra voluntad, los fenómenos que son producidos en la experiencia de la manifestación. *Nosotros elegimos todo*. No hay un ápice de lo que experimentamos a través de este vehículo corporal que no sea el resultado de lo que pensamos. Ello no quiere decir en absoluto que seamos omnipotentes o más poderosos que Dios –la Fuerza primordial del Universo–, sino que compartimos el Poder de Dios; que nuestra mente, al ser Una con la Mente o el Poder del Universo, posee, en su esencia, la misma capacidad de extensión o creación. Como desconocemos esto, utilizamos nuestra mente para pensar pensamientos de separación, y es así que generamos todo tipo de condiciones, eventos y fenómenos que reflejan nuestra creencia-raíz de que existe allí afuera un mundo externo y objetivo a nosotros, con una voluntad ajena a la nuestra y con una intención que es también diferente de la nuestra.

Cambiar nuestra manera de pensar es fundamental, no tratando de controlar nuestros pensamientos, sino a través de la rendición de la totalidad de nuestra mente a la Fuente con la cual nuestra mente está en perfecta y eterna Unidad.

Esto es verdadera meditación. La verdadera meditación no puede ocurrir sin la presencia de la confianza en la posibilidad o alternativa de rendir nuestra mente aparentemente separada a la Presencia espiritual del Universo. En esta rendición ocurre el milagro de la transformación de nuestro vehículo psico-físico, el cuerpo-mente, y del cambio positivo y creativo en nuestras circunstancias concretas y ordinarias de la vida cotidiana en el mundo físico, en la dimensión aparentemente horizontal del espacio-tiempo.

Siempre podemos pensar de otra manera.

En realidad, es completamente innecesario pensar en absoluto, a menos que las circunstancias y el momento verdaderamente lo requieran. Existe un momento en el proceso de nuestro Despertar en el que adquirimos, mediante la práctica, la capacidad para actuar de manera espontánea sin la necesidad de la intervención del pensamiento mecánico, excepto que la situación así lo requiera. Estando en comunión con la Presencia del Universo, las acciones se dan de manera espontánea, fácil, fluida y efectiva. Esto es así precisamente porque estamos conscientemente permitiendo que la Inteligencia universal, la Sustancia invisible que impregna el Universo, opere a través de nosotros sin interferencias. Como realmente somos Uno con esta Inteligencia, podemos funcionar en el mundo de la acción perfectamente, con éxito, en el sentido de que utilizamos nuestros recursos vitales, nuestra energía de vida, nuestra fuerza psíquica, nuestra fortaleza física, de manera constructiva, útil, creativa, inspirada y feliz.

Muchos creen que si se entregan al Ser que no tiene ego perderán su facultad de funcionar exitosamente en el mundo de la forma. Nada más lejos de realidad.

Entregarle uno la propia vida y voluntad, mente y cuerpo a Dios, la Energía del Universo, la Fuente de la existencia, además de traer consigo la transformación espiritual de

nuestro vehículo psico-físico, genera también lo que llamamos la "acción correcta" en el mundo. Dios está activo en el mundo; no en el sentido de que "hace" cosas –Dios realmente no hace nada en absoluto sino que es, y en su Ser permite que todas las cosas sucedan tal como lo hacen o parecen hacer–, sino en el sentido de que Dios es la Inteligencia de la Totalidad del Universo, lo que Todo es, y, así, no hay nada que realmente no sea Dios. En esto, todas las religiones y Tradiciones han fracasado, porque éstas no enseñan que Dios esté siempre-presente aquí y ahora, sino que, por el contrario, proponen una búsqueda interminable para encontrar a Dios en algún otro lugar, algún otro mundo, algún otro espacio o tiempo –y esto sin mencionar el hecho de que se considera que únicamente Jesús es el único Hijo de Dios, y que el resto somos todos pecadores destinados al castigo eterno y a vivir en el infierno de la ilusión y la ignorancia para siempre.
Lo cierto es que, si Dios no se encuentra aquí y ahora, ¿dónde sino hemos de buscarlo? ¿Y cómo lo encontraremos?

El verdadero proceso de Despertar consiste en el deshacimiento directo de todos los obstáculos fabricados por el ego que impiden la experiencia directa de Todo como Dios, aquí y ahora.

Dios no está ausente en ningún momento o lugar. Dios es la Presencia en la que todo ocurre, de la que todo emana y en la que todo descansa en su estado natural.
Para pensar en alineación con la Ley de la Energía que gobierna todos los fenómenos, y liberarnos de las limitaciones y del sufrimiento producido por las percepciones falsas y las proyecciones de la mente condicionada, lo mejor es siempre unirse al pensamiento abstracto de la Mente de la No-dualidad. Ésta es una clase de pensamiento que *es* pensamiento y no-pensamiento a la vez. No es que tengamos la mente en blanco, o que la mente esté llena de pensamientos –ni un opuesto ni el otro. Simplemente unimos nuestro pensamiento en su raíz al pensamiento abstracto del Universo, al pensamiento universal. Como nosotros ya somos

el Ser universal, entonces no es realmente difícil ni trabajoso pensar como piensa el Ser universal. Pero como estamos acostumbrados a pensar en términos concretos de acuerdo a los conceptos aprendidos en el reino de la separación, se requiere de un entrenamiento en aprender a pensar de manera natural, en alineación con la Mente de la No-dualidad. Un vez más, esto es verdadera meditación. Y es pensando conjuntamente con el Universo en sí que evitamos toda clase de dramas, desastres, repeticiones, karmas, conflictos, deseos vanos, y que asumimos completa responsabilidad por nuestros pensamientos y por nuestra participación en la Gran Ley de la Energía, a través de la cual creamos los fenómenos de la realidad aparentemente objetiva que parece rodearnos.

Tenemos que entender –de una vez por todas– que la única Alternativa al sufrimiento de la identificación con la limitación contenida en –y representada por– este sueño de espacio-tiempo, de separación es, sencillamente, el Despertar.

El Despertar es directo, aunque parezca progresar por etapas, lección a lección, momento a momento. El Ser Despierto es lo que ya somos, y eso no depende de –ni es afectado por– absolutamente nada de lo que ocurre en esta dimensión de separación.

La manera de Despertar es dándose uno cuenta cabalmente de que esto, esta experiencia, esta vida, y todo el espacio-tiempo en su totalidad, es una ilusión.

Una ilusión en el sentido de que no es sino una proyección de nuestra propia conciencia, un Juego de la Conciencia en sí. Esta ilusión es un Gran Misterio, y no hay nada de malo en eso. Es lo que es, y es como es, y debemos aprender a aceptar que no existe alternativa excepto darse cuenta, aquí y ahora, de que no es real. Esto realmente nos libera del miedo, de la angustia existencial, del estrés, de la preocupación, de la vergüenza, de la culpa y de la falta de sano juicio en todas sus formas. Esta ilusión es una Gran Paradoja, y no puede trascenderse excepto a través del perdón y el Amor, mediante una nueva percepción y un nuevo entendimiento que no niega el mundo, que no juzga o condena al mundo, sino que simplemente lo aprecia y lo contempla tal como es, sin el velo de percepciones condicionadas por el aprendizaje ancestral del mundo.

No somos del mundo ni vivimos en el mundo. Somos Conciencia en sí y nuestro Reino es la Conciencia en sí. El mundo *es* una manifestación de la Conciencia. La única manera de encontrar, experimentar y compartir paz en el mundo es ver todas las cosas tal como son, percibiéndonos a nosotros mismos tal como somos, en Unidad con Todo y todos. No digo que sea un Camino fácil, pero es el único que tiene sentido, y el único que realmente nos conduce a una experiencia radicalmente distinta de todo lo conocido y familiar.

Ésta es la experiencia de la iluminación, lo cual no es algo que se adquiere, algo nuevo que uno consigue o logra, sino algo que simplemente se reconoce, se acepta y se encarna durante la estancia en la Tierra. Pero la iluminación es en sí la condición natural del Universo.

Nuestra inconciencia, nuestro sufrimiento, nuestras limitaciones, nuestra angustia, nuestro dolor, nuestra sensación de carencia e insuficiencia, nuestra depresión, nuestro aparente fracaso existencial; todo esto es el resultado de no reconocernos a nosotros mismos en Unidad con la condición natural de iluminación del Universo. En otras palabras, el hecho de que neguemos nuestra perfección original, nuestra pureza primordial, nuestra verdadera Identidad, nuestra Unidad con el Ser eterno, es lo que produce la continua y repetida experiencia de que estamos separados y de que tenemos que buscar –lo que sea, como sea y en donde sea– algo o alguien que nos complete, nos satisfaga para siempre en nuestra personalidad condicional, y nos haga felices al liberarnos de toda responsabilidad por nuestra existencia personal en sus distintos niveles.

Algunos de ustedes se preguntarán cómo o por qué ocurren los accidentes, y qué relación tienen éstos con la Ley de la Energía. Los accidentes son el resultado de pensamientos o creencias inconscientes o no reconocidos que se expresan en una forma bastante dramática, a fin de que podamos aprender que nadie, excepto nosotros mismos, es responsable por lo que nos sucede. Los accidentes son el resultado de una energía contenida y reprimida -o inconsciente- por un lapso de tiempo tal, que finalmente dicha energía se manifiesta de una forma que aparenta no tener nada que ver con lo que nosotros mismos pensamos o creemos.
Lo cierto es que la energía puede responder al amor o al miedo. Los accidentes son el resultado de una acumulación de energía psíquica negativa inconsciente –es decir, energía dominada por la emoción del miedo–, que se proyecta desde el inconsciente mismo en la forma de experiencias adversas o desastrosas o dramáticas en el mundo de espacio-tiempo, que operan como "shocks vitales" que, si logramos percibir correctamente, son la oportunidad perfecta para liberarnos de patrones ancestrales de pensamiento condicionado, programas de creencias inconscientes gobernados por el paradigma de la separación, tendencias y hábitos inconscientes de emoción, y para, finalmente, trascender el ego en su totalidad.

Para evitar accidentes, desastres, infortunios y demás, tanto a nivel personal como colectivo, es necesario reconocer, entender y aceptar el verdadero poder de la mente, el poder del pensamiento en sí.

Y es necesario comprender radicalmente que todo está unido con Todo, que ningún aspecto o nivel de la actividad que tiene lugar en el campo de nuestra conciencia, y en el campo potencial en el que el flujo de acción y reacción opera, está sin efectos o consecuencia. *Por eso, debemos pillar al ego en su raíz, ahí donde se originan los pensamientos, o como dice mi Maestro, en "el lugar donde nacen lo sueños".* Ése es el nivel de causa en donde o bien todo se crea, o bien todo se fabrica.

Dependiendo de si pensamos con Dios o de si pensamos con el ego es el resultado que experimentaremos en el nivel de los efectos, en el nivel de la manifestación material. Pero recordemos que, en realidad, todo está compuesto de la misma Sustancia. En la Realidad no existen el Espíritu y la materia como "dos", como condiciones o estados diferentes, sino como una Unidad en la que diferentes frecuencias vibratorias se manifiestan en forma de energía condensada – pensamiento-imagen– a través del proyector que es nuestra propia conciencia, y en el mundo, que es la pantalla en la que el guión de esta película del Juego de la Conciencia en sí tiene lugar, como un episodio de espacio-tiempo al cual identificamos como una realidad externa.

O bien participamos conscientemente a cada momento en la Ley de la Energía, o bien lo hacemos de manera inconsciente. O bien nos alineamos armoniosamente con la Verdad del momento presente y recordamos quienes realmente somos, o bien cubrimos el ahora con ideas, imágenes, memorias, percepciones y pensamientos del pasado, y continuamos repitiendo la mecánica inconsciente del "yo" separado en su aventura de separación en el espacio-tiempo.

O bien recordamos la eternidad y manifestamos las circunstancias de nuestra vida desde la certeza de nuestra Unidad con el Universo, o bien continuamos creyendo que vivimos esclavizados por el espacio-tiempo y creamos más del mismo sufrimiento para nosotros, desde la limitada percepción de que somos víctimas de un universo que es objetivo y externo a nosotros.

Si nos alineamos conscientemente con la Ley de la Energía y participamos en Ella a través de la comunión espiritual con la Presencia de nuestro Ser eterno y fundamental, crearemos circunstancias de vida propicias y favorables para nuestra transformación psico-física, y desarrollaremos la inteligencia y el entendimiento necesarios para acceder a la experiencia consciente de nuestro Despertar espiritual. Si negamos la existencia de la Ley de la Energía y nos resistimos a participar de todo corazón en ella, inevitablemente sufriremos las consecuencias de continuar viviendo en la inconsciencia que es característica de la identificación con la percepción egóica de separación. Recordemos que todo es determinado por nuestra propia conciencia, independientemente de si creemos o aceptamos este hecho o no. Al tratarse de una Ley, así es como el Universo opera realmente.

ES NUESTRA PROPIA ENERGÍA LA QUE LITERALMENTE CREA LAS CIRCUNSTANCIAS. NUESTRA UNIDAD CON LA INTELIGENCIA INFINITA HACE QUE ASÍ SEA. EN OTRAS PALABRAS, SOMO SO-CREADORES CON LA ENERGÍA DEL UNIVERSO.

En el momento presente, tal como éste realmente es, no hay límites. Ninguno de nosotros está limitado por nada que no sea sí mismo. En este sentido, sólo hay un enemigo y es uno mismo.

Cuando creemos que tenemos un enemigo externo o que existe alguna fuerza que puede oponerse a, o limitar, nuestra voluntad, es porque hemos proyectado el enemigo interno al exterior, y ahora imaginamos que somos víctimas de algún fenómeno o personaje que nuestra propia conciencia ha creado como un objeto o forma que posee una inteligencia o sustancia diferente de la nuestra. Ésta es la principal ilusión que caracteriza a la manera de pensar del ego o pensamiento egóico. Es la ilusión que mantiene viva al ego; la ilusión de la dualidad. La ilusión de la dualidad es el resultado de nuestra identificación con la emoción del miedo en los distintos niveles de nuestra personalidad, la creencia errónea de que existen dos realidades, una que es interna y otra que es externa.

Sólo existe una Realidad, y la emoción fundamental que la caracteriza es el amor. Y nosotros somos esa Realidad.

Los Upanishads afirman: *"Dónde hay un otro, el miedo surge"*. El miedo, que es la emoción de la que nace la dualidad, es una fabricación de la conciencia. El miedo es la ilusión que mantiene la separación vigente. Pero el miedo no es un accidente. Ocurre porque nosotros mismos lo elegimos, de manera inconsciente. Con la misma facilidad con la que elegimos el miedo –que es la emoción que caracteriza la separación– podemos elegir el amor –que es la emoción que refleja la Unidad, el estado natural de bienaventuranza y de comunión con el Todo.

Todo lo que es inconsciente puede volverse consciente, y mediante este proceso de indagación, exposición y descubrimiento, el miedo puede literalmente transformarse en amor.

Éste es el proceso de perdón. Es el des-hacimiento del miedo en nuestra propia conciencia y la posibilidad de contemplar la Verdad de la existencia en el momento presente, que es el amor. En nosotros vive la Energía del Universo, que es esencialmente amor. Nosotros somos Eso, pero hasta que no Despertamos seguimos creyendo que nuestra existencia depende del miedo y que nuestra identidad depende de que tengamos un enemigo, de que exista algo o alguien en el mundo que pueda privarnos de experimentar la Realidad de lo que somos y en la que vivimos.

Recordemos que cuando pensamos estamos utilizando la Energía del Universo. Como no estamos separados de lo que Todo es, afectamos y somos afectados por la ondas vibratorias que emitimos desde y recibimos en nuestra propia conciencia. Por eso es tan importante gobernar la facultad del pensamiento; no mediante el control o la represión, sino mediante la inteligencia, la devoción y el entendimiento.

Tenemos que llegar a volvernos plenamente conscientes del poder de la mente y aprender a utilizar la facultad del pensamiento de manera constructiva.

Para utilizar la facultad del pensamiento de manera constructiva es necesario abandonar voluntariamente la facultad del juicio, tal como ha sido construida por el programa inconsciente de la separación, tal como ha sido impuesta en nuestro sistema de valores y creencias de acuerdo a nuestra percepción limitada –y a nuestra perspectiva lineal– del espacio-tiempo.

Pensamos y percibimos absolutamente todo de manera limitada, y ése es nuestro único problema. No vemos, interpretamos ni entendemos las cosas tal como éstas son, y ésa, y solo ésa, es la única causa de nuestro sufrimiento, de nuestra infelicidad y de nuestro aparente infortunio. No conocemos a Dios, y ésta es la razón de que no nos conozcamos a nosotros mismos.

Vivimos desconectados de la Energía del Universo –que es Dios–, y es por eso que vivimos aparentemente sin rumbo ni propósito, sin nunca saber cómo vivir de manera pacífica, armoniosa, próspera y plena. No asumimos la responsabilidad total por nuestra existencia personal –ni colectiva–, y obviamos la verdadera razón y el auténtico Propósito de nuestra vida aquí en la Tierra en esta forma corporal humana. Estamos aquí para trascender, simplemente siendo lo que somos. Por lo demás, literalmente no tenemos que hacer nada. No podemos añadir ni restar nada a la creación, a lo que ya Es –completo, pleno y suficiente en sí mismo. Sólo podemos aceptar este Descubrimiento como el Gran evento de nuestro Despertar espiritual y vivir para demostrar y extender esta Verdad, que es la Realidad de la Unidad y del Amor. Esto es, en definitiva, para lo que vive un Maestro, ésta es su Misión en la Tierra, y ésta es la Certeza desde la cual el Maestro vive, actúa y enseña.

Cuando decimos que nuestra energía crea literalmente las circunstancias, lo que queremos decir es que nada excepto nuestros propios pensamientos –las ondas vibratorias que definen el campo mental en el cual nuestra psique opera, recibe estímulos y evalúa consecuentemente cuál será la "reacción apropiada" ante ellos– determina nuestra experiencia del –y en el– mundo físico. Por eso es que cada momento es tan importante y una nueva y excelente oportunidad para abandonar voluntariamente el condicionamiento mental y emocional, psíquico y físico que limita nuestra capacidad para entender y experimentar directamente la Totalidad. *En otras palabras, nos relacionamos primera y únicamente con nosotros mismos.* Y todas nuestras reacciones –que están generalmente condicionadas por el pasado– refuerzan la clase de relación que tenemos con nosotros mismos, con nuestras ideas, nuestras creencias, nuestros pensamientos, nuestras emociones, nuestras memorias, nuestros deseos, etc.

Por lo tanto, no queda más remedio que afirmar la ancestral verdad de que el universo exterior refleja de manera indiscutible el universo interior. En verdad, ambos son uno y lo mismo y ocurren simultáneamente.

Y dicho mundo, que parece ser interno y externo a la vez, no es otra cosa que –literalmente– una *proyección* de nuestra propia conciencia.

Por eso, las Enseñanzas fundamentales de espiritualidad afirman que el mundo es una ilusión, un sueño, un espejismo. No es otra cosa que la proyección de una conciencia que ha olvidado su Origen, su Esencia, su Unidad con su Fuente de Vida, y que ahora se relaciona con factores externos a sí misma que determinan su identidad y experiencia de sí misma. Ésta es la mecánica del ego para mantener a la conciencia dormida y separada de su verdadero Centro, sumida en el miedo, la culpa y la sensación de vergüenza, e inconsciente de sí misma y de su capacidad para Despertar a su condición original o estado natural.

Y todo este dilema es el resultado de la aplicación incorrecta de las leyes de la Mente, del uso desacertado del juicio, de la limitada identificación con los fenómenos condicionados del espacio-tiempo tal como son proyectados desde la conciencia de separación. *La conciencia de separación es la ilusión.* En verdad, sólo existe una Conciencia Despierta, que nunca duerme, ni nace ni muere, ni se identifica a Sí misma con lo condicional –aunque tampoco lo niega de ninguna manera. Por esta razón se afirma en los textos sagrados que la Presencia de Dios es eterna, que nunca está ausente de ninguna circunstancia, y que no hay un sólo momento en el que esta Presencia esté separada de nadie ni nada.

Esta Presencia es Todo. Es una sola Presencia en todo y todos. Es un solo Ser, libre de toda destrucción y más allá de toda amenaza. Y nosotros somos Eso. Todo lo demás que creemos ser es la ilusión.

Toda creencia es una ilusión. Toda creencia es un límite que indica la ausencia de Certeza. Y toda creencia es la evidencia de la falta de una experiencia espiritual directa de nuestra Realidad, la cual hace al ego obsoleto aquí y ahora. La experiencia directa de nuestra Realidad, aquí ahora, trae al presente la conciencia de Dios, de la Unidad eterna de nuestro Ser con la Energía del Universo, y nos revela la mecánica de la Ley verdadera, la Ley espiritual, que opera en el nivel invisible de la existencia. Aunque la Gran Ley opera de manera invisible, sus efectos son visibles y se expresan en todo lo que vemos manifestado como sustancia material. Por eso es tan imprescindible que tengamos una nueva percepción, un nuevo entendimiento y una nueva experiencia de la verdadera relación que tenemos con todo lo que nos rodea.

Todo lo que nos rodea está vivo porque es una expresión de la única Fuente de Vida. Todas las formas de vida, todas las cosas y todos los seres están compuestos por una misma Sustancia. Mientras creamos que de alguna manera somos diferentes de cualquier cosa, seguiremos operando desde la conciencia de la separación y sufriremos los efectos de adoptar esta limitada y errónea perspectiva.

Es de crucial importancia que Despertemos a la Unidad a través de establecer un nuevo patrón de visión y de relación con todo lo que nos rodea, que sea el resultado de una transformación de la relación que tenemos, primero con nosotros mismos y, simultáneamente, con nuestras circunstancias de vida.

Establecer un nuevo patrón de visión y relación en el presente significa transformar nuestro campo energético, la energía del campo psíquico en el que operamos.

Esta transformación del campo energético tiene inevitablemente un impacto sobre el ambiente, ya que la relación existente entre la psique y sus objetos de atención – su ambiente, sus relaciones, sus condiciones particulares de vida– consiste en una Unidad. El Despertar es, simplemente, el reconocimiento tácito de esta Unidad en el momento presente. Nada más necesita ocurrir. De hecho, no puede ocurrir nada más.

La única ocurrencia real es el Despertar.

Ésta es la Enseñanza de la Ley para todos los que aún creemos vivir en un mundo de espacio-tiempo que es gobernado por causas y fuerzas externas o ajenas a la conciencia misma.
A cada momento, existe la posibilidad de Despertar. El Despertar es una ocurrencia natural. Es la más natural de todas las ocurrencias, porque es un sereno reconocimiento de la Realidad de lo que verdaderamente somos como una manifestación del Misterio Divino, más allá de la perspectiva errónea producida por la limitada identificación con el sueño de la separación. Y una vez más, esto es una experiencia más allá de todos los conceptos. Los conceptos no son suficientes para la experiencia, aunque la experiencia es suficiente en sí misma. La experiencia espiritual genuina confirma su propia veracidad y se autentifica a sí misma. Los conceptos pueden convertirse en un obstáculo para la experiencia directa, si no se dejan de lado a su debido tiempo para permitir el

surgimiento espontáneo de la experiencia en sí, que es la experiencia de lo que ya somos.
El objetivo de la práctica espiritual –si es que existe alguna que sea realmente necesaria– es la experiencia espiritual en sí, que no es realmente "algo" nuevo que pueda adquirirse, sino el simple y asombroso y repentino Descubrimiento de lo que *ya es verdad* aquí y ahora, y siempre.
Esto no puede sino ser una experiencia más allá de los conceptos, porque como dice Jesús en Un Curso de Milagros,

> "...la mayoría de los conceptos más elevados que ahora somos capaces de concebir dependen del tiempo..."*1,

y la Realidad está más allá del tiempo –y del espacio. No es que haya algo "malo" con respecto al espacio-tiempo, algo que necesite ser juzgado y seleccionado para luego ser negado y consecuentemente excluido o eliminado, sino que lo que realmente ocurre es que, sencillamente, no vemos las cosas tal como realmente son.

> *Lo que vemos son las imágenes que nuestra propia mente condicionada fabrica, y nos engañamos a través del mecanismo inconsciente de la proyección creyendo que vivimos en la dualidad, limitados por las leyes del tiempo y de la física, y pensando erróneamente que estamos siendo continuamente ofendidos y acosados por fenómenos independientes de nosotros, que poseen una intención diferente de la nuestra, que luchan constantemente en nuestra contra para socavar nuestras intenciones más genuinas, y que desean a toda costa producir sufrimiento y caos en nuestra vida.*

Toda esta fantasía –este sistema de pensamiento ilusorio– *es* el principal obstáculo para Despertar a la Realidad. Éstas son la famosa "esquizofrenia" y "paranoia" en las que el ego vive, y si nos identificamos con el ego, efectivamente vivimos en un sueño –o mejor dicho, pesadilla– en el cual somos las víctimas indefensas e impotentes de los "crueles" y "desconsiderados" pensamientos y actos de "otras" supuestas personas. Ésta es la rotunda fantasía en la que el ego vive. Despertar a la Realidad significa Despertar de este sueño egóico en el cual somos acosados y perturbados por un mundo externo o realidad objetiva a nosotros.

Al transformarse la manera en que percibimos, experimentaremos otra clase de mundo.

De esto no hay duda. Ésta es la Ley. Lo que vemos afuera es, *siempre*, un reflejo de lo que hay adentro. Y lo que hay adentro está determinado por la clase de pensamientos que caracterizan nuestro razonamiento habitual. El razonamiento habitual que empleamos para percibir, interpretar y experimentar lo que parece encontrarse fuera de nosotros está basado en el miedo, en la separación y en la culpa. *Un Curso de Milagros* afirma de manera contundente que lo que imaginamos que el mundo nos está haciendo es lo que nosotros creemos que le hemos hecho al mundo. En verdad, no le hemos hecho nada al mundo porque no existe tal mundo –al menos no como algo separado.

El mundo no es sino una Unidad porque no está separado de la Mente eterna sobre la que descansa.

Si vemos el mundo en sí mismo, separado de la visión espiritual genuina, del insight y del entendimiento intuitivo, lo interpretaremos erróneamente y reforzaremos la ilusión de la separación al identificarnos con la manera de pensar del ego, la cual utiliza el mundo como un medio para hacer que el espacio-tiempo tal como ha sido construido desde nuestro inconsciente, en donde se encuentran el miedo, la separación y la culpa, siga siendo proyectado desde la conciencia individual como un fenómeno objetivo y sin propósito alguno. Pero desde la visión espiritual, el mundo y todo lo que hay en él, todas nuestras percepciones, todas nuestras circunstancias y experiencias, todas nuestras relaciones, y todo lo que cada uno de nosotros es individualmente, tiene perfecto propósito. Nuestra existencia individual tiene perfecto propósito por el mero hecho de que lo que somos es lo que Dios es, lo que la Conciencia en sí es. No somos eso que creemos ser. Somos, simplemente, lo que somos, aquí y ahora, y para siempre. Ésta es la Verdad.

Como el tiempo no existe realmente –no de la manera en que hemos aprendido que es–, de momento a momento creamos el escenario completo de nuestra vida, y nos relacionamos con él de acuerdo a la interpretación que hacemos de lo que percibimos. De un momento a otro, si transformamos nuestra percepción, si se modifica el patrón energético fundamental que rige los razonamientos mecánicos y automáticos que nuestra mente lleva a cabo en su programación inconsciente, podemos literalmente experimentar una clase de mundo totalmente diferente de lo que conocemos, y podemos de esa manera experimentar un Despertar espiritual, una liberación del pasado, una curación del miedo, y la trascendencia de la tan arraigada sensación de carencia que caracteriza a nuestra existencia en el espacio-tiempo.

Si transformamos nuestra percepción, si permitimos que nuestra mente se conecte con la dimensión del Despertar, que es una dimensión trascendental al espacio-tiempo, podemos experimentar el milagro del renacimiento o resurrección. De este modo, podemos simplemente darnos cuenta del verdadero Poder que habita en nosotros y reconocer nuestro papel como co-creadores con la Energía del Universo.

Para poder permitir que el Espíritu opere a través de nosotros es necesario que reconozcamos nuestra pureza original, nuestra condición esencial, Eso que es anterior y posterior al breve lapso de tiempo de vida en el cuerpo. Si creemos que nuestra vida está sujeta únicamente al cuerpo, entonces inevitablemente experimentaremos depresión y limitaciones. Pero la depresión y las limitaciones no proceden de factores externos a la propia conciencia, sino que son sus fabricaciones. La identificación con el cuerpo, que es un vehículo temporal, y la consecuente creencia de que el cuerpo es todo lo que somos, reduce y daña seriamente nuestra capacidad para establecer un contacto directo con el Espíritu de la Vida, o la Vida en sí. *La Vida en sí es lo que somos*, más allá de la forma, más allá de la percepción, y más allá de mundo. Vivir con este entendimiento es la manera de trascender la depresión, la infelicidad, la ira, el dolor y el sufrimiento, y es la manera de Despertar a la capacidad para ser auténticamente Feliz a través de la comunicación directa con Dios, o la comunión con la Energía del Universo. Cuando entramos en comunión con algo, nos convertimos en eso. Si comulgamos con la Energía del Universo, seremos la Energía del Universo. Si pensamos los pensamientos del ego y creemos que esos pensamientos son reales, ésa será nuestra experiencia, y, obviamente, permaneceremos en el famoso círculo vicioso del ego que se basa en el sistema de ataque-y-defensa, lo cual es el mecanismo por excelencia que el ego emplea para fortalecer su identidad en la separación y reforzar las diferencias existentes en el mundo de la forma. Es necesario mirar directamente a la Unidad pasando por alto todas las diferencias, en el entendimiento radical de que éstas no son reales, sino tan solo proyecciones de la conciencia de separación, la cual opera automática e inconscientemente bajo la creencia fija de que la realidad puede encontrarse afuera, de que es objetiva, y de que es estrictamente material y sólida.

Nadie, excepto uno mismo, es el único responsable por la pesadilla de la separación en la que cree vivir.

Fabricamos el mundo de acuerdo a lo que creemos, y si lo que creemos cambia, cambia a su vez el mundo. Esto puede ocurrir –y ocurre– en un instante, aunque admitimos la existencia de un proceso gradual en el tiempo. La transformación verdadera ocurre en un instante, aunque para llegar a ese instante, la mayoría de nosotros requiere de un cierto tiempo a modo de preparación para llegar a estar listos para el Gran Salto, el Gran Descubrimiento.

El Gran Descubrimiento de quiénes somos realmente y de cuál es realmente nuestro Propósito en la Tierra, sólo puede ser conocido y experimentado por aquellos que han reconocido su Unidad con Dios, y quienes ven el mundo tal como es; un mundo de imágenes separadas que es el resultado de la proyección de la propia conciencia.

Hay una gran ventaja en reconocer que el mundo no es objetivo. Este reconocimiento libera nuestra atención, nuestro agarre al mundo como un fenómeno que es necesario controlar, analizar, fragmentar e incluso "destruir" –o del cual es necesario "escaparse" de alguna manera–, y nos permite comenzar a asociarnos íntimamente con el Lugar Seguro, el Refugio de la Realidad.

Existe una Realidad que es siempre la misma, y en esa Realidad encontramos nuestra seguridad. Esa Realidad no tiene límites y no depende del mundo de la forma en absoluto para existir. Aunque el espacio-tiempo es un reino de cambio, de constante movimiento, de impermanencia, de nacimiento-y-muerte, la Realidad nunca cambia. Es la misma antes, ahora y después. Y verdaderamente, esa Realidad es nuestra salvación, porque es lo único en todo el mundo que es verdad. Todo lo que está fuera de esa Realidad es caótico, confuso, problemático y complejo. Y todo lo que está fuera de esa Realidad es el ego, lisa y llanamente.

El ego es, simplemente, una perspectiva limitada de quiénes somos y de qué es todo aquello que nos rodea.

El ego es la interpretación del mundo externo que se basa en la conciencia de separación. Pero existe otra interpretación del mundo que nos permite recordar la Unidad del Ser, y que a su vez nos conduce a una experiencia de ser Uno con ese Ser. Es la interpretación que consiste en volvernos completamente responsables por nuestra propia mente, y en la aceptación de que nada ni nadie, excepto uno mismo, es el factor de decisión que determina todo lo que nos ocurre.

Despertar no es otra cosa que volverse un ser humano íntegro y pleno, a través de la maduración psíquica, emocional y física del individuo. Despertar es responsabilidad. Pero Despertar no quiere decir ser solamente un ser humano funcional en el mundo; Despertar es ser responsable en el sentido total de la palabra.

La principal responsabilidad es espiritual y es, ante todo, con uno mismo. Es la responsabilidad de responder a la Llamada del Espíritu en el Corazón de cada uno. Es la responsabilidad de ser honesto y de ser fiel a lo que uno siente en su deseo más genuino y profundo, en su intención más auténtica. Por lo tanto, nuestra responsabilidad fundamental no es con el mundo, sino con Dios, con nuestro propio Ser.

Como el mundo no está realmente separado de Eso que llamamos Dios o el Ser –ya que sin Dios o el Ser el mundo no podría existir–, Aquello a lo que debemos atender primero, y ante todo, es a la Fuente del mundo. Esto es lo que Jesús quiso decir cuando Enseñó: *"Busca primero el Reino de Dios y todo lo demás te será añadido"**2.
Si uno se entrega a la Fuente y deja todo en las manos de la Inteligencia universal, los aspectos concretos y externos de la vida se ordenan naturalmente y funcionan de manera armoniosa en alineación con la Energía del Universo. Estamos realmente destinados a vivir en la verdadera abundancia de Ser, porque eso es lo que somos en nuestra verdadera Identidad, nuestra pureza original.

Vivimos en la ilusión de la carencia porque hemos cubierto nuestra pureza original con los conceptos del "yo", con los cuales nos identificamos, y a los cuales les permitimos organizar nuestra vida.

Cuando los conceptos del "yo" organizan nuestra vida vivimos inconscientes, siendo esclavos del tiempo lineal, y reaccionando antes los fenómenos del mundo externo bajo el hechizo de una percepción limitada que se compone de un aprendizaje de las experiencias del pasado, sin poder ver la oportunidad que cada evento o situación representa para nuestra transformación en el presente.

El Espíritu puede organizar nuestra vida, ya que se trata de una Inteligencia que ya está presente en nosotros, todo el tiempo –y en todo lugar–, y que puede operar o funcionar perfectamente a través de nosotros, sin la necesidad de que tengamos que recurrir a nuestro propio punto de vista limitado, a nuestros juicios, a nuestra forma de pensar condicionada por el miedo y la separación. Inevitablemente, si dejamos que el Espíritu opere o funcione a través de nosotros, eso nos hará Despertar a la Conciencia que somos, y naturalmente seremos capaces de comenzar a conocer y experimentar el gozo de lo que realmente significa vivir en el amor, es decir, vivir con confianza en la Vida, en nosotros, y en todo lo que nos rodea.

La falta de confianza en la Vida, en uno mismo y en los demás es uno de los principales motivos por los cuales existe la violencia entre seres humanos, la competencia, el odio, la guerra, el conflicto en sí.

En realidad, no tenemos motivos reales para desconfiar excepto nuestra mentalidad egóica de separación, que demanda que adoptemos una postura rígida, compuesta por defensas mentales y emocionales, por nudos energéticos, que siempre limitan la verdadera expresión de la comunicación y del amor a la hora de relacionarnos con otras personas o con el mundo externo en general.

Sin irnos demasiado de tema, y para resumir esta sección, podemos simplemente decir que cuando Despertamos a la Conciencia que realmente somos, aquí y ahora, tal como somos, sin necesidad de analizar ni entender nada sino tan solo aceptando lo que es, el momento, lo que surge, los contenidos de nuestra conciencia, los fenómenos de la percepción y el mundo sensorial en su totalidad, entonces asumimos naturalmente la responsabilidad por ser los propios creadores de nuestra vida y de nuestras circunstancias, por nuestra experiencia en el mundo físico, por cómo nos sentimos, por nuestras reacciones; y nos damos cuenta, asombrosamente, de cuál es el *secreto* de la Liberación:

> ...que soy yo, y nadie más que yo, quién se está haciendo todo esto a sí mismo.

En este sentido, es verdad que "no hay nadie ni nada ahí afuera", o que "el mundo no existe". Existe una sola Realidad y es de naturaleza subjetiva, o como diría *Adi Da Samraj*, de naturaleza "Perfectamente Subjetiva".

> *Mi mente es, literalmente, todo-poderosa, y cada pensamiento contiene todo el poder del Universo. Cada pensamiento es Energía creadora. Y como yo soy la Conciencia en sí, que es la Inteligencia infinita del Universo, soy un co-creador con la Energía del Universo.*

Permitir conscientemente que el Espíritu organice nuestra vida, que dirija nuestros pensamientos y actos, que obre milagros a través de nosotros, que demuestre la Presencia Divina en nosotros, es la manera de extender la Realidad del Ser que somos y de asumir el papel de creadores y protagonistas en este sueño de espacio-tiempo que nosotros mismos construimos, a través del poder de nuestra propia mente, de nuestros propios pensamientos, y del cual únicamente cada uno de nosotros es su única causa.

> NO HAY QUE HACER NADA. NO CARECEMOS DE NADA. SOMOS UNO CON LA INTELIGENCIA INFINITA, UNO CON LA ABUNDANCIA DEL UNIVERSO. REALIZAR ESTA VERDAD ES LA LLAVE QUE CONDUCE A LA EXPERIENCIA DE NUESTRO DESPERTAR ESPIRITUAL.

Ésta es una idea que tiende, en muchas ocasiones, a ser mal interpretada -sobre todo por aquellos que aún no han tenido una experiencia consistente del Despertar espiritual. El hecho de que digamos que "no hay que hacer nada" no significa en absoluto dejar de funcionar como seres humanos ordinarios. De hecho, se trata justamente de eso, *de ser un ser humano ordinario*. Un ser humano verdaderamente ordinario es el Ser Divino; no ordinario en el sentido de ignorante, superficial, limitado, convencional, sino en el sentido de la simplicidad, de la capacidad para vivir simplemente en el ahora, siendo responsable por los niveles en los que uno opera, tanto en la dimensión espiritual invisible como en la dimensión de lo concreto, de la materia, del mundo físico –que, en última instancia, e incluso aquí y ahora, son uno y lo mismo.

La afirmación "no hay que hacer nada" se refiere más bien al nivel de la conciencia, al hecho de que no es necesario utilizar la facultad del juicio, porque el modo condicional y convencional en que razonamos es limitado y erróneo, y parte de una premisa errónea: la ilusión de que somos la entidad que juzga, el ego, el pensamiento condicionado; en lugar de lo que realmente somos: la Conciencia en sí, el Ser, o lo que Todo es.

> *"No hacer nada" quiere decir simplemente reposar, no sólo físicamente, sino descansar de la actividad mecánica de la mente condicionada, haciendo espacio en la propia conciencia para ello.*

En ese sentido, la quietud, la abstención temporal de toda actividad del cuerpo-mente, o lo que comúnmente podemos llamar como meditación, es una herramienta que ayuda grandemente en el proceso de trascender la identificación con el mecanismo condicional del juicio, y sirve como medio o práctica –la respiración consciente es otro gran recurso– para ayudarnos a desarrollar la capacidad de ver más allá de las capas de pensamiento condicionado, las percepciones limitadas fabricadas por la actividad egóica ilusoria de la conciencia separada, permitiendo así que ingresemos en una nueva experiencia, en el presente, de la relación que tenemos con nosotros mismos y con todas las cosas.

"No hay que hacer nada" significa que no existe una meta en el futuro que sea necesario alcanzar. Des-cubrir, en el ahora, lo que ya Es, es lo que ocurre espontáneamente cuando uno no hace nada verdaderamente.

El "no hacer nada" puede – y tiene – que ocurrir también durante la actividad. Porque el "no-hacer" es la condición natural de la Divinidad. La Divinidad no "hace nada", sino que lo es Todo. Y al Ser Todo, todo es posible gracias a la Divinidad. Por eso la Vida en sí es un milagro –que es por cierto inexplicable.

Despertar espiritualmente no es distinto que darse cuenta, de todo corazón, que la Vida en sí no puede sino ser un milagro. Por lo tanto, tú eres, sin duda, un milagro.

Pero como afirma repetidamente Jesús en *Un Curso de Milagros*, tú no te conoces a ti mismo, y por lo tanto no sabes quién eres, y es por eso que sufres. Sufres porque crees que "tienes que hacer algo", "llegar" a alguna parte, alcanzar alguna "meta" en el futuro, o lograr convertirte en "alguien" diferente de quien eres ahora. Todas éstas son las locuras del ego, la inconciencia de la búsqueda frenética y desorganizada por encontrar felicidad duradera en un mundo de impermanencia y cambio constante.

Pero aquí se encuentra la clave del asunto. Aquí muchos abandonan el barco del Despertar y sus egos atemorizados no les permiten seguir adelante. En este punto es en donde una Inteligencia mayor es requerida. El hecho de que la Felicidad duradera y la satisfacción permanente no puedan alcanzarse en el mundo de las formas no quiere decir que la Felicidad no exista, ni que no pueda experimentarse plenamente mientras uno se encuentra en la Tierra en forma física.

De hecho, la causa de la ausencia de Felicidad no procede del mundo, sino de nuestra manera errónea de percibirlo, interpretarlo y entenderlo.

La Felicidad nunca tiene su origen en las circunstancias o condiciones, aunque se experimente en o a través de ellas.

El problema es el apego, o lo que es lo mismo, la creencia de que la fuente de la Felicidad, plenitud, éxtasis y realización que sentimos en uno u otro momento, se encuentra en los objetos en sí, o que procede de alguna manera de ellos.

La Felicidad procede de la Luz de la que los objetos emanan, o de la que son un reflejo o manifestación. Entender este punto es clave para poder seguir adelante con el proceso de transformación y Despertar en un nivel más profundo.

La meta es aquí y ahora. Y la meta eres tú. La meta no está separada de ti ni es diferente de ti. La meta eres tú mismo. La meta es conocerte a ti mismo, o mejor dicho, trascender la ilusión de que puedes no conocerte a ti mismo, de que puedes estar disociado de ti mismo o de tu Ser.

Tú eres realmente abundante porque la meta eres tú. Porque no hay nadie excepto tú, por eso eres abundante. Eres abundante por ser quién eres. De lo único que careces es de la *realización*, pero no de nada más.

No careces de ti mismo, sino de la conciencia de ti mismo, de tu propia Conciencia-de-Buda, de tu Ser Crístico. No careces de ti mismo, sino de una verdadera e íntima relación contigo mismo, con Dios, con el Universo o la Conciencia en sí, que es lo que tú eres más allá de este mundo concreto de espacio-tiempo.

Si te considerases a ti mismo de la naturaleza de Dios, no tendrías problemas en aceptar una nueva e íntima relación contigo mismo que se base en el amor y la Unidad, en la Verdad y el entendimiento. Pero como dice el *Curso*, tú aún crees que no eres quién eres y entonces tienes miedo de ti mismo, de relacionarte contigo mismo –y, por supuesto y consecuentemente, de relacionarte con los demás, y con todo y todos.

Despertamos al darnos cuenta súbitamente de que ya nos encontramos en la meta porque nosotros somos en sí la meta, y la meta está también a todo nuestro alrededor. Todo lo que vemos es en realidad, y contemplado en su correcta perspectiva, una afirmación de la meta en el presente, una confirmación de la Unidad –aunque lo que percibamos con los ojos del cuerpo sean cosas separadas.

No carecemos de nada porque la Inteligencia infinita que es la Vida en sí es lo que nosotros somos. Somos una Unidad, de la cual es imposible que nos disociemos. Parecemos estar disociados de la Unidad y vivir en la separación, pero esa experiencia es, literalmente, como un sueño creado por nuestra propia conciencia. No quiero decir con esto que todo lo que contemplamos sea meramente irreal, o insignificante, o que haya que negarlo, rechazarlo, juzgarlo, atacarlo, condenarlo o subestimarlo. Quiero decir, literalmente, que estamos dormidos y no nos damos cuenta de que esto es tan sólo un sueño y, que como todo sueño, no conduce a ninguna parte. Por eso es que la meta, que es Dios, se encuentra siempre aquí y ahora.

Los sueños son reales mientras uno está soñando, pero dejan de serlo cuando uno despierta. Es lo mismo con el Despertar del sueño del ego y del mundo; mientras pensamos que el sueño es real seguimos durmiendo; cuando sencillamente nos damos cuenta de que no lo es, Despertamos.

Es ahí que el tiempo se detiene y reconocemos dichosamente que no tenemos que hacer nada y que no carecemos de nada, que ya somos Eso que buscamos, que somos Uno con la Inteligencia infinita, y que podemos realmente confiar en el Poder de esta Inteligencia que se encuentra en todo y todos. Podemos relacionarnos conscientemente con esta Inteligencia, y como dije antes, permitir que opere a través de nosotros. Eso hará incluso que nuestra vida concreta se transforme y mejoren sus diversos aspectos. Esto es inevitable, y es así porque la mente es anterior a la materia, la conciencia es anterior al espacio-tiempo y la Energía es anterior a la forma.

Por eso Jesús dijo, "Vivan en el mundo sin ser del mundo" –es decir, permitan que la Inteligencia infinita, que no es de este mundo, dirija todos sus pensamientos y acciones, y no se preocupen por los resultados. Actúen por el amor a la acción en sí, por el amor a la Energía en sí, por el amor a la Vida en sí; den de sí mismos y no se preocupen por lo que obtienen a cambio. Cuánto mas den, más recibirán. Reconozcan primero que la abundancia son ustedes, por ser quienes son, y tengan esta realización: entiendan que no tienen que hacer nada ni llegar a ninguna parte, ni alcanzar ninguna meta ni ser nadie; ya son todo y lo tienen todo, literalmente. Piensen de esta manera y ésta será su experiencia, porque refleja lo que realmente son. Piensen como piensa el mundo, en términos de carencia y separación, y su experiencia será la misma de siempre y reflejará tan sólo el pasado, que es siempre lo mismo.

Funcionen en el mundo, sabiendo que no son de él –es decir, no permitan que los límites de la mentalidad del mundo los engañe con las limitaciones del ego y del mundo, y hagan su trabajo, cumplan su función, actúen su papel con la certeza de que ustedes mismos son la meta, y de que la meta ya está aquí. Vivan con esta certeza.

No renuncien a la certeza de quiénes son realmente ustedes por transigir con el miedo, la mentalidad del mundo o los egos de otras personas.

Sean ustedes mismos y olvídense de los demás, olvídense del mundo –pero no con ira y desamor, sino con alegría y Felicidad. Tal como enseña *Un Curso de Milagros,* al renunciar al mundo no se renuncia a nada, sino a la ilusión de la felicidad. *Nunca renunciamos a nada.* La idea de la renuncia es una ilusión, y es también una invención del ego para mantenernos en la constante frustración de la búsqueda

infructuosa por objetivos, metas y logros que, literalmente, no conducen a ninguna parte.
Una vez más, ninguna de estas Enseñanzas apunta a subestimar la importancia de la responsabilidad o de la acción en el mundo de espacio-tiempo.

Estas Enseñanzas apuntan a un nuevo modo de percibir, de entender y de experimentar la realidad, que no supone en absoluto la negación de la forma, la acción o de ninguna experiencia que se encuentre dentro de la posibilidad de la esfera de la conciencia y expresión humanas.

Al contrario, estas Enseñanzas apuntan directamente a la integración del proceso y de la experiencia de la transformación, del auto-conocimiento, del Despertar espiritual en el ámbito mismo del campo de fuerzas y de acción y reacción en el que operamos, según nuestro lugar en el esquema del Universo. De hecho, solamente justo dónde nos encontramos somos realmente capaces de experimentar un Despertar espiritual. Y esto incluye todo el rango de nuestra experiencia humana.
No es necesario negar la humanidad para realizarse espiritualmente; es necesario reconocerla tal como es. Lo humano no es otra cosa que la expresión de lo Divino, si se contempla correctamente, bajo la luz del entendimiento. Lo humano tiene su Origen en la Conciencia, por lo tanto, lo humano es una extensión de Eso que es puramente espiritual, pero que toma –y se manifiesta a través de– todas las formas.
El error consiste en percibir la experiencia humana como un fenómeno aislado, sin la intervención o participación de la inteligencia intuitiva, la luz del entendimiento y la Sabiduría.

Tú ya eres y lo tienes todo, ésa es la Verdad eterna.

Al identificarnos con la forma, con el nombre, con las modificaciones de la conciencia personal en su actividad condicionada programada por el pasado –por el hábito en sí de percibir el presente como si fuese el pasado–, perdemos de vista el hecho incuestionable de nuestra Unidad fundamental con esta Verdad en el presente. No hay realidad externa a ti, tú eres la Realidad. No hay nada en este mundo que sea tan dichoso como la experiencia directa, en el ahora, de la Realidad. La experiencia directa de la Realidad es lo mismo que decir, en términos de *Un Curso de Milagros*, el recuerdo de la Verdad, de Dios.

Al estar totalmente identificados con la ilusión de la separación, en nuestra conciencia la posibilidad de que sí podemos recordar y experimentar un estado en el que la separación se trasciende, parece ser algo completamente distante, además del hecho de que creemos que la iluminación es solamente para aquellas personas que son santas, puras, y perfectas –¡a diferencia de nosotros, dulces pecadores! Nuestra única necesidad real es esta experiencia de la Realidad en el ahora. Todas las demás cosas son secundarias con respecto a esta experiencia, a este recordar. Nada, excepto esta experiencia, puede ofrecernos la oportunidad de ser verdaderamente Felices y de recordar quiénes somos y para qué estamos aquí.

No estamos aquí, viviendo en el tiempo, atrapados en el espacio, esperando a que el tiempo pase para finalmente caer en la decrepitud y morir; ése es el sueño de separación y miedo que nuestra propia conciencia ha construido en su programación egóica inconsciente: la ilusión de que somos solamente este cuerpo mortal y de que estamos separados de nuestro Origen, nuestra Esencia, nuestra Fuente.

Tenemos que aceptar, lo antes que podamos, el hecho de que estamos participando en un sueño de muerte del que podemos Despertar aquí y ahora, y para siempre. Vivir en la ilusión es una decisión, tal como lo es estar Despierto. Todo depende de la perspectiva que adoptemos a cada momento.

La Unión con Dios, y la realización de dicha Unión, es el verdadero Propósito de que estemos aquí.

Es en esta realización de nuestra perfecta y eterna Unión con el Todo que encontramos la dicha de Ser, la Felicidad del estado natural, y la paz de una mente iluminada y serena. Todo lo que hacemos en el mundo es absolutamente secundario en relación a esta función de realizar la Unión con Dios, pero no por ello deja de ser importante. Al contrario, nuestras actividades en el mundo deben consagrarse como el medio mediante el cual dicha Unión se demuestra y se expresa. Nuestras actividades deben reflejar el hecho incuestionable de nuestra Unión con el Ser. Nuestras actividades deben reflejar nuestra certeza de que somos Uno con el Universo, Uno con Todo lo que hay, Uno con todo y todos. Nuestras actividades en el mundo se convierten en la demostración de que no somos un ser separado, un ego, un cuerpo, y de que, al permitir que el Espíritu funcione a través de nosotros, somos Uno con la Inteligencia infinita del Universo. Por eso no tenemos que hacer nada ni carecemos tampoco de nada. Y todo aquello de lo cual creemos carecer, se debe a que nosotros mismos nos lo hemos negado.

Todo lo que queramos ser, tener o experimentar, tenemos que darlo primero.

Si queremos tener algo, lo que sea, tenemos que primero *ser* eso. Eso quiere decir dar.

La Ley del Universo, que es la Ley de la abundancia en sí, afirma que para recibir hay que dar, porque fuera del espacio-tiempo, donde realmente opera la Ley, no existe diferencia entre dar y recibir. Esto es así porque, en verdad, hay un sólo Ser, una sola Mente, una sola Conciencia, una sola Inteligencia.

Esto se debe a que la existencia en sí es una Unidad. Como creemos ser un ser separado, buscamos constantemente llenarnos a través de todo aquello que podemos obtener de las situaciones o de otras personas, debido a que nos sentimos carentes. Pero nada externo a nosotros, ningún objeto de la atención y la experiencia puede realmente satisfacernos de manera duradera y genuina.

La manera de vivir en la dicha de modo constante en un mundo que se basa en la escasez, y en el cual el impulso de "obtener" impera en todo momento y lugar, es, simplemente, dar.

Pero dar no significa simplemente ofrecerle a otra persona un bien o una posesión material. El dar se aplica al pensamiento, en el sentido de pensar correctamente o en alineación con la Mente universal. Dar significa extender de sí mismo, desde el propio sentimiento pleno de abundancia, que viene de uno tener certeza con respecto a quién uno realmente es más allá de toda limitación.

Dar y amar son sinónimos, mientras que obtener y el miedo también lo son. El miedo es la señal de que nos sentimos carentes, de que creemos que somos incompletos y de que aún tenemos la expectativa de que alguna forma externa puede llenar nuestra sensación crónica de insuficiencia. Lo único que puede realmente llegar a darnos plena satisfacción, verdadera realización y auténtica Felicidad, es el recuerdo del Ser que somos, la experiencia directa de nuestra Realidad en Unión eterna con Dios. Identificarse con el ego es sufrir, mientras que Despertar de esta identificación es permitirse uno a sí mismo ser libre, pleno, íntegro, Feliz, abundante y poderoso –en el sentido constructivo de la palabra.

A cada momento podemos literalmente *recordar*, si trascendemos la actividad condicionada de la mente perceptual y nos permitimos habitar en una nueva dimensión de Conciencia, en donde el sentimiento y la visión espiritual priman en todo momento. Existe una dimensión, un Reino, que es de pura Conciencia. Y dicho Reino está aquí y ahora y podemos acceder a él, al tiempo que funcionamos de manera efectiva en el mundo de la acción, que es este universo físico de espacio-tiempo aparente. Si uno se da cuenta de que es uno con Dios, ¿qué puede uno temer? ¿Qué nos puede faltar? ¿Qué hay que no se pueda resolver? O, ¿qué hay que no podamos lograr con el poder de nuestra voluntad unida a la Voluntad del Universo o Totalidad?

Darse cuenta de que no es necesario hacer nada, en el sentido de que toda búsqueda es innecesaria, de que la meta se encuentra aquí y ahora, de que no es necesario ir a ninguna parte ni alcanzar nada para encontrar la verdadera realización; y entender el hecho de que *ya* somos y tenemos todo, es la manera de reconocer la inherente Abundancia en la que vivimos y a la que podemos acceder mediante nuestra Conciencia Despierta.

Darse cuenta de que sólo existe una Realidad y de que cada uno de nosotros es en sí esa Realidad –que ya es completa y suficiente en sí misma–, es el Camino directo al Despertar a nuestra Conciencia iluminada, nuestro estado natural, nuestra pureza original.

No importa qué suceda en el espacio-tiempo, jamás perdemos el vínculo con la Realidad eterna de nuestro verdadero Ser.

En ese sentido, todos estamos a salvo. Todo el mundo tiene protección divina, excepto cuando una persona decide negarse a sí misma su herencia espiritual. Como nuestra conciencia está imbuida de todo poder, si pensamos en términos de separación de lo Divino, ésa se convierte en nuestra triste experiencia. Pero si transformamos nuestra percepción y comenzamos a pensar en términos de Unidad, y comenzamos a experimentar directamente nuestra Realidad, que es amor; si nos abrimos a una Revelación de naturaleza espiritual que puede, mediante la intervención de la Inteligencia infinita y los milagros, cambiar nuestro destino para siempre ubicándonos en *el Camino del Despertar*; entonces viviremos en un estado de Gracia de manera perpetua, incluso estando inmersos plenamente en el mundo de la acción.

La espiritualidad no supone "escapar" a ninguna parte, sino ser quien uno es, tal como es, aquí y ahora.

No hay que hacer nada, porque el mundo no va a ninguna parte –y nosotros tampoco. Vamos en círculos, repitiendo una y otra vez el mismo ciclo sin darnos cuenta de que somos nosotros mismos los que, en todo momento, creamos nuestro destino. Y solemos fabricar nuestro destino desde la inconciencia, viendo el pasado en el presente, creyendo que nuestras percepciones son reales, identificándonos con nuestros pensamientos egóicos, albergando emociones basadas en el miedo y en la separación, y reaccionando continuamente como si fuésemos víctimas del ambiente en el que nos encontramos, en lugar de reconocer que nuestro estado mental y emocional –nuestro estado de conciencia- determina exactamente cómo nos sentimos, la clase de ambiente en el que nos movemos y cada una de las experiencias que tenemos.

Somos los fabricantes de nuestra propia experiencia, de nuestra propia "realidad". Lo hacemos a cada momento a través de la facultad de la proyección, que da lugar a la percepción, que, en palabras de *Un Curso de Milagros*, es una forma distorsionada del poder de crear. Por eso es tan necesario transformar nuestra percepción y facilitar el proceso del despertar de la visión espiritual, de la inteligencia intuitiva, de la facultad de sentir plenamente, para así literalmente experimentar una nueva "realidad" y concebir, en el ahora, una nueva idea de uno mismo y del Universo, y de todo y todos. Esto es lo que la transformación propicia. Nada externo tiene que cambiar. Ése es el Gran Secreto. Sólo nuestra percepción puede cambiar, y así nuestro entendimiento se transforma.

Entender que, literalmente, ninguna asociación con lo externo puede, en última instancia, satisfacernos, es un gran paso. Aceptarlo de verdad es auténtica rendición.

Obviamente, no conocemos la manera de relacionarnos saludablemente con el mundo –ni con nosotros mismos– desde una conciencia que ha sido liberada con la luz del entendimiento –que es perdón–, desde la emoción del amor, porque no lo percibimos correctamente; lo hacemos desde una perspectiva errónea, y, por lo tanto, reaccionamos desafortunada y desacertadamente ante los eventos y relaciones de nuestra vida. Esto, claramente, produce sufrimiento. Buscamos llenar un vacío existencial, resolver una crisis espiritual de identidad, encontrar un propósito para nuestra vida a través de la asociación con los objetos de la percepción –de la atención en su uso limitado y condicionado. Pero este intento claramente siempre conduce al fracaso, que es en un sentido la mayor bendición, simplemente porque el "fracaso" no es sino la oportunidad de Despertar.

Todo fracaso en nuestros intentos de alcanzar satisfacción y completud únicamente a través de la asociación con formas externas, sin siquiera considerar la Esencia detrás y más allá de todas las formas, es, en realidad, una bendición disfrazada, una oportunidad para "elegir de nuevo", para cambiar de dirección, para modificar el enfoque, para crear un nuevo destino que contemple realmente la Totalidad de lo que somos y de lo que Todo es. Esto es estar en armonía con la creación tal como es, aquí y ahora. *Ésta es la experiencia de Ser Uno con la Vida, de Ser el Camino, la Verdad y la Vida aquí y ahora.*

El verdadero amor no se encuentra en la dualidad; mejor dicho, la raíz del verdadero amor no es la dualidad sino la No-dualidad. También es cierto que, en última instancia, incluso aquí y ahora, no hay realmente diferencia entre la dualidad y la No-dualidad. Por lo tanto, el verdadero amor sí puede experimentarse, y perfectamente, en la dualidad.

Pero la experiencia del Amor perfecto procede de la dimensión de la No-dualidad y se traduce a una forma en la dualidad. Esto es inevitable porque nuestra conciencia tiende a ello; a dar forma a las ideas, pensamientos y emociones a través de una experiencia que sea comprensible de acuerdo a la estructura simbólica de nuestra psique –por decirlo de alguna manera–, o al campo total de experiencia de nuestro cuerpo-mente; o de acuerdo a las memorias relacionadas con la experiencia pasada que le otorgan una sensación de familiaridad a los objetos que percibimos, a la interpretación condicionada que hacemos de ellos.

Sin irnos demasiado lejos, lo cierto es que si bien parecemos operar y funcionar únicamente en la dimensión lineal de la experiencia, en realidad nuestra posición con respecto a la existencia se encuentra más bien en un eje vertical. *Esto quiere decir que si bien percibimos el tiempo en pasado, presente y futuro, en realidad existe un solo tiempo: el ahora.* Y nosotros vivimos en ese tiempo para siempre. Ese tiempo es lo único que no cambia. Y podemos, de hecho, vivir en el eterno presente para siempre mientras aún funcionamos en el eje horizontal de la existencia, en el mundo de la acción, en el sueño de espacio-tiempo.

Lo realmente importante es no demorar la dicha de la Unión con Dios, porque la dicha es nuestro estado natural, y no depende del tiempo.

La dicha no tiene que alcanzarse; es lo que somos. La dicha se reconoce y se experimenta a través del des-hacimiento de la identificación con el ego.

El ego percibe el tiempo a través de la mecánica del pensamiento condicionado –que se basa siempre en el pasado, el cual nunca está realmente aquí– para perpetuar la creencia de que nos movemos en un eje de tiempo horizontal, y de que al desplazarnos en el espacio –de un lugar a otro– el tiempo "pasa", produciendo de esta manera una profunda sensación de limitación, un sentimiento de constante insatisfacción, en el momento presente.

Esta sensación y este sentimiento se manifiestan a través de múltiples emociones tales como la ansiedad, la preocupación, el estrés, el deseo de controlar los eventos externos, la vergüenza, el deseo de acumular bienes o de poseer objetos y personas, la ira, la competencia, y así sucesivamente. Siempre, todas estas emociones que proceden de la sensación crónica de aparente insuficiencia, son sí o sí el resultado de la proyección. Esta sensación de limitación y ese sentimiento de insatisfacción nos conducen, inconscientemente, a buscar toda clase de objetos y experiencias que sean capaces de reemplazar nuestra sensación crónica de insuficiencia y carencia. Puede que por un tiempo nos engañemos creyendo que esta búsqueda puede realmente dar resultado. Sin embargo, es únicamente la trascendencia de la búsqueda mediante la realización, aquí y ahora, de nuestra perfecta Unidad con Dios en la eternidad, del Ser eterno que realmente somos, lo que produce espontáneamente nuestro Despertar espiritual.

¡*La Vida es un Milagro*! Por eso tú eres el verdadero milagro, porque tú eres la Vida más allá de la forma –aunque no lo sabes. Pero construimos nuestra vida entera basados en la idea que rige toda la mecánica de nuestra existencia separada: que somos una entidad independiente que piensa y actúa por su cuenta, que se encuentra aparte de todo lo demás que vive, que está sola y separada del Todo y que nace para vivir en este mundo y luego morir y ser aniquilada para siempre.

Este sueño de espacio-tiempo en el que creemos vivir es tan sólo una ilusión, o lo que es lo mismo, la proyección inconsciente de nuestra creencia en la separación.

Este mundo de espacio-tiempo es en sí mismo el resultado total de esa creencia. Se perpetúa, aparentemente, a cada momento mediante la identificación con el ego.
El ego es una actividad altamente compleja que no puede trascenderse simplemente a través de medios analíticos, consideraciones filosóficas o prácticas y rituales espirituales. Sólo cuando llegamos a la raíz del ego podemos dejarlo ir y soltar la identificación con él e ingresar en una experiencia completamente diferente del espacio-tiempo, y de nuestra participación en él. Ir a la raíz del ego es trascender el tiempo y permitir que el tiempo se transforme en la conciencia de la eternidad, aquí y ahora. Ir a la raíz del ego es Despertar súbitamente a la Realidad, y es mediante este Despertar que

nuestra identificación con el ego se deshace y nuestra conciencia individual se transforma.

MEDITACIÓN Y ACCIÓN: UN SÓLO CORAZÓN

Todo es meditación. La vida es meditación. La acción no es en realidad diferente de la meditación. El reposo y la actividad son, en realidad, una unidad. La meditación y la acción pueden –y deben– complementarse perfectamente, para que podamos experimentar en nuestra vida cotidiana de todos los días, en todos los momentos y en todas nuestras actividades y relaciones, un dinamismo, una ligereza, una inteligencia intuitiva, una inspiración espiritual, una energía abundante y una Conciencia de Ser que nos permitan realizar el propósito presente de nuestra encarnación actual.

La meditación es el medio para observar atentamente con mayor agudeza y precisión los movimientos habituales y las mecánicas condicionadas del cuerpo-mente, y para aprender a conocer sus ritmos, sus tendencias, sus patrones aprendidos de pensamiento y sus esquemas emocionales, e incluso para notar todas las actividades fisiológicas, químicas y biológicas que ocurren a nivel celular en el cuerpo físico en sí.

La meditación nos confiere el don del desapego, la capacidad del entendimiento sobre nosotros mismos, y el poder para elegir conscientemente transformarnos en la quietud y el reposo. Pero la acción es tan importante como la meditación porque es su complemento, y es el ámbito en el que los efectos de la práctica de la meditación se ponen de manifiesto.

La acción efectiva y consciente, creativa e inspirada, es el resultado de una correcta práctica en la meditación, a través de una dedicación constante al proceso de nuestro propio Despertar, de nuestra propia curación y de nuestra propia integración.

Para integrar los descubrimientos encontrados en la meditación, es necesaria la acción.

En occidente se tiende a negar la importancia y el poder de la meditación, y en oriente se tiende subestimar la importancia y el poder de la acción. Sin embargo, ambas son igualmente necesarias.

Son elementos esenciales para el bienestar y para el correcto desempeño en todas las funciones de la vida cotidiana. Decimos que la meditación y la acción son un solo corazón porque, de hecho, ambas son dos aspectos aparentemente distintos de una misma Conciencia, del mismo Ser. El equilibrio y la danza armoniosa, el ritmo justo y preciso, entre la quietud y el movimiento, es la llave que abre la puerta del auténtico bienestar personal, la fuerza interior que inspira la manifestación en el mundo físico de nuestro verdadero y genuino potencial humano y espiritual, y el "secreto" del Universo en sí que naturalmente conduce al desempeño pleno, responsable y efectivo - incluso "exitoso"- de las capacidades, los dones y los talentos que cada uno de nosotros tiene inherentemente como una extensión de la Vida en sí. Tanto la meditación como la acción son aspectos esenciales para la existencia humana y para la encarnación plena del verdadero Propósito que cada uno de nosotros tiene en su estancia en la Tierra. Si sólo nos dedicamos a la meditación y negamos la importancia y el poder de la acción, o pasamos por alto que la acción es tan necesaria como la meditación para nuestro bienestar –la acción correctamente entendida como un medio de auto-expresión, creatividad y crecimiento–, entonces no importa cuánto nos esmeremos en aquietar nuestra mente a través de la meditación, o en alcanzar la iluminación mediante ella, o en liberarnos de nuestro sufrimiento y en trascender la causa del mismo empleando la meditación para ello, no seremos capaces de integrar plenamente los efectos de la práctica de la meditación en la dimensión cotidiana y concreta de nuestra vida, ni tampoco podremos encarnar corporalmente el beneficio resultante del poder trascendental de la meditación

a nuestros asuntos humanos -lo cual es fundamental a la hora de demostrar y experimentar *el Camino del Despertar*.
Si, por el contrario, nos volcamos únicamente a la acción de manera compulsiva y mecánica, sin inteligencia real, simplemente porque somos incapaces de quedarnos a solas con nosotros mismos en la quietud, sin una consideración sentida de cuál es realmente nuestra intención o nuestro propósito a la hora de actuar, sin tener en cuenta la necesidad de respetar los ciclos y ritmos naturales y personales en nuestra vida, en nuestro organismo, en la estructura psíquica y emocional de nuestra persona; si no nos damos el tiempo necesario para reposar y permanecer en quietud, a través de la meditación, entonces también habremos descuidado un aspecto fundamental en nuestra vida. Nos enloqueceremos con nuestras propias actividades en el espacio-tiempo sin nunca estar realmente satisfechos con ellas, ansiosos siempre por más sin siquiera disfrutar de este aspecto saludable de la existencia condicional, no estaremos presentes en cada uno de nuestros actos, y no podremos siquiera darnos cuenta del verdadero valor de la acción como una práctica espiritual. Por lo tanto, nos desgastaremos psíquica y físicamente, y simplemente viviremos sin tener nunca paz ni descanso –los cuales son tan fundamentales para nuestro bienestar general.
El Ser que somos ya es meditación, y toda acción es una expresión del Ser. Cuando meditamos comulgamos con el Ser, y cuando actuamos es el Ser que se está expresando a través de nosotros. Tanto la meditación como la acción son naturales para el Ser. El equilibrio correcto entre ambas, y la armoniosa danza entre la una y la otra, brinda grandes ventajas espirituales y prácticas, y nos permite desarrollar nuevas capacidades que ni siquiera sabíamos que teníamos. La meditación brinda agudeza mental, insight, auto-entendimiento, relajación, el fortalecimiento de la capacidad psíquica y de la capacidad para observar las propias emociones con mayor claridad. La acción ofrece el campo fértil para desarrollar, manifestar y demostrar estas capacidades, para fortalecerlas, y para permitir que éstas se expresen de forma inspirada y creativa a través del servicio a

otros en el mundo, cualquiera sea la actividad a la que nos dediquemos.
Tanto la meditación como la acción deben volverse expresiones cotidianas naturales, como lo es comer o dormir. La meditación le da profundidad a nuestra vida, agudeza a nuestra inteligencia y claridad a nuestra visión. La acción, si es llevada a cabo como una práctica espiritual más, como lo que comúnmente es conocido como "karma yoga" –la acción desinteresada, sin la búsqueda o expectativa de los frutos de la misma–, nos permite fortalecernos en los distintas niveles de nuestra humanidad –y de nuestra espiritualidad– y desarrollar nuevos dones y nuevas capacidades que sirven a la Totalidad a través de la actividad espontánea, creativa, inspirada y llena de energía vital.
La acción desinteresada tiene el beneficio de que incrementa la conciencia espiritual, tanto en nosotros como en otras personas. Toda acción en el mundo que se lleva a cabo con un espíritu genuino de servicio produce beneficios espirituales a nivel personal y colectivo, en las diferentes dimensiones de la existencia humana. La meditación, a su vez, nos permite contemplar estos beneficios e integrarlos a nuestro entendimiento, para que nos sirvan de inspiración a la hora de continuar en el desempeño creativo de nuestra actividad en el mundo.

La meditación es una actividad y la actividad es una meditación.

Ambas pueden intercambiarse, y la experiencia que se tiene en una puede también tenerse en la otra. En la quietud existe una gran actividad, aunque sutil, mientras que en la actividad existe también una quietud, que es subyacente a la acción en sí. Tanto la meditación como la acción deben llevarse a cabo tan naturalmente como se pueda, aunque esto se logra obviamente con la práctica. No sucede de un día para el otro –tanto como nuestro crecimiento espiritual, psíquico, emocional y físico no ocurre de un momento para el otro. Se trata de un proceso dinámico, inteligente, que requiere de nuestra participación consciente –y corporal. El cuerpo es un aspecto esencial de todo este proceso, porque es el vehículo del que disponemos para practicar. El cuerpo es esencial tanto en la meditación como en la acción. Nuestra conciencia del cuerpo debe ser tan total como podamos, ya que el cuerpo en sí encierra la llave de la transformación.

El proceso espiritual es un proceso corporal.

No podemos separar una dimensión de la otra. Querer abandonar el cuerpo para ir "en busca" del Espíritu es una idea que no tiene sentido. No es necesario luchar contra el cuerpo en la meditación, contra sus impulsos, contra sus hábitos, ni tampoco es necesario tratar de controlar los pensamientos de la mente. Basta con estar presente y observar. Basta con permitirse disfrutar de estar con uno mismo en la quietud, y en la Presencia de Dios.
Hay un factor fundamental tanto en la meditación como en la acción, que debe intervenir para darle fuerza y poder a ambas: la respiración. Respirar de manera consciente es una práctica natural que debe incluirse tanto en la meditación como en la acción, para que podamos integrar en ambas la verdadera capacidad de transformación, y dejar que el auténtico potencial espiritual y humano despierte, crezca y se manifieste. La respiración es un medio para afirmar la Presencia del Espíritu de la Vida en nosotros. La respiración *es* una afirmación de la Vida. Sin la respiración, dejaríamos de estar vivos en este cuerpo y en este mundo. La respiración es, por lo tanto, un medio para comulgar con la Presencia espiritual omnipresente del Universo. Y en esta comunión nos conectamos conscientemente con la Inteligencia intuitiva del Universo. Y desde esta comunión podemos practicar la meditación de manera efectiva y profunda, con abundante concentración, y podemos llevar a cabo todas nuestras actividades con gran energía, y con un espíritu de júbilo y gratitud.

La oportunidad de estar vivo en esta forma humana, de poder actuar, de poder sentir, de poder expresarnos, de poder realizar el verdadero Propósito de la vida, de Despertar, es una gran bendición. Al respirar conscientemente afirmamos esta bendición, en lugar de vivir inconscientemente sin tener presente la Gracia de cada momento.

Respirar conscientemente es afirmar la Vida en el presente, es la confirmación de lo Real en nosotros más allá de todas las fantasías y percepciones limitadas basadas en la conciencia de separación del ego-cuerpo con la que solemos identificarnos de manera inconsciente.

He aquí la necesidad del entrenamiento mental, que nos permite observar la actividad de nuestra propia mente sin juzgarla, y seleccionar aquellos contenidos en nuestra conciencia que están en consonancia con lo Real y descartar aquellos que no lo están.

En la Realidad última no existen diferencias en absoluto. Todo es Uno. Sin embargo aquí, en la dimensión del espacio-tiempo, en esta ilusión del Juego de la Conciencia que aún no somos capaces de reconocer clara e inteligentemente, donde todo es distinto de todo, donde nada es igual a nada y donde todo aparenta estar separado de todo y operar de manera independiente y autónoma, las cosas y los seres no parecen ser Uno. Esto es una ilusión, porque en la Realidad todo es Uno. Esto no puede realmente explicarse con palabras, sino mediante la experiencia. *"Busca primero el Reino de Dios..."* quiere decir, verdaderamente, busca y encuentra solo la Realidad, para que puedas trascender la ilusión de separación y vivir en el estado natural de dicha y paz de la Unidad.
En este mundo, la meditación y la acción parecen ser dos polaridades opuestas. Sin embargo, en la Realidad, son tan sólo dos caras de la misma moneda. *No hay diferencia entre ellas, porque en la Actividad de Dios todo es meditación y acción a la vez.*

En la Actividad del Universo, la meditación es acción y la acción es meditación.

Tenemos que aprender a ver todo como una Unidad y a *sentir* todo como una Unidad. Ya hemos hablado de la importancia del *sentimiento* -de la capacidad de sentir- en el evento de nuestro Despertar. Si no nos expandemos al punto de ser capaces de sentir plenamente y de vivir con la conciencia de sentimiento, entonces seguiremos limitados por las barreras de la mente pensante, la mente conceptual, la mente condicionada, la mente egóica, que sólo produce más de lo mismo: pensamiento mecánico, errático y dual basado en la separación del Amor –es decir, en el miedo.

El miedo nos impide sentir plenamente porque es la emoción que trae el pasado al presente, y nos priva de experimentar en el ahora la completud del verdadero Amor perfecto e incondicional, que ciertamente no es de este mundo.

Es así que imponemos el pasado en el presente, proyectamos el dolor de nuestras experiencias pasadas sobre el ahora, e impedimos que el amor florezca en el presente. En el ahora podemos experimentar la plenitud del Amor perfecto si nos liberamos, abandonando el dolor de todas nuestras experiencias pasadas, del temor. El temor es una emoción ilusoria porque está basada en la separación de la Realidad, lo cual es una ilusión. El amor es una emoción real porque está basada en la certeza de la Unidad con la Realidad, lo cual es la Verdad.

La meditación y la acción deben fundirse en un solo Proceso, una sola Conciencia y una sola Experiencia. Cuando la meditación y la acción se perfeccionan, simultáneamente y a la par, se produce espontáneamente en nosotros un estado de absorción en la Realidad –aunque sea temporalmente– y tenemos acceso a la Gran Visión del Universo. Es la percepción directa de la Totalidad, más allá de todos los límites espacio-temporales de la existencia condicional. Ésta es la Dimensión de la Luz en donde residen los Grandes

Maestros. La Realidad de la que hablamos no tiene límites y está siempre presente, al ser omnipresente. No se ve afectada en ningún momento por lo que parece ocurrir en el espacio-tiempo, por los fenómenos condicionados del universo físico o mundo manifiesto.
Cuando meditamos, se nos da la bendita oportunidad de realizar esta Verdad y de acceder a la Gran Visión que trae paz, entendimiento y Liberación instantánea. Cuando actuamos, con conciencia de que la acción no es sino otra fase del proceso de la meditación, la acción se vuelve una hermosa herramienta para crear belleza en el mundo manifiesto, siendo uno mismo el canal a través del cual la Realidad omnipresente que es Luz y Conciencia se expresa, para demostrar que la Unidad es la única Realidad y que *"nada real puede ser amenazado"*.

Cada uno de nosotros ha fabricado su mundo de acuerdo a su deseo, y no hay nadie excepto uno mismo que sea responsable por lo que parece sucedernos. En la quietud de la meditación aceptamos que esto es así, y a través del movimiento y la dinámica y la física de la acción, modificamos el mundo de la experiencia y de lo visible mediante actos inspirados, creativos y repletos de energía y concentración.

Cuando la mente divaga y está desconcentrada proyectamos pensamientos no-creativos hacia el exterior, haciendo que nuestra realidad objetiva y nuestra experiencia de ella sea limitada y esté basada en el miedo, en la oscuridad de la separación. Cuando la mente está concentrada, extendemos desde nosotros el Poder espiritual inherente en nuestra conciencia, y todos nuestros actos están imbuidos con ese mismo Poder.
Si la meditación y la acción se perfeccionan, podremos entender desde nuestro Corazón que la Vida realmente es un milagro. Todo es un milagro. La Vida se nos dio como un regalo, y cuando dedicamos tiempo a la meditación, que es una maravillosa herramienta para uno conocerse a sí mismo más allá de las capas superficiales de la personalidad y los

niveles más concretos del ser, podemos apreciar el milagro de la Conciencia en sí, del Misterio de la existencia. Y cuando a través del vehículo de la meditación accedemos a la experiencia de la Realidad espiritual, del Ser que somos, todas nuestras acciones se vuelven inspiradas y repletas de energía porque sentimos el impulso a utilizar el cuerpo como un medio creativo para traer belleza al mundo, y para transmitir los mensajes de Luz y Liberación –a través de acciones concretas en el ámbito de nuestro desempeño en el mundo manifiesto– que hemos descubierto en la meditación mediante la comunión íntima con la Realidad espiritual.
Sólo existe una Conciencia, y tú eres esa Conciencia. No eres otra cosa, aunque creas serlo. La meditación nos permite reposar en nuestro estado natural de Conciencia y desde ése lugar de reposo actuar con energía, fuerza, poder e inteligencia real en el mundo de las formas, de manera creativa e inspirada.

Primero acudimos al lugar de reposo, donde encontramos el verdadero Tesoro del Espíritu, y luego salimos al mundo como héroes espirituales a transmitir, a través de todas nuestras acciones –también, claro, nuestros pensamientos y palabras–, la Fuerza y Presencia que hemos encontrado en la meditación.

La transmisión de esta Fuerza y de esta Presencia es tremendamente sanadora, porque todos compartimos el mismo Ser y nos afectamos unos a otros de acuerdo a las vibraciones que transmitimos desde nuestro ser individual, en todas sus dimensiones. Somos como una antena emisora y receptora de frecuencias vibratorias –ya hemos hablado de esto anteriormente. La meditación nos permite afinar nuestro instrumento personal, el cuerpo-mente, para que pueda comulgar sin límites con el Poder del Universo y para que experimente la Unidad del Ser eterno. La acción nos ofrece la posibilidad de demostrarle al mundo, con actividades concretas, la dimensión del Ser eterno que hemos descubierto y con la que comulgamos con frecuencia, para que otros puedan saber que ellos también son un aspecto de ese mismo

Ser eterno y que pueden, a su vez, encontrar refugio, consuelo, paz, inspiración y Vida eterna en Él.

GLOSARIO:

Conocimiento: La certeza y experiencia directa de Quien uno es realmente. El recuerdo tácito e incuestionable de nuestra Realidad, más allá de los condicionamientos del espacio-tiempo. La Sabiduría trascendental a la que podemos acceder mediante la comunión con el Espíritu, la cual nos revela la naturaleza Real de todos los fenómenos en su Totalidad, en su inter-conexión y en su inherente Unidad. La Encarnación de la Unidad Fundamental mediante el entendimiento intuitivo de la naturaleza espiritual y profunda de la Realidad del Uno, de lo Eterno, que es Quien realmente somos –en el espacio-tiempo, y más allá de él.

Corazón: Otro nombre para la Realidad espiritual, el "Centro" de Conciencia en donde yace el Recuerdo de lo Eterno, de la Unión con Dios, de nuestra verdadera Identidad. El "espacio" en donde la Fuerza espiritual descansa, y desde donde emana en todas las direcciones extendiéndose infinitamente sin límites, incluso en la forma de toda esta manifestación cósmica. El "lugar" en donde reside la Persona Divina sin forma, sin ego y sin conciencia de la dualidad; la "esfera" en donde vive el Ser Luminoso que es la verdadera Identidad de todos los seres. La "dimensión" en donde habita el "Cristo" o la "naturaleza de Buda", la Perfección inherente de lo Divino en sí.

Despertar: El evento espontáneo de reconocer que nuestro estado natural es uno de inherente iluminación. Aquí, en el mundo, creemos que estamos separados del Todo. Esta sensación de separación en la que basamos toda nuestra vida no es sino un entendimiento incorrecto y parcial de nuestra propia naturaleza y la del mundo. Aquí estamos soñando con una realidad objetiva que es externa a nosotros. El Despertar es, literalmente, el fin de esta creencia, y la Demostración de que sólo la Unidad existe y de que las apariencias del mundo no son sino la manifestación espontánea del Gran Juego de la Conciencia. El Despertar es el reconocimiento de que lo que realmente somos es la Conciencia en sí, el Ser que es Dios, que abarca en Sí mismo a todas las cosas y a todos los seres. Es la experiencia de Ser Uno, de reconocerse uno a sí mismo como Conciencia, Luz y Energía. Este descubrimiento nos transforma enteramente, desde adentro hacia afuera, así como también a toda la física de nuestra existencia en este mundo.

Dharma: La "Rueda" de la existencia; la Ley Suprema del Universo; el eterno Camino del Ciclo infinito de la Vida; el Principio que gobierna todo el Universo; el Orden Divino; la Manifestación Perfecta del destino individual y colectivo de todos los seres y del Universo en sí.

Dios: Palabra tradicional que se utiliza para definir el Principio, el Fundamento, la Sustancia, la Esencia espiritual, la Energía, la Luz, la Conciencia que es la Fuente de Vida de todo lo que hay; el Origen y el Fin, "el Alfa y la Omega", el Ser eterno que, si bien se manifiesta a través de toda la creación cósmica y es la Identidad de hasta el átomo más pequeño o la forma de vida más grotesca, y que es el Corazón íntimo de todos los seres y todas las cosas, no se ve afectado en modo alguno en su Condición natural e infinita por Sus modificaciones en la forma de seres, fenómenos, procesos, circunstancias o condiciones en el espacio-tiempo. Toda esta manifestación cósmica y condicionada en la forma de seres y objetos, de fuerzas y energías, de comienzos y finales, de nacimiento y muerte no es sino un Gran Juego del Uno que es Dios, Aquel que es indestructible por naturaleza y que es eternamente una Unidad. El Gran Misterio que no puede resolverse solamente mediante el estudio filosófico o el análisis racional, sino a través de la práctica de la verdadera observación, el entendimiento de uno mismo y la trascendencia del ego, que facilita una experiencia espiritual directa y profundamente reveladora que pone fin a la duda y a la perplejidad del ser humano en su condición de separación, la cual es fabricada por sí mismo.

Ego: La conciencia de separación, la ilusión de la existencia de un ser separado, la creencia en la "realidad" del espacio-tiempo como un fenómeno objetivo, la identificación de la conciencia con el cuerpo-mente como su única realidad, la actividad condicionada de la mente basada en la mecánica del pensamiento lineal o racional o materialista, la creencia de que el miedo y la culpa son reales y de que estamos sujetos a los límites que estas emociones basadas en la ilusión de separación imponen, la raíz del sueño de que estamos separados de la Totalidad, de Dios, la ilusión de que nuestra vida comienza con el nacimiento físico y finaliza con la muerte física –esto se debe a la creencia fija del ego de que somos únicamente este cuerpo físico y esta mente pensante, y de que Dios no existe.

Energía: La Fuerza invisible de la creación. El principio activo de manifestación a través del cual la Conciencia se extiende a Sí misma a toda la creación, como la Totalidad del cosmos. El potencial infinito de la Realidad, el poder creador ilimitado del Absoluto manifestado en las diversas e innumerables formas de vida en todo el Universo. La fuerza de Vida que hace posible el movimiento expansivo e inclusivo del Espíritu en la forma de seres, objetos, personas, lugares, circunstancias y cosas, en la forma del proceso de la manifestación cósmica en su totalidad y en la forma de la acción en el mundo de espacio-tiempo. El principio creador mediante el cual la Inteligencia del Universo lleva a cabo Sus Propósitos en el mundo de la manifestación cósmica material. La Sustancia invisible de la cual todo lo visible se compone.

Enseñanza: El Vehículo para la Transmisión de la Sabiduría universal al dominio de espacio-tiempo, el mundo manifiesto. El Medio empleado a través de diversas formas por los Maestros para demostrar la existencia de la Realidad espiritual, del Orden Divino, de la Presencia de Dios aquí y ahora, y para revelar la posibilidad de trascender la existencia condicional y de Despertar a la Luz de lo Eterno en uno mismo y en todo lo demás. La Comunicación llevada a cabo por los Profetas, Sabios e iluminados, ya sea en silencio o mediante el uso de diversos símbolos –entre ellos las palabras–, para afirmar y revelar el conocimiento directo de la dimensión infinita e invisible de la existencia. La Instrucción espiritual ofrecida por el Universo en sí a todos los seres, en sus diversas apariencias y manifestaciones, en beneficio de su Liberación y de su Realización directa de su Ser más íntimo, Dios, la Persona Divina, Aquel que es en sí Felicidad y Completo en sí Mismo.

Gran Visión: En términos de *Un Curso de Milagros*, la "Visión de Cristo". La conciencia de la Totalidad; la capacidad para ver más allá de nuestra identificación con el miedo y la culpa en la separación, y de realizar la Unidad Fundamental de todas las cosas, seres y procesos. La virtud de percibir en todos los fenómenos un Principio común, un Propósito trascendente, una Fuerza espiritual que guía y orienta a todos los seres en dirección al cumplimiento de su destino aquí en la Tierra. La intuición espiritual de la Perfección de todas las cosas cuando son contempladas libres de los juicios de la mente egóica o ego. La capacidad de vernos a nosotros mismos –y a todo lo que nos rodea– tal como somos, más allá de todos los condicionamientos y programas que conforman el aprendizaje en la separación. El insight que penetra todas las capas de ilusiones, falsas percepciones y creencias, y que revela lo Real, el verdadero lugar que ocupamos en el Universo, en la Totalidad.

Grandes Maestros: Seres con una Conciencia iluminada que han pisado la Tierra para Enseñar y Demostrar a la humanidad *el Camino del Despertar*. Seres con una Conciencia Despierta que han venido al mundo con la memoria de la Luz de la Realidad con el fin de Revelar la Verdad de la Unidad de la existencia en su Totalidad. Seres que, con distintos grados de realización espiritual, tienen el Propósito de restablecer en el dominio cósmico de la dualidad el Conocimiento de lo Real, de lo Indivisible, de la No-dualidad, y de Demostrar la Alternativa de la posibilidad de Despertar del sueño de la separación, de la ilusión de un mundo externo a la propia conciencia, y de la aparente naturaleza "objetiva" de la realidad. Personajes espirituales que, a lo largo de la historia, cada uno a su manera, con su propio estilo y enfoque, han Enseñado y Demostrado que la naturaleza Real del ser humano es lo Divino en sí, y que cada individuo es, en su Esencia, Uno con Dios.

Héroes espirituales: Sinónimo Grandes Maestros.

Iluminación: La realización del Estado iluminado del Único Ser. Hay un solo Ser, y este Ser es Luz. Por lo tanto, nuestra condición natural es una de iluminación. Lo único que "hace falta" es la *realización* de este Estado, que es el Estado Natural del Ser. Debido a que nos identificamos con el ego, creemos que vivimos en la oscuridad y no reconocemos la Luz. La iluminación, tal como enseña *Un Curso de Milagros*, es un "reconocimiento", es decir, un volver a conocer. "*La iluminación es simplemente un reconocimiento, no un cambio*" (Libro de Ejercicios, Lección 188, 1). Lo que volvemos a conocer es aún parte de nosotros, y no es nada nuevo que deba adquirirse. La iluminación no es un nuevo "estado" que se adquiere, sino la aceptación de un hecho incuestionable y fundamental que tiene que ver con la naturaleza eterna de la Realidad, y con la innegable Verdad de que somos Uno con esta naturaleza. Sólo una experiencia personal y directa de la naturaleza de la Realidad puede ofrecernos la certeza del

Estado iluminado del Único Ser, y poner fin a todas nuestras dudas con respecto a nuestra Identidad.

Insight: La capacidad de ver o realizar directamente la naturaleza de la Realidad, sin la mediación de la comprensión intelectual o del análisis conceptual. El poder de la visión espiritual para ver a través de las capas superficiales de la actividad condicionada de la mente pensante e intuir la Verdad espiritual que tiene su "morada" en el Corazón, que es la dimensión del sentimiento, el "Hogar" del Amor, el Centro Luminoso que es la Conciencia espiritual más íntima de todos los seres. La capacidad para entender los fenómenos objetivos desde la perspectiva de la Totalidad, sin la mediación de la facultad del juicio ni la intermediación del pensamiento discriminativo basado en la experiencia pasada. Es una cualidad que está basada en la percepción directa del *ahora* tal como es, sin el velo generado por el mecanismo inconsciente de la proyección.

Juego de la Conciencia: Lo que en el vocabulario Hindú se denomina "*Lila*", el Juego de lo Divino en la forma de toda esta manifestación cósmica. El misterioso despliegue de todas las formas de vida, de todos los seres y sus diversos propósitos, actividades y destinos en la dimensión del espacio-tiempo. La "creación" es el Juego de la Conciencia, pero la Conciencia en sí es Absoluta y trascendente, y no se ve afectada por Sus propias actividades. Somos nosotros, en nuestra inconciencia y nuestro desconocimiento de la naturaleza del Juego de la Conciencia, en nuestra creencia de que lo que somos es algo distinto de la Conciencia, los que nos tomamos demasiado en serio nuestras vidas personales, olvidando así el Gran Esquema de la Totalidad. Debido a que sólo percibimos la mecánica condicionada del espacio-tiempo y no vemos más allá de ella –hasta que Despertamos–, no podemos entender nuestra verdadera función en este Gran Esquema de la Totalidad y vivimos limitados a una percepción fragmentada de todos los eventos y del Universo en sí. Despertar es el medio para participar en este Juego de la Conciencia de modo inteligente, viviendo desde la perspectiva y experiencia de la Unidad, entendiendo que los diversos nombres y la distintas formas que conforman el mundo manifiesto son tan solo modificaciones de la Conciencia Absoluta, y que, en verdad, Todo es Uno.

Liberación: En Sánscrito, "Moksha". Es el estado de una persona que ha roto su identificación con la identidad del cuerpo físico y de la mente pensante, y que ha "cruzado" al otro lado del océano del ciclo de nacimiento-y-muerte. Es la condición de la que goza aquel que "ha sido liberado en vida", quien se encuentra en la Tierra únicamente para enseñar el Camino a la misma Liberación que él ha alcanzado. Es el estado de una persona en quién la actividad del ego, de la separación persiste, pero ya sin el auto-engaño producido por la ilusión de que uno es una entidad separada e independiente de la Totalidad. Por lo tanto, aquel que "ha sido liberado en vida", si bien funciona en el espacio-tiempo como un cuerpo con una personalidad separada, no sufre la limitación producida por la identificación con dichas actividades. Aquel que "ha sido liberado en vida" funciona como una persona ordinaria en el mundo, aunque su estado es uno de Unidad consciente con el Espíritu, con el Ser que es Dios.

Maestros Despiertos: Sinónimo de Grandes Maestros.

Mentalidad-Uno: Mentalidad "recta" o "correcta", según *Un Curso de Milagros*. La capacidad de percibir en el mundo el único propósito del perdón, el cual conduce inevitablemente a la iluminación, a la Liberación de la ilusión de la separación – la cual es fabricada por uno mismo. La capacidad de ver en todas las cosas y en todos los seres a la única Realidad, al único Ser, a la única Vida, y de reconocer en todo y todos a la Conciencia que uno mismo es. La virtud, que se logra mediante el entrenamiento, de ver el mundo sin la interferencia de los errores de percepción generados por la identificación con el ego, el falso ser creado por la mente egóica basado en la ilusión de separación de la Totalidad, del Ser de Dios.

Mindfulness: Acción consciente. Cualquier acción que se lleva a cabo en un estado de plena Presencia. La capacidad de experimentar cualquier acción en sí misma directamente, sin la interferencia del pensamiento condicionado ni los juicios del ego. La práctica de llevar a cabo cada acción en el ámbito de lo concreto con la mayor conciencia espiritual posible. "La acción por la acción en sí". En otras palabras, la capacidad de experimentar la Conciencia en sí, la Esencia espiritual del Universo en todos nuestros actos y movimientos, tal como lo hace un recién nacido, pero con las facultades sensoriales y motoras plenamente desarrolladas y guiadas por la inteligencia intuitiva. La práctica de "Mindfulness" se fortalece también con la respiración consciente, cuando en cada acción o movimiento que llevamos a cabo se incluye la respiración de manera sentida y consciente, haciendo así que toda acción o todo movimiento revele su esencia espiritual, su inherente Unidad con el Ser en la que toda acción o todo movimiento finalmente reposa.

No-dualidad: La dimensión o naturaleza singular de la Realidad espiritual. La dualidad es la ilusión de "muchos". En realidad solo hay Uno. Esto solo puede confirmarse mediante la experiencia, ya que todo lo que percibimos parece indicar que la variedad, la diversidad y la multiplicidad son el caso. Sólo trascendiendo la percepción de diferencias en uno mismo puede realizarse y experimentarse la naturaleza No-dual o singular de la Realidad. Dios es Uno. Dios es la única Fuente, el único Ser y la única Realidad. *Y tú eres Eso*. El tiempo y el espacio son proyecciones de la conciencia. Pero más allá del espacio-tiempo yace la dimensión No-dual de la existencia, el Reino de la Unidad, en donde todo es Uno. Sin embargo, incluso aquí, en este mundo, en la dimensión de espacio-tiempo, la No-dualidad está presente. Es únicamente nuestro desconocimiento de ella lo que no nos permite experimentarla aquí y ahora. La No-dualidad es el Reino de la

Conciencia, el dominio de lo Infinito, de lo Invisible, de la Perfecta Unidad.

Nueva Era: El "Tiempo" del Gran Despertar, es decir, este momento, ahora mismo. En verdad, siempre es la Nueva Era. La "Nueva Era" es el momento de nuestro Despertar al *ahora*. Es el momento cuando cada uno de nosotros, individualmente, recuerda quién es y para qué está aquí realmente. Es un momento, en la Humanidad, cuando un gran número de seres experimenta de manera simultánea un Despertar espiritual, de modo que la conciencia colectiva sufre un cambio dramático en su núcleo o raíz, en su entendimiento de sí misma y del Universo en sí. La "Nueva Era" es el "Tiempo" en el que la Luz finalmente impera sobre la oscuridad, la Verdad sobre la ignorancia, Dios sobre el ego, el amor sobre el miedo, la eternidad sobre el tiempo. Fundamentalmente, es la "Era" en la que la Unidad es reconocida más allá de toda duda, y al Espíritu se Lo reconoce como el único Ser y la única Vida que es el Universo en sí, lo que tú y yo somos eternamente.

Perdón: La Enseñanza fundamental del Gran Maestro Jesús en su paso por esta Tierra. El principio que en el mundo opera como un mecanismo que refleja las verdaderas Leyes del Universo, que son las Leyes espirituales o las Leyes de la Unidad, las Leyes de la Mente. En términos de *Un Curso de Milagros*, es el medio o la Agencia a través del cual se deshacen todas las ilusiones de nuestra conciencia egóica en su identificación con el espacio-tiempo, la llave para Despertar del sueño de separación que nuestra propia mente condicionada ha proyectado en la forma de este drama humano que se basa en el sufrimiento y la infelicidad. En otras palabras, el perdón es la llave para trascender la aparente separación de Dios abandonado los juicios que conforman el retorcido sistema pensamiento del ego, y renunciando al uso destructivo del poder de nuestra propia conciencia. Es el mecanismo que purifica todos nuestros pensamientos y todas nuestras percepciones, que retira del mundo el significado proyectado por nuestra errada y desafortunada sensación de carencia, y que le confiere a la existencia condicional un propósito nuevo y completamente constructivo, que está en armonía con el Despertar en sí.

Persona Suprema: La Presencia espiritual que vive en el Corazón más íntimo de todos los seres, que es a Su vez la Identidad real y eterna de cada individuo y la Conciencia omnipresente sin ego que anima a todas las formas y que vive a través de ellas. Sinónimo de Dios.

Proyección: El mecanismo inconsciente que constituye la actividad fundamental del ego, mediante el cual la conciencia individual fabrica su propio universo personal, y a través del cual la mente condicionada otorga significado a la aparente realidad objetiva. *El mundo tal como lo percibimos, y todas nuestras experiencias en él, es necesariamente el resultado de la proyección.* Ésta es, de hecho, la Enseñanza primordial de *Un Curso de Milagros*. La proyección es… "*el uso inadecuado de la extensión*" (Libro de Texto, Capítulo 2, Sección I, 1). El poder de la mente es uno, el cual procede de la Mente de Dios o Mente universal. Cada uno de nosotros utiliza este poder de acuerdo a si nos identificamos con el ego o con la Conciencia en sí, el Espíritu. Si nos identificamos con el ego, la proyección es inevitable. Si nos identificamos con el Espíritu, la extensión de lo que ya somos –el Ser en plenitud, la Felicidad en sí– tiene lugar irremediablemente.

Realidad Fundamental: La "Dimensión" trascendental al espacio-tiempo tal como lo concebimos y experimentamos desde nuestro punto de vista local y limitado, desde la conciencia de separación que percibe e interpreta todos los fenómenos como partes separadas que no tienen una relación o conexión significativa entre sí. La "Dimensión" de la Energía indivisible, de lo Real, de la Luz, del Único Ser No-Dual que es Conciencia en sí. El "Dominio" de lo Infinito, donde no hay separación ni identidad separada, ni conciencia limitada, ni tiempo ni espacio, ni pensamiento condicionado, ni percepción. La Esencia inmutable que jamás se modifica y permanece eternamente como es, sin nunca cambiar, disminuir o aumentar, sin jamás perder su Identidad Real. Otro término para la Conciencia en sí, Eso que no puede comprenderse con la mente racional ni conocerse con el intelecto, pero que puede ser realizado mediante la intuición, la visión espiritual y el Despertar.

Realización: Conocer a Dios –la Realidad espiritual– íntima y directamente más allá de todas las ilusiones y los hábitos condicionados en la mente y el cuerpo del ser separado –el ego– con el que solemos identificarnos. Conocer a Dios en el ahora como lo que uno mismo es más allá de la apariencia corporal y la identificación con la mente condicionada. Conocer y experimentar a Dios como la Unidad de la existencia, como lo que Todo es, como el estado natural de Ser que es eterno, inmutable y luminoso. Reconocer, a través de la visión espiritual, lo Real, lo Supremo, lo Trascendente que, paradójicamente, es la Sustancia de nuestra experiencia en la Tierra aquí y ahora. La *Realización* también supone la Encarnación de aquello que se realiza, la actualización y la experiencia de aquello que se descubre y se reconoce como la Verdad Última.
Sinónimo de Iluminación.

Reconciliación: En palabras de *Un Curso de Milagros*, el "sueño feliz" que resulta de la aplicación práctica del principio del perdón a la totalidad de nuestra conciencia y a todos los aspectos de nuestra vida. La integración y experiencia de la perfecta armonía entre el soñador –nosotros– y el sueño –el mundo manifiesto aparentemente externo a nosotros. El reconocimiento de la perfecta Unidad entre la conciencia y su manifestación –o sus creaciones– y la experiencia del éxtasis que resulta de este reconocimiento. La *Reconciliación* es el resultado natural e inevitable del perfecto perdón hacia uno mismo –es decir, el entendimiento de que, en realidad, no hay nada que perdonar porque nunca hemos hecho nada que pudiese necesitar perdón, porque somos uno con Dios y el pecado no existe, la separación *literalmente* no es real, y el tiempo y el espacio *son* proyecciones de la conciencia. Cuando este *entendimiento perfecto* tiene lugar espontáneamente, a través del principio unificador de la Conciencia en sí, la mente individual sana y Despierta en el presente y reconoce que el mundo no está separado de ella –ya que ella misma es su causa–, produciéndose así una extática reconciliación dentro de la propia conciencia, y entre la conciencia y su mundo personal, que conduce a la paz, la armonía y la Felicidad en sí.

Resurrección: La capacidad en cada ser humano para trascender la ilusión de la separación, cuya epítome en este mundo es la idea de la muerte. Lo único que puede morir es el "yo" separado, que es en sí mismo una ilusión. Aceptar que nuestro "yo" es una ilusión no es un proceso fácil, pero sí necesario para experimentar la naturaleza de la Realidad o Totalidad. Tenemos que renunciar a nuestras "falsas creaciones", a nuestros pensamientos egóicos, a nuestro punto de vista, a nuestra programación inconsciente, para experimentar un continuo renacimiento mediante el cual nos liberamos del pasado y Despertamos al presente. *El presente es el tiempo de la Resurrección*. La aceptación de la Vida eterna y el reconocimiento del cuerpo como un vehículo temporal para la Encarnación de la Realidad de la Vida Eterna, o como una manifestación de esta misma Vida. La experiencia de la transformación total y de raíz del cuerpo-mente y su consecuente Despertar a la Realidad de la Luz de la Conciencia en sí.

Sadhana: Término clásico en sánscrito para describir la práctica espiritual que lleva a cabo el practicante –"sadhaka"– en *el Camino del Despertar*; tal como lo llama *Un Curso de Milagros*, el "curriculum" de estudios universal que es altamente individualizado y que se ajusta a las necesidades personales de cada individuo practicante –discípulo o devoto–, según su "dharma" o "función" personal en esta Tierra. *Todos los caminos conducen al único Camino*. El formato de la práctica espiritual es diferente para cada persona ya que cada persona es, en apariencia y forma, estructura y hábito, diferente. Sin embargo, el propósito de la práctica es siempre uno y el mismo: la experiencia del Despertar, el reconocimiento de la Unidad espiritual de la existencia, la unión con el Ser, la Realización de Dios –que es la Esencia o Identidad verdadera más allá del condicionamiento egóico generado por la conciencia de separación, el miedo y la culpa. Es el proceso consciente de purificación del ego y de la transformación del cuerpo-mente, a través del cual los obstáculos o las resistencias a la conciencia del Amor o de la Luz Esencial del Ser son removidos de la percepción, y el auto-conocimiento –el verdadero Conocimiento– restablecido como la Conciencia en sí, mediante el poder de la intuición, la inteligencia, el insight y el Despertar en sí.

Totalidad: Sinónimo de "Dios".

Transfiguración: El proceso a través del cual el aparato psico-físico adquiere una apariencia "luminosa" que refleja la naturaleza de la Luz que es la Fuente del cuerpo-mente en sí. Existen ejemplos en las Escrituras, como en el caso de Jesús, en los cuales se describe a uno o varios personajes espirituales atravesando una experiencia de transfiguración. Es la demostración de la Unidad de la materia y la Luz, la certeza del vínculo espiritual eterno entre el hombre y su Fuente de Vida eterna. Representa la capacidad del hombre para actualizar en su presente encarnación física su Unión con la Luz de lo Divino, el pasaje de "retorno" de la materia a la Energía, el signo del Advenimiento del Gran Despertar o iluminación en uno mismo, que implica que dicha posibilidad está también disponible para todos los seres.

Transmisión: Comunicación a nivel invisible, sutil y energético que facilita la capacidad de entendimiento y cultiva espontáneamente el insight. Medio empleado por los Grandes Maestros para comunicar la naturaleza indescriptible de la Realidad. La Realidad está más allá de los símbolos y de las palabras. Por lo tanto, las palabras son insuficientes para describir la Realidad y para comunicar directamente su naturaleza. La *Transmisión*, sin embargo, no necesita de las palabras y es mucho más efectiva que éstas, porque es la comunicación de la experiencia y del entendimiento directo de la Realidad. La *Transmisión* ocurre a nivel intuitivo, del sentimiento, más que al nivel de la mente conceptual o analítica, aunque ésta última puede participar también en dicho proceso. Sin embargo, lo que la *Transmisión* facilita, en esencia, no es el entendimiento conceptual sino la comprensión intuitiva y directa, a nivel de la energía y del sentimiento, de lo que sólo el Corazón puede conocer -lo cual la mente egóica ha negado. Es la comunicación de la Fuerza espiritual del Ser que no tiene límites y que trasciende el espacio-tiempo en su totalidad. Es el medio para revelar dicha Fuerza espiritual a aquellos practicantes espirituales que honestamente desean la Verdad por encima de todo lo demás.

REFERENCIAS

LA VIDA, EN SÍ MISMA, ES UNA LECCIÓN PERFECTA

*1 Un Curso de Milagros, Libro de Ejercicios, Lección 121.

*2 Es así como la obra de *Un Curso de Milagros* da comienzo; con una firme resolución de que debe existir otro camino, una Alternativa que si bien aún no podemos captar conscientemente, debe sin embargo de estar ahí. A este otro camino, esta otra manera, esta Alternativa, se accede mediante la fe –'Ten la fe del tamaño de un grano de mostaza, y dirás a aquella montaña: "Muévete de aquí para allí", y se moverá'.

*3 Uno de los principios del tratado metafísico "El Kybalion".

*4 Así lo enseña Jesús en *Un Curso de Milagros;* Libro de Texto, Capítulo 16, Sección II, 9.

*5 Otra de las ideas fundamentales contenidas en el sistema de pensamiento de *Un Curso de Milagros*; Libro de Texto, Capítulo 2, Sección VI, 9.

*6 El Gran Maestro Espiritual o Avatar de esta reciente Era, nacido en Occidente, Estados Unidos, cuya misión fue demostrar la Unidad Fundamental existente en todas las tradiciones espirituales y religiones del mundo, y revelar –tal como han hecho todos los Grandes Maestros– el auténtico Camino espiritual que puede conducir a cada ser humano a realizar la Divinidad inherente en la Vida en sí, el Corazón espiritual o Ser que es la Esencia de toda experiencia espiritual de Iluminación, transformación o Despertar.

*7 Palabras de Jesús de Nazaret en el *Nuevo Testamento*.

*8 Lección 5 del Libro de Ejercicios de *Un Curso de Milagros*; El Libro de ejercicios siendo la parte práctica o instructiva en donde encontramos las directrices específicas para nuestro entrenamiento mental.

NO EXISTE UNA REALIDAD OBJETIVA

*1 Sabio Hindú cuya experiencia de "iluminación" tuvo lugar a la edad de 16 años. Tras una profunda experiencia de miedo a la muerte, y de muerte en sí, descubrió y realizo su Ser eterno, el Ser que todos somos, que es Espíritu puro que ni nace ni muere, y pasó el resto de su vida transmitiendo su estado de autorrealización y enseñando a otros el camino a dicha Realización.

*2 "No entiendo nada de lo que veo" (*Un Curso de Milagros*, Libro de Ejercicios, Lección 3).

ESTAMOS EN LA TIERRA PARA CURAR Y SER CURADOS

*1 *Un Curso de Milagros,* Capítulo 12, Sección VIII, 1

*2 Término utilizado por *Adi Da Samraj* para describir la ilusión de separación de Dios, el hechizo de la identificación con el ego.

*3 Libro de Ejercicios, Lección 72, 9.

*4 *Nuevo Testamento*, Mateo 13:44.

*5 Libro de Ejercicios, Lección 132, 6.

EL TIEMPO NO ES LINEAL NI CONTINUO, SINO VERTICAL Y RELATIVO

*1 *Un Curso de Milagros*, Libro de Ejercicios, Lección 7, 2

*2 *Un Curso de Milagros*, Texto, Capítulo 27, Sección VIII, 10

*3 Texto, Capítulo 1, Sección I, 47 y 48

EL ESPACIO-TIEMPO ES UNA PROYECCIÓN DE LA CONCIENCIA

*1 Término utilizado por el Avatar Adi Da Samraj para describir la práctica de la observación, el entendimiento y la trascendencia de la ilusión del ser separado, el "yo", el ego.

*2 *Un Curso de Milagros*, Texto, Capítulo 2, Sección VI, 9.

*3 Texto, Capítulo 21, Introducción, 1.

*4 *Nuevo Testamento*, Mateo 1:7

*5 *"La única responsabilidad del obrador de milagros es aceptar la Expiación para sí mismo"*, Texto, Capítulo 2, Sección V, 5.

*6 Programa de recuperación espiritual en que se basa originalmente la confraternidad de *Alcohólicos Anónimos.*

*7 *Nuevo Testamento*, Mateo 16:26

*8 *Nuevo Testamento*, Lucas 19:21

EL VERDADERO PROPÓSITO DEL MUNDO ES DESPERTAR. EL MUNDO ES UN ESCENARIO PARA DESPERTAR.

*1 *Un Curso de Milagros*, Libro de Ejercicios, Lección 226, 1 y 2.

*2 Aquel que en esta vida es un practicante espiritual dedicado plenamente a la iluminación.

*3 La "Otra Orilla", el "Lugar" de Eterno Descanso y Serenidad, la "Dimensión" más allá del ser y el no-ser, la Perfecta Conciencia sin-ego; lo que en términos cristianos se conoce como el "Cielo" o el "Reino de los Cielos"; el "Espacio" más allá de toda dualidad y discriminación; la "Esfera" de lo Trascendental más allá del ciclo de nacimiento-y-muerte.

*4 *Nuevo Testamento*, Mateo 5:48.

*5 *Un Curso de Milagros*, Texto, Capítulo 2, Sección VI, 4.

*6 Un Curso de Milagros, Texto, Capítulo 2, Sección VI, 2.

TODO ES ENERGÍA

*1 Lo que comúnmente en las Tradiciones espirituales se conoce como *"chakras"*; centros de energía psíquica y emocional que determinan la actividad particular de cada cuerpo-mente, la vibración particular en que cada cuerpo-mente opera y se manifiesta en el mundo condicional, y la clase de relación que cada individuo establece con el dominio cósmico.

*2 *Un Curso de Milagros*, Libro de Ejercicios, Lección 325

*3 *Nuevo Testamento*, Mateo 17:20

*4 Término que utiliza el *Avatar Adi Da Samraj* para referirse al estado natural y condición original del Ser, del cual todos los seres son una manifestación. La dimensión de la "Luz Consciente", el Estado, la Naturaleza y la Condición de Ser que es la Fuente espiritual de todos los seres y de todas las cosas, la Fuente de este mundo y de todos los mundos, así como la Fuente de todos los universos. La "*Luminosidad*" es eterna e indestructible, a diferencia de las formas condicionales del universo manifiesto que, si bien son una con la "*Luminosidad*", lo han olvidado y, por lo tanto, creen estar sujetas a la destrucción, al identificarse erróneamente con los cambios producidos por el aparente paso del tiempo y por las diferencias ilusorias en lo relativo a las apariencias fenoménicas. La "*Luminosidad*" es otro término para referirse a Dios, al Ser Divino.

NO EXISTE LA MORAL. EL BIEN Y EL MAL SON UNA CONSTRUCCIÓN HUMANA BASADA EN JUICIOS, LOS CUALES SON PERCEPCIONES LIMITADAS DE LA REALIDAD.

*1 Libro de Ejercicios, Lección 67.

*2 *Nuevo Testamento*, Mateo 18:3.

*3 *Nuevo Testamento*, Juan 10:30.

*4 *Nuevo Testamento*, Mateo 6:33.

TODAS LAS EXPERIENCIAS, CIRCUNSTANCIAS, RELACIONES, CONDICIONES Y ESTADOS EN NUESTRA VIDA SON GENERADOS O PRODUCIDOS POR NUESTRO CAMPO ENERGÉTICO, EL CUAL ESTÁ COMPUESTO POR EL CUERPO PSÍQUICO, EL CUERPO EMOCIONAL, Y EL CUERPO FÍSICO.

*1 *Un Curso de Milagros*, Texto, Capítulo 31, Sección V, 7.

*2 *Un Curso de Milagros*, Libro de Ejercicios, Lección 91, 4.

*3 *Nuevo Testamento*, Juán 14:12

*4 Puntos o locaciones en el cuerpo físico que representan estaciones particulares en los que la Energía universal o Fuerza de vida se concentra. Cada punto o centro de Energía se caracteriza por suministrar al cuerpo físico con la Energía universal o Fuerza de vida necesaria para el desempeño óptimo de las funciones de dicho punto o centro.

*5 *Un Curso de Milagros*, Libro de Ejercicios, Lección 101.

*6 *Un Curso de Milagros*, Texto, Capítulo 9, Sección IV, 3.

*7 *Un Curso de Milagros*, Texto, Capítulo 1, VI, 2.

SOMOS PARTE INHERENTE DE UNA CONCIENCIA O MENTE, UN SER O ESPÍRITU QUE ES ETERNO Y QUE ESTÁ POR ENCIMA DE TODA ALTERACIÓN, AMENAZA O DIFERENCIA, MÁS ALLÁ DE TODO CAMBIO. LAS RELIGIONES LLAMAN A ESA REALIDAD "DIOS".

*1 *Un Curso de Milagros*, Libro de Ejercicios, Lección 26, 1.

*2 *Un Curso de Milagros*, Texto, Capítulo 2, Sección VI, 9.

NOSOTROS SOMOS "DIOS". Y EXISTE UNA EXPERIENCIA QUE CONFIRMA QUE EL PODER DE LA DIVINIDAD ES UNO CON NOSOTROS.

*1 *Un Curso de Milagros*, Libro de Ejercicios, Lección 241.

*2 *Nuevo Testamento*, Mateo 28:18.

*3 *Un Curso de Milagros*, Texto, Capítulo 26, Sección VII.

*4 *Un Curso de Milagros*, Texto, Capítulo 29, Sección IX, 7.

*5 *Un Curso de Milagros*, Texto, Capítulo 8, Sección VI, 9.

NO SOMOS UN CUERPO, SOMOS ESPÍRITU. HEMOS VIVIDO YA MUCHAS "VIDAS", Y TODAS ELLAS ESTÁN OCURRIENDO EN SIMULTÁNEO, EN ESTE MOMENTO. HE AQUÍ EL "SECRETO" DE LA LIBERACIÓN.

*1 Escritura principal del Hinduísmo, cuyos protagonistas principales son Krishna -el Maestro espiritual o Avatar- y Arjuna -el devoto o discípulo. La "Biblia" del Hinduismo, que enseña los diferentes caminos que conducen a la autorrealización, a través de las distintas prácticas que satisfacen las necesidades particulares de cada aspirante espiritual.

*2 Postulado básico de *Un Curso de Milagros*:

"Nada real puede ser amenazado.
Nada irreal existe.
En eso radica la paz de Dios".

TODOS NOS HEMOS CONOCIDO YA. NINGÚN ENCUENTRO O RELACIÓN ES CON UN DESCONOCIDO, NI ES POR ACCIDENTE.

*1 Libro de Texto, Capítulo 1, Sección III, 6.

*2 Libro de Texto, Capítulo 2, Sección VII, 1 y 2.

NO EXISTEN EL AZAR NI LA COINCIDENCIA. NO OCURREN ACCIDENTES. TODO ES DETERMINADO POR LA LEY DE LA ENERGÍA Y NUESTRA CONCIENCIA DE Y PARTICIPACIÓN EN ELLA.

*1 *Un Curso de Milagros*, Libro de Ejercicios, Lección 42, 2.

*2 *Un Curso de Milagros*, Texto, Capítulo 31, Sección V, 14.

ES NUESTRA PROPIA ENERGÍA LA QUE LITERALMENTE CREA LAS CIRCUNSTANCIAS. NUESTRA UNIDAD CON LA INTELIGENCIA INFINITA HACE QUE ASÍ SEA. EN OTRAS PALABRAS, SOMO SO-CREADORES CON LA ENERGÍA DEL UNIVERSO.

*1 Libro de Texto, Capítulo 2, Sección V, 9.

*2 *Nuevo Testamento*, Mateo 6:33

Printed in Great Britain
by Amazon